하루도 쉴 틈 없이 바삐 살아가는 나날, 살아갈 이유에 대해 다시 생각해보게 되는 좋은 영상이었습니다. _오*

생각할 게 정말 많은 영상…. 두고두고 몇 번씩 보고 있습니다. _라***

너무 좋은 내용 위로받고 갑니다. _a*****

의미 없는 삶을 사는 가운데 이런 보석 같은 강의를 듣고 생각해보는 게 제 인생의 큰 즐거움입니다. _F*******

듣다가 놀라서 박수쳤다;; 해석이 너무 멋져서 _g*********

풀어내는 방식이 너무 놀랍고 재밌어요. _g*********

와, 그저 감탄만! 의미는 없지만 의미를 찾으며 살아가라는 반어법일지도 모르. 얼마 전 올려주신 영상의 아모르파티가 생각나네요. 운명을 사랑하는 게 아니라 사랑스럽게 만들라. _K*******

항상 즐겁지 않은 제 인생에 회의를 느꼈는데 영상을 보고 나니 답을 얻은 기분입니다! 즐거움은 수단일 뿐이지 목적이 될 수 없다는 말씀 너무 공감됩니다! 좋은 영상 감사합니다. _알**

지금까지의 삶이 어땠는지를 돌아보게 되는 것 같아요. _김**

영상도 잘 봤지만 분석에서 오히려 더 진한 깊이가 느껴지네요. _란**

자본주의의 에피스테메에 가려서 의미를 잊지 말자는 울림 있는 메시지 감사합니다. _A***

생각할 거리를 많이 던져주는 영상입니다. _허**

'5분 뚝딱 철학' 유튜브는 정말 대단하다고 생각합니다. 처음에는 단편적인 조각들로 시작했다가 나중에는 레고 맞추기 게임을 하듯 하나하나 종합해서 맞춰가는 즐거움이 너무 좋습니다. _j***

멋진 영상이네요. 생각을 덩어리로 묶어 이렇게 바라볼 수도 있구나 하고 참 재미나게 보았습니다! _대*

철학을 공부하는 꿀팁

덕분에 제 삶의 지평이 넓어진 것 같아요. _화*

철학을 가까이 하면서 세상을 보는 관점이나 시야가 좀더 넓어지고 달라진 것 같다고 느끼고 있습니다. 생각하고 결정하는 것들도 좀더 간단명료해졌고요. 생각보다 철학은 일상생활 속에서 참 쓸모가 많다고 느끼며 살고 있습니다. _H***

어려운 철학 개념을 쉽게 입문할 수 있게 해주셔서 정말 감사드립니다. 매주 한 편씩 올려서 벌써 3년이라고 말씀하실 때, 제 마음이 다 뭉클해지더군요. _H** **** ***

선생님 덕분에 철학과 더불어 물리학·수학·생물학에 관심을 가질 수 있었고, 작게 필기하고 쌓인 노트만 8권이 넘어갑니다. 극단적인 무신론자에서 유신론자가 되었고 세상에 대한 사유의 즐거움을 일깨워 주셔서 감사합니다. _킬****

이번에 수능 봤는데 점심 먹을 때마다 영상 보면서 최소 몇 번씩 정주행 했습니다. 이번에 수능에 헤겔의 변증법 나왔는데 덕분에 매끄럽게 이해되고, 그동안 여러 번 봤던 동영상이라 긴장이 좀 풀리기도 했습니다. 그냥 수능 때 도움받으면 좋겠다는 마음으로 봤는데 덕분에 철학의 매력을 알게 되었습니다. _서**

LEET 법학적성시험 준비하면서 2021년을 함께 했는데, 시험 이후에도 계속 보게 되었습니다. 많은 도움을 주셨습니다. 감사합니다. _S***

수능 국어영역 헤겔 6문제 중에 5문제 맞췄습니다! 제가 대학교 최저 맞춘 건 모두 선생님 덕분이에요. 감사합니다. _J**** ***

'5분 뚝딱 철학' 덕분에 아이들 국어, 윤리 교육에 도움 많이 받고 있습니다. _김**

〈미학〉에서 '칸트의 판단력 비판 2-숭고함에 대하여' 강의는 짧지만 숙연하고 아름다웠어요. 최고네요! 가슴 벅차서 한참을 앉아 있었어요. _m******

평범하게 비범한 철학 에세이

5분 뚝딱 철학

평범하게 비범한
철학 에세이

1쇄 발행 2023년 6월 22일
4쇄 발행 2023년 8월 1일

지은이 김필영
펴낸이 유해룡
펴낸곳 (주)스마트북스
출판등록 2010년 3월 5일 | 제2021-000149호
주소 서울시 영등포구 영등포로5길 19, 동아프라임밸리 611호
편집전화 02)337-7800 | **영업전화** 02)337-7810 | **팩스** 02)337-7811

원고 투고 www.smartbooks21.com/about/publication
홈페이지 www.smartbooks21.com

ISBN 979-11-90238-94-6   03100

평범하게 비범한
철학 에세이

어느 날 철학이 내게 들어왔다
평범한 일상 속 비범하게 반짝이는 순간들
삶의 의미를 되묻는 26가지 스토리

김필영 지음

스마트북스

평범한 일상 속 반짝이는 순간들

우리의 일상은 평범합니다. 우리는 매일 아침 지하철을 타고 출근을 합니다. 하루 종일 컴퓨터 앞에서 일을 하기도 하고 동료들과 노닥거리기도 합니다. 퇴근하면 소맥을 과하게 마시고 후회를 합니다. 그리고 다음날 또 지하철을 타고 출근을 합니다. 이러한 평범한 일상 속에서 우리는 때로는 행복하고, 때로는 괴롭고, 때로는 권태롭습니다.

그러던 어느 날 지하철을 타고 출근을 하는데 불쑥 이런 생각이 듭니다. "나는 왜 존재하는가?" 순간 고개를 드니 꾸벅꾸벅 졸고 있는 샐러리맨, 스마트폰에 고개를 처박은 학생, 광고판, 손잡이가 눈에 들어옵니다. 매일 보는 이 낯익은 광경이 갑자기 생소하게 보입니다. 이처럼 모든 것이 낯설어 보이는 이 순간이 바로 비범한 순간입니다. 우리의 삶은 이처럼 평범한 일상 속에 비범한 순간들이 다이아몬드처럼 박혀 있는 보석과도 같습니다.

우리의 정신도 마찬가지입니다. 카프카의 소설 『변신』은 어느 날 아침 갑자기 커다란 벌레로 변한 한 남자에 관한 이야기입니다. 그가 벌레가 된 이유나 배경 설명은 없습니다. 그냥 벌레가 되어 버린 것입니다. 이처럼 갑자기 벌레로 변한 상황은 기묘한 사건임에도 불구하고, 이후에 전개되는 이야기는 매우 일상적입니다. 벌레가 된 남자는 여전히 출근을 하지 못한 것을 걱정하고, 가족들은 여전히 하숙을 치며 돈을 법니다.

한편으로 카프카의 『변신』은 섬뜩한 소설입니다. 이 소설은 현실과 판타지 그 중간 지대에서 벌어지는 이야기이기 때문입니다. 하지만 우리는 이 섬뜩한 소설에 금방 매료됩니다. 우리의 정신은 평범한 의식과 비범한 무의식 사이에 걸쳐 있기 때문입니다. 우리의 정신은 의식적이면서 무의식적이고, 평범하면서 비범하기에 현실과 판타지를 오갈 수 있는 것입니다.

예술 작품이라고 예외는 아닙니다. 17세기 스페인의 궁정화가 벨라스케스의 그림 「시녀들」은 공주와 주변 인물들을 마치 스냅 사진 찍듯이 그린 집단 초상화입니다. 화가가 왕과 왕비의 초상화를 그리고 있는데, 공주와 일행이 온 후 시녀들이 칭얼대는 공주를 달래는 재미있는 장면이 담겨 있습니다. 화가 벨라스케스의 입장에서는 그저 왕의 평범한 일상을 그린 것일 뿐입니다.

그런데 철학자들이 「시녀들」에 관한 나름의 철학적 해석을 시도합니다. 푸코는 이 그림을 '주체가 제거된 표상'이라고 합니다. 왕과 왕비라는 주체가 빠지고, 그들의 눈에 비친 표상만 남았다는 것입니다. 하지만 라캉은 푸코의 해석에 반대하며, 이 그림에서는 주체가 사라진 것이 아니라 오히려 의식적 주체와 무의식적 주체가 이중으로 깊이 새겨져 있다고 합니다.

이와 같은 철학적 해석이 덧붙여지면서 「시녀들」은 엄청나게 유명한 그림이 되었습니다. 벨라스케스는 왕과 왕비의 평범한 일상을 그렸을 뿐인데, 갑자기 철학적으로 비범한 그림이 되었습니다. 화가의 평범한 의도에 비범한 해석이 붙으면서 「시녀들」은 평범하면서 비범한 그림이 된 것이죠.

한 시대를 지배하는 사상도 마찬가지입니다. 한 시대의 사람들은 자신도 의식하지 못한 채 어떤 인식의 틀에 맞추어 사물들에 질서를 부여하고 생각하고 판단합니다. 이러한 무의식적 인식의 틀을 '에피스테메'라고 하며, 푸코는 이 에피스테메가 시대에 따라 달라져 왔다고 주장합니다.

마찬가지로 우리는 광기와 정상을 구분하는 절대적 기준이 있다고 생각하지만, 푸코는 광기와 정상을 구분하는 기준은 시대에 따라 변모해 왔다고 합니다. 시대에 따라 에피스테메가 달라지면서 정상이 비정상이 되고, 비정상이 정상이 되었다는 것이죠. 이처럼 평범과 비범을 구분하는 절대적 기준은 없습니다. 평범과 비범 사이에는 굉장히 넓은 회색 지대가 있기 때문입니다. 대부분의 생각과 사상은 이 회색 지대에 있습니다. 이 회색 지대에 있는 모든 것들은 평범하면서 비범하고, 비범하면서 평범합니다.

우리의 존재도 마찬가지입니다. 우리는 기적의 확률로 선택받은 비범한 존재들입니다. 우주가 현재의 조건으로 존재할 확률은 거의 0에 가깝고, 지구에 지적 생명체가 존재할 확률은 수조 분의 1에 가깝습니다. 더군다나 우리 모두는 5,000만 개의 정자들의 경쟁을 뚫고 태어난 비범한 존재들입니다.

하지만 우리 모두는 또한 너무나 평범한 존재들입니다. 저마다의 비범함은 인간이라는 종의 틀 속에서 보면 사실 아무것도 아니죠. 우리 모두는 비슷한 생각, 비슷한 모양새를 가진 평범한 존재들입니다. 하지만 그러한 평범함 속에는 비범한 가능성이 잠재되어 있습니다.

어찌 보면 2,500년 동안의 서양 철학사는 비범한 이데아와 평범한 현실 사이에서 벌어진 기나긴 싸움이라 볼 수 있습니다. 16세기 이탈리아 화가 라파엘로가 그린 「아테네 학당」에는 서양 철학의 양대 산맥인 플라톤과 아리스토텔레스가 등장합니다. 플라톤은 손가락으로 하늘을 가리키며 "진짜 중요한 건 바로 저기 위에 있는 이데아의 세계야"라고 말하고 있습니다. 반면 그 제자인 아리스토텔레스는 손바닥으로 땅을 가리키며 "아닙니다, 스승님. 진짜로 중요한 건 바로 현실의 세계입니다"라고 응수하고 있죠. 마치 플라톤은 비범한 이데아의 세계로 가야 한다고 말하고, 아리스토텔레스는 평범한 현실의 세계에서 살아야 한다고 말하는 듯합니다.

우리의 존재와 정신, 그리고 우리의 삶과 삶을 대하는 태도에서 평범과 비범은 이처럼 동전의 양면처럼 나타납니다. 하지만 동전과는 다르게, 평범은 겉으로 드러나지만 비범은 안으로 은닉되어 잘 드러나지 않습니다.

우리는 평범 속에 감추어진 비범을 발견하기 위해서, 평범한 일상에 대한 철학적 관점을 가져야 합니다.

이 책은 우리가 일상에서 만나는 사람들, 소소한 사건들, 일상의 느낌을 철학적으로 풀어 쓴 에세이입니다. 그래서 평범한 일상을 비범한 관점에서 해석한 이야기라고 할 수 있습니다.

우리가 지하철에서, 일상의 삶의 공간에서, 그리고 영화를 보면서, 연극을 관람하면서, 소설을 읽으면서, 전시회를 보면서, 여행을 하면서 생각하고 느낄 수 있는 것들을 철학적 관점에서 정리했습니다. 이렇게 정리된 26개의 이야기를 삶의 의미의 관점에서, 또 다른 나의 관점에서, 세계의 관점에서, 세계 너머의 관점에서 묶었습니다.

이 책의 이야기 속에는 많은 철학자와 심리학자, 그리고 과학자가 등장합니다. 소크라테스, 플라톤, 칸트, 헤겔, 니체, 러셀, 비트겐슈타인 같은 철학자와 프로이트, 라캉 같은 심리학자, 그리고 아인슈타인, 밀그램 같은 과학자의 이론들을 이야기했습니다. 하지만 이들의 이론들을 학술적 형태로 엄밀하게 다루지는 않았습니다. 다소 유연하게 해석하면서 일상 속에 녹여보려 했습니다. 그렇게 해야 독자 여러분이 이 책을 통해서 철학에 좀더 편안하게 다가갈 수 있고, 또 평범한 일상에 숨겨져 있는 비범함을 발견할 수 있을 것이라고 생각했기 때문입니다.

이제 삶의 의미를 되묻는 26가지 이야기를 시작할까 합니다. 이야기를 통해서 독자 여러분의 평범한 일상 속에 비범하게 반짝이는 순간들이 오기를 바랍니다.

2023년 6월

김필영 드림

차례

철학은 어떻게
삶의 의미가 되는가?

또 다른 나에 관한 이야기

평범하게 비범한 우리들의 이야기

어떻게 세계를 볼 것인가?

세계 너머에는 무엇이 있을까?

순서대로 물, 불, 흙, 공기, 에테르 아리스토텔레스가 만물의 근원으로 주장한 5원소

철학은 어떻게
삶의 의미가 되는가?

죽고 싶지만 철학은 하고 싶어
(feat. 비트겐슈타인, 마틴 셀리그만)

20세기 오스트리아의 위대한 철학자 비트겐슈타인은 언뜻 보기에는 비극적 삶을 살다간 사람입니다. 평생을 죽음에 대한 공포와 자살 충동에 시달렸고, 물려받은 막대한 재산을 모두 포기했으며, 조용한 산골에 들어가 홀로 외롭게 은둔 생활을 하기도 했습니다. 하지만 그는 암 판정을 받은 후 죽음을 앞두고 "나는 멋진 삶(Wonderful Life)을 살았다"고 말했습니다.

죽음을 앞두고 자신의 삶이 멋진 삶이었다고 말할 수 있는 사람, 아마도 많지 않을 것입니다. 그는 왜 자신의 삶이 멋진 삶이었다고 생각한 것일까요?

**
*

전통적으로 심리학은 정신질환의 원인을 규명하고 이를 치료하는 데 초점을 맞추어 왔습니다. 인간의 무의식을 분석함으로써 정신 증상을 치유하는 방법을 찾았고, 약물을 이용해서 증상을 호전시킬 방법을 연구했죠. 심리학의 목적은 환자가 정신적 고통으로부터 벗어날 수 있도록 돕는 것이었습니다.

하지만 정신적 고통으로부터 벗어난다고 해서 반드시 행복해지는 것은 아니죠. 행복과 불행은 반의어로 쓰이지만, 현실적으로 반대 관계는 아니라는 말입니다.

미국의 심리학자 마틴 셀리그만은 심리학이 인간의 행복을 어떻게 증진할 수 있는지에 관한 문제를 다루어야 한다고 생각했습니다. 그는 본격적으로 행복에 대해 연구하기 시작했죠. 셀리그만의 심리학을 '긍정 심리학'이라고 합니다.

마틴 셀리그만은 행복한 삶의 세 가지 조건에 대해 이야기를 합니다.

행복한 삶의 첫 번째 조건은 '즐거움'입니다. 즐거움은 본능과 욕구가 충족될 때 생기는 마음의 상태를 말합니다. 쉽게 말해서 좋은 사람과 맛있는 음식을 먹고, 재미있는 영화를 보고, 좋은 곳을 여행하고, 그냥 그렇게 재미있게 사는 것이죠. 문제는 이러한 류의 즐거움은 쉽게 질린다는 것입니다. 맛있는 것도 한두 번이고, 여행도 며칠 다니다 보면 힘들기만 해요.

행복한 삶의 두 번째 조건은 '몰입'입니다. 우리는 자기가 잘할 수 있고 좋아하는 일에 몰입할 때 시간이 순식간에 지나가는 무아의 지경을 경험합니다. 몇 시간이 단 몇 분처럼 느껴지기도 하죠. 셀리그만은 이러한 몰입의 상태를 자주, 그리고 오래 가지는 것이 행복해지는 방법 중 하나라고 말합니다.

행복한 삶의 세 번째 조건은 '삶의 의미'입니다. 우리는 자신이 지향하는 목표나 가치를 달성하기 위해서 일관적으로 어떤 행위를 합니다. 그것이 바로 삶의 의미죠. 셀리그만은 삶의 의미를 성취하는 것이 행복한 삶의 조건이라고 주장합니다.

그러고 나니 행복해지는 것은 정말 어려워 보입니다. 즐겁기도 해야 하고, 몰입도 해야 하고, 거기에다가 의미까지 있어야 하니 말입니다. 사람이 살면서 어떻게 이것들을 다 가질 수 있겠어요? 물론 그런 사람이 있겠지만 많지는 않을 것입니다. 그렇게 보면 행복한 삶을 살겠다는 것은 정말 사치스러운 생각이라는 마음이 듭니다.

그렇다면 우리는 어떻게 살아야 할까요? 행복이 사치라면, 도대체 우리는 무엇을 위해서 살아야 할까요? 이때 문득 떠오르는 사람이 있습니다. 바로 오스트리아의 철학자 비트겐슈타인입니다.

**

비트겐슈타인은 1889년 오스트리아 빈에서 5남 3녀 중에 막내로 태어났습니다. 그의 집안은 오스트리아의 철강회사를 소유한 엄청난 부자였어요. 브람스, 슈만, 말러, 쇤베르크 같은 음악가들이 비트겐슈타인 궁에 초빙되어 연주를 했다고 할 정도니까요.

그런데 비트겐슈타인 집안에는 우울증 내력이 있었던 모양입니다. 첫째

형, 둘째 형, 셋째 형이 모두 자살을 했습니다. 특히 셋째 형은 동성애적 성향을 비관해서 자살한 것이라고 추정하는데요. 비트겐슈타인도 동성애자(양성애자)였어요. 지금이야 동성애가 크게 문제되지 않지만, 당시 동성애는 윤리적으로도 문제였고 법적으로도 불법이었다고 합니다. 그래서인지 비트겐슈타인도 평생을 죽음에 대한 공포와 자살 충동에 시달렸다고 합니다.

청소년기에 비트겐슈타인은 기계와 공학에 관심이 많았습니다. 인문학교인 김나지움이 아니라 실업학교에 진학했고 맨체스터 공과대학에서 항공공학을 공부합니다. 이곳에서 운명의 책을 만나게 됩니다. 바로 러셀과 화이트헤드가 쓴『수학 원리』입니다.

비트겐슈타인은『수학 원리』를 읽고 수리철학에 매료되어 캠브리지 대학에 강사로 있던 러셀을 찾아갑니다. 러셀은 후에 그에 대해 이렇게 회고했습니다. "나는 그가 퀴어였고 생각이 이상해 보였기에 천재인지, 아니면 그냥 괴짜인지 한 학기 내내 판단을 내릴 수 없었다."(여기에서 퀴어(queer)는 두 가지 의미가 있습니다. 하나는 '이상하다'는 의미이고, 다른 하나는 '성소수자'라는 의미입니다. 러셀이 중의적 표현으로 말장난을 한 것이죠.)

비트겐슈타인은 러셀에게 철학을 가르쳐 달라고 졸랐습니다.

"내가 바보인지 아닌지 말해주세요. 내가 바보라면 비행기 조종사가 될 것이고, 그렇지 않다면 철학자가 될 겁니다."(비행기 조종사를 너무 무시하고 있네요.)

러셀은 비트겐슈타인에게 방학 동안 철학적인 글을 하나 써오라고 합니다. 그러면 바보인지 아닌지 말해주겠다고 하면서요. 다음 학기 초에 비트겐슈타인은 그에게 글 한 편을 가져왔습니다. 러셀은 단 한 문장을 읽고 이

비트겐슈타인은 1차 세계대전이 터지자마자 오스트리아군에 자원입대를 했습니다. 그는 전장에서 너무나 용감했습니다. 가장 위험한 보직을 자원했을 뿐만 아니라 퇴각 명령도 듣지 않을 정도로 용감했죠. 전장에서 항상 노트를 가지고 다니며 생각을 정리했습니다. 나중에 이탈리아 포로 수용소에 수감되었을 때 그곳에서 원고를 마무리합니다. 그렇게 해서 나온 책이 바로 『논리철학논고』입니다. 이 책은 나중에 분석철학의 바이블이 되었습니다.

렇게 말했다고 합니다. "(애 천잰데?) 너는 비행기 조종사가 되어서는 안 돼."

그러던 중 1차 세계대전이 터집니다. 전쟁이 터지자마자 비트겐슈타인은 오스트리아군에 자원입대를 합니다. 평생을 죽음에 대한 공포에 시달리다 보니 죽음과 대면하고 싶었는지도 모르겠습니다. 그래서 그런지 가장 위험한 보직을 자원했고 퇴각 명령도 듣지 않고 용감하게 싸웠습니다. 더욱 놀라운 점은 포탄이 떨어지는 참호 속에서 글을 계속 썼다는 것입니다. 그 글은 나중에 이탈리아 포로수용소에서 마무리됩니다. 그렇게 해서 나온 책이 바로 『논리철학 논고』입니다.

**

전쟁이 끝나고 비트겐슈타인은 막대한 유산을 상속받았습니다. 아버지가 사둔 미국 채권이 전쟁이 끝나자 엄청나게 올랐습니다. 전쟁 전에는 그냥 오스트리아 갑부 집안이었는데 이제 세계적 갑부 집안이 되었습니다. 하지만 비트겐슈타인은 돈에 관심이 없었습니다. 그는 유산을 형제들과 지인들에게 전부 나누어 주고 자신을 위해서는 방 한 칸과 몇 점의 가구만 남겨놓았습니다. 그러면서 이렇게 말합니다.

"높은 산에 올라갈 때는 무거운 짐은 내려놓고 출발해야 한다."

비트겐슈타인은 전장과 포로수용소에서 쓴 『논리철학 논고』를 출판합니다. 그는 이 책으로 자신이 모든 철학적 문제들을 해결했다고 생각했고, 이제 학계에서는 더 이상 할 일이 없어졌다고 하면서 시골로 내려가서 초등학교 교사가 됩니다.

러셀은 비트겐슈타인에게 캠브리지 대학으로 돌아오라고 계속 러브콜을 합니다. 이때까지도 비트겐슈타인은 학위가 없었습니다. 그래서 러셀은 『논리철학 논고』를 논문으로 박사 학위 심사를 받도록 해 줍니다. 러셀과 무어가 심사를 맡았는데 그의 논문을 이해하지 못했다고 합니다. 그러자 비트겐슈타인은 그들의 어깨를 두드려 주며 이렇게 말했다고 합니다. "너무 낙담하지 마세요. 나는 당신들이 이 논문을 이해할 수 있을 것이라고 기대하지 않았어요." 러셀과 무어는 (놀랍게도) 이런 말을 하는 그에게 박사 학위를 줍니다.

그러던 중 2차 세계대전이 터집니다. 비트겐슈타인이 가만히 있을 리가 없죠. 이번에는 나이가 많아서 군인으로 입대하지 못했지만 야전병원의 조수로 군복무를 자원합니다. 그리고 전쟁이 끝나자 또다시 은둔 생활을 합니다.

1951년 62세가 되던 해, 비트겐슈타인은 전립선암 선고를 받습니다. 의사가 이제 생이 얼마 남지 않았다고 하자 비트겐슈타인은 "아주 좋습니다!"라고 말했다고 합니다. 평생을 자살 충동에 시달렸으니 고통스러운 삶을 빨리 끝내고 싶어했을 수도 있었을 것입니다. 하지만 그는 죽기 전에 이런 유언을 남겼습니다.

"사람들에게 내 삶이 참 멋있었다고 전해주시오."

(Tell them I have had a wonderful life.)

⁂

비트겐슈타인은 임종을 앞두고 왜 자신의 삶이 멋있었다고 했을까요? 우리가 비트겐슈타인이 아닌 이상, 그가 왜 그런 말을 했는지 이유를 알 수 없지만, 셀리그만이 제시한 행복의 조건으로 그의 생각을 한 번 추측해 보죠.

셀리그만은 행복의 조건으로 '즐거움, 몰입, 의미'의 세 가지 조건을 꼽았습니다. 이런 관점에서 보면 비트겐슈타인의 삶은 행복과는 거리가 멀어 보입니다.

비트겐슈타인의 삶은 특히 즐거움과 거리가 멀어 보입니다. 평생을 죽음에 대한 공포와 자살 충동에 시달린 사람의 삶이 즐거웠을 리는 없겠죠. 비트겐슈타인은 엥겔만에게 이런 편지를 보낸 적도 있습니다.

"최근 내 상황은 완전히 비참함 자체입니다. 나는 생명을 끊는 것을 계속 생각해 왔습니다. 지금도 이 생각은 여전히 나를 괴롭힙니다. 나는 내려갈 수 있는 가장 마지막 지점까지 가라앉았습니다."

게다가 비트겐슈타인은 평생을 외롭게 살았습니다. 막대한 유산을 포기하고 시골로 내려가 초등학교 교사가 되었고, 종종 노르웨이 바닷가에 있는 오두막집에 숨어들었죠.

"나는 왜 우리가 여기에 있는지 그 이유를 알지 못한다. 그러나 나는 우리가 단지 즐기기 위해서 여기에 있는 것은 아니라는 사실만큼은 확신한다."

비트겐슈타인의 삶에 즐거움은 없었지만, 그는 철학에 몰입할 수 있었습니다. 철학에 매료되어 항공공학을 포기하고 캠브리지 대학의 러셀을 찾아갔고, 자신에게 철학적 재능이 있는지를 알고 싶어했습니다. 그리고 그는 포탄이 떨어지는 참호 속에서 철학적 글을 썼습니다. 사람들은 철학은 할 일 없는 한량들이나 하는 것이라고 말하지만, 그에게 철학은 죽느냐 사느냐 의 문제였던 것입니다.

또 그는 막대한 유산을 자신의 몰입을 방해하는 장애물일 뿐이라면서 모두 포기했습니다. 왜 그랬을까요?

비트겐슈타인에게는 원대한 목표가 있었습니다. 그것은 철학의 모든 문 제를 해결하는 것이었습니다. "철학의 모든 문제를 해결하겠다"니 미친 소 리처럼 들리겠지만, 실제로 그는 그것이 가능할 것이라고 믿었습니다.

그는 철학의 모든 문제는 철학자들이 언어를 잘못 사용하여 발생했다고 생각했습니다. 그러니 언어를 올바르게 사용한다면 모든 철학적 문제들이 자연적으로 해결될 것이라고 믿었습니다. 그래서 쓴 책이 바로 『논리철학 논고』입니다. 그는 이 책으로 서양 철학의 모든 문제가 해결되었다고 하면 서 시골로 내려가서 초등학교 교사가 됩니다. 자신의 목표가 실현되었다는 것이었죠.

**

비트겐슈타인의 삶은 즐거움과는 거리가 멀었습니다. 그래서 셀리그만의 기준으로 보면 행복한 삶은 아니었을 것입니다. 하지만 그는 철학에 몰입할 수 있었고, 『논리철학 논고』라는 의미 있는 책을 썼습니다. 그래서 그의 삶 은 행복한 삶은 아니지만 적어도 '멋있는 삶(Wonderful Life)'이었다고 할 수 있 을 것 같습니다.

라파엘로의 그림 「아테네 학당」을 보면, 가운데 플라톤과 아리스토텔레스가 서 있습니다. 플라톤은 손가락으로 하늘을 가리키고, 아리스토텔레스는 손바닥으로 땅을 가리키고 있죠. 그래서 플라톤을 이상주의자, 아리스토텔레스를 현실주의자라고 합니다.

현실주의자인 아리스토텔레스에게 중요한 것은 이 현실세계에서 '어떻게 하면 잘 살 수 있는가?' 하는 것이었습니다. 그는 삶의 목적을 에우다이모니아(eudaimonia)라고 했습니다. 에우다이모니아를 흔히 행복(happiness)으로 번역하지만, 사실 '행복'이라기보다는 '잘 살기'에 가깝습니다. 삶의 목적은 '잘 사는 것'이라는 것이죠.

나는 아리스토텔레스가 말하는 '잘 사는 것'이란, 셀리그만이 말하는 것처럼 행복하게 사는 것이 아니라, 비트겐슈타인이 말하는 것처럼 '멋있게 사는 것'이라고 생각합니다. 즐거움은 크게 중요하지 않을 수도 있습니다.

**

죽음을 앞둔 사람들은 무엇을 후회하고 무엇을 아쉬워할까요? 그들은 인생을 좀더 즐기지 못했다는 점을 후회하지 않습니다. 자신의 삶이 불행했다는 점을 아쉬워하지 않습니다. 그들은 자신이 하고 싶은 일을 하지 못했음을 후회하고, 자신이 사랑하는 사람에게 "사랑한다"는 말을 하지 못했음을 아쉬워합니다. 그들에게 중요한 것은 즐거움이나 행복이 아닌 것입니다.

그러고 보면 즐거움 그 자체는 삶의 목표가 될 수 없습니다. 즐거움은 감정의 상태일 뿐이기 때문입니다. 그리고 감정은 인간을 움직이는 심리적

메커니즘일 뿐입니다. 예컨대 산 속에서 갑자기 호랑이를 만나면 공포스럽죠. 우리는 호랑이를 보면 도망을 갑니다. 쥐를 보면 혐오스럽죠. 그래서 우리는 쥐를 보면 자리를 피합니다. 맛있는 음식을 먹으면 기분이 좋죠. 그래서 우리는 다음에 또 맛있는 음식을 찾아다닙니다.

즉, 공포, 혐오감, 행복 같은 인간의 감정은 결국 생존에 필요한 행위를 하도록 만드는 동기일 뿐입니다. 우리는 공포를 느끼기 때문에 호랑이에게 잡아먹히지 않고, 혐오감을 느끼기 때문에 쥐로부터 전염병에 걸리지 않으며, 행복함을 느끼기 때문에 건강하고 맛있는 음식을 먹을 수 있는 것입니다. 다시 말해 인간의 감정이란 어떤 것의 목적이 아니라 생존을 위한 수단일 뿐입니다.

수단이 목표가 될 수는 없습니다. 즐거움은 그냥 부수적으로, 그리고 일시적으로 따라오는 감정일 뿐입니다. 그럼에도 불구하고 우리는 즐거움을 인생의 목표라고 착각합니다. 그것은 아마도 자본주의가 만들어낸 환영일 수 있습니다. 자본주의는 끊임없이 우리를 유혹하죠. 이 가방만 있으면, 이 차만 타면, 이 여자를 만나면, 이 책만 읽으면 나의 욕망이 충족되고 행복해질 거라고 유혹합니다.

하지만 그런 일은 없죠. 이 가방을 사면 저 가방이 눈에 들어오고, 이 차를 타면 저 차가 더 좋아 보이며, 이 여자를 만나면 저 여자가 더 예뻐 보이고, 이 책을 읽으면 저 책이 더 진짜 같아 보입니다. 자본주의가 끊임없이 우리를 속이고 있는 것입니다. 그래야 우리가 계속 무언가를 소비하기 때문입니다.

행복은 물론 좋습니다. 즐겁고, 몰입하고, 의미 있는 삶은 좋은 것이죠. 그런데 만약에 우리가 이 '모든 것'을 가질 수 없다면, 그래서 한 가지를 포기해야 한다면, 즐거움을 포기하는 것도 괜찮을 것이라고 생각합니다. 왜냐하면 즐거움은 그냥 마음의 상태일 뿐이니까요.

그뿐만이 아닙니다. 마음의 상태는 목표한다고 해서 가질 수 있는 것이 아닙니다. 예컨대 내가 산속에서 호랑이를 보고 '귀엽다고 생각해야지' 한다고 해서 귀엽다는 생각이 드는 것이 아니고, 쥐를 보고 '예쁘다고 생각해야지' 한다고 해서 예쁘다는 생각이 드는 것이 아닙니다. 감정은 내가 어찌할 수 있는 것이 아닙니다.

그러니 '즐거움'은 우리의 인생에서 후순위로 두고, '몰입'과 '의미'에 집중해 보는 것도 괜찮을 듯합니다. 우리가 자신이 좋아하는 일, 잘하는 일에 몰입하고, 또 거기에서 어떤 의미를 찾을 수 있다면, 우리도 죽음을 앞두고 비트겐슈타인처럼 "내 삶은 멋졌다"라고 말할 수 있을 것입니다.

나는 반항한다.
고로 존재한다

(feat. 페스팅거, 카뮈, 「이방인」)

매일 아침 나는 지하철을 타고 출근을 합니다. 회사에 도착하면 먼저 이메일과 일정을 확인합니다. 그리고 아침 회의에 들어가서는 별것도 아닌 것을 심각한 일이 벌어진 것마냥 호들갑을 떱니다. 오후에는 직원들과 커피도 마시고 노닥거리기도 하고 일하는 척도 하고 담배도 피고 몰래 게임도 합니다. 그리고 퇴근하면 또 쓰잘머리 없는 인간들과 친한 척을 하면서 소맥을 마시죠. 나는 이 짓을 거의 하루도 빠지지 않고 30년을 해왔습니다. 그래서 이러한 루틴이 너무나 익숙합니다. 오히려 이러한 루틴이 헝클어지면 안절부절 못하죠.

오늘도 어김없이 지하철을 탔습니다. 의자에 앉아 꾸벅꾸벅 졸고 있는 아저씨, 서서 스마트폰을 열심히 들여다보는 학생, 경로석에 앉아서 뭔가 중얼거리는 노인, 광고판, 노선도, 손잡이…. 하나도 이상할 게 없는 언제나 똑같은 풍경입니다.

그런데 갑자기 현타가 옵니다. "나는 왜 존재하는가?", "나는 무엇을 위해서 출근을 하는가?" 아무리 생각해 봐도 내가 왜 존재하는지, 내가 왜 출근을 해야 하는지 그 이유를 찾아낼 수 없습니다.

순간, 갑자기 이 모든 존재가 낯설게 느껴집니다. 30년 동안 보아왔던 풍경이 갑자기 이상하게 낯설게 보입니다. 사람들이 존재한다는 사실이, 지하철 의자가 존재한다는 사실이, 손잡이가 존재한다는 사실이, 광고판이 존재한다는 사실이, 심지어 내가 존재한다는 사실이 갑자기 낯설게 느껴집니다. 그런데 왜 익숙했던 존재가 갑자기 낯설어 보일까요? 그 이유가 도대체 무엇일까요?

**
*

현실과 이상은 다릅니다. 현실은 우리가 믿는 것과 다를 뿐더러 우리가 원하는 대로 흘러가지도 않죠. 이처럼 현실이 우리가 믿거나 원하는 바와 달라서 마음이 불편해지는 상태를 '인지 부조화'라고 합니다.

우리는 인지 부조화 상태에서, 우리가 믿었거나 원했던 것이 사실은 진짜로 믿었거나 원했던 것이 아니었다고 자기 합리화를 합니다. 이솝 우화의 '여우와 신포도'가 바로 이 이야기이죠.

여우는 포도를 먹고 싶어하지만 너무 높은 곳에 매달려 있어 먹을 수 없자, "저 포도는 실 거야"라고 하면서 돌아갑니다. 이 이야기에서 우리가 알 수 있는 것은 여우가 아주 훌륭한 삶의 기술을 가지고 있다는 것입니다. 자

신이 가질 수 없는 것을 아주 합리적으로 포기하는 기술 말입니다.

우리 인간도 같은 기술을 가지고 있습니다. 우리가 원하는 대로, 믿는 대로 세상이 흘러가지 않을 때, 우리는 자신을 기만합니다. 내가 진짜로 원하고 믿었던 것은 그것이 아니라고 말이죠. 여우가 포도가 맛이 없을 것이라고 자신을 속인 것처럼, 우리도 자신을 속입니다. 그래서 자기 합리화는 결국 자기기만인 것입니다.

**

미국의 사회심리학자 레온 페스팅거는 한 실험에서 사람들에게 나무 막대를 순서대로 돌리라고 지시합니다. 이 무의미하고 지겨운 작업을 무려 한 시간 동안이나 하게 한 후, 자신이 한 그 일이 재미있었다고 옆방 사람에게 말하라고 시킵니다. 물론 거짓말이죠. 나무 막대를 무려 한 시간 동안이나 돌리는 것이 무슨 재미가 있겠어요? 그러면서 실험에 참여한 대가로 어떤 사람에게는 20달러를 주고, 어떤 사람에게는 1달러를 주었습니다.

그런데 재미있는 일이 벌어졌습니다. 20달러를 받은 사람은 나무 막대를 돌리는 작업이 무의미하고 지루한 작업이었다고 생각한 반면, 1달러를 받은 사람은 그 작업이 나름 의미 있고 재미있는 작업이었다고 했습니다.

왜 그랬을까요? 이상하죠? 페스팅거는 그 이유를 이렇게 설명합니다. 20달러를 받은 사람은 무의미하고 지루한 작업을 한 대가로, 그리고 거짓말을 한 대가로 20달러를 받았기 때문에 어느 정도 보상이 되었다고 생각합니다. 그래서 무의미하고 지루하긴 했지만, 그래도 시간 낭비를 한 것은 아니라고 스스로를 위로합니다.

그런데 1달러를 받은 사람은 별다른 보상을 받지 못했죠. 그래서 차라리 그 무의미한 작업이 나름 의미 있는 작업이었다고 스스로를 합리화합니다. 그렇게라도 합리화를 하지 않으면 1시간 동안 나무 막대를 돌렸던 자신이, 그리고 거짓말을 한 자신이 너무나 한심해지기 때문입니다. 이처럼 합리화를 한다는 것은 스스로를 기만하는 것과 같습니다. 여우가 포도가 실 것이라고 스스로를 기만했던 것처럼, 이들은 나무 막대를 돌리는 작업이 나름 의미 있었다고 자신을 기만했던 것입니다.

또 있습니다. 한국전쟁 당시 중공군에 포로로 잡힌 미군들은 담배 몇 개비를 얻어 피우는 조건으로 자본주의를 비판하고 공산주의를 미화하는 글을 썼습니다. 그런데 놀라운 점은 이들 중 많은 사람들이 전쟁이 끝난 후 진짜로 자본주의를 비판하고 공산주의자가 되었다는 것입니다.

왜 그랬을까요? 담배 몇 개비에 그런 글을 쓴 자신이 너무나 부끄러웠기 때문에 차라리 자신은 원래부터 공산주의를 좋아했노라고 스스로를 기만했기 때문입니다.

이러한 자기기만은 일상에서 흔히 나타납니다. 건강을 고려해 금연을 결심했지만 사흘 만에 포기한 사람은 담배를 피우는 것보다 참으면서 생기는 스트레스가 건강에 더 안 좋은 것이라고 자기기만을 합니다.

자기가 술을 먹고 싶어서 직원들을 모아놓고 맨날 회식을 하면서, 직원들의 화합을 위해서 회식을 한다고 자기기만을 하죠. 그리고 매일 밤 유혹에 못 이겨 야식을 먹으면서 "맛있게 먹으면 0칼로리"라며 자기기만을 하기도 합니다.

결론적으로 인간은 '합리적인 존재'가 아니라 '자신을 합리화하는 존재'입니다. 이때의 자기 합리화는 자신이 원했고 믿었던 것을 원래는 그것이 아니었다고 스스로를 기만하는 것입니다.

＊
＊＊

나는 앞에서 1달러를 받고 한 시간 동안 나무 막대를 돌리는 실험 참가자들에 대한 이야기를 했습니다. 그들은 자신이 이러한 무의미한 작업을 했다는 점을 감추기 위해서 그것이 의미 있는 작업이었다고 스스로를 기만했죠.

그런데 한 번 생각해 봅시다. 그렇다면 우리의 삶은 의미가 있나요? 우리가 하는 일은 나무 막대를 돌리는 것보다 더 중요한가요? 물론 그렇다고 대답하고 싶을 것입니다. 그런데 정말로 냉정하게 한 번 생각해 보세요. 정말로 그런가요?

프랑스의 작가 알베르 카뮈의 철학 에세이인 『시지프 신화』에 이런 이야기가 나옵니다. 고대 그리스의 신 중의 신 제우스는 고작 인간인 시지프로부터 골탕을 먹었습니다. 제우스는 욕정을 채우기 위해서 강의 신의 딸을 납치했는데, 시지프는 강의 신에게 고자질을 합니다. 이에 열받은 제우스는 죽음의 신 타나토스를 시켜 시지프를 데리고 가라고 합니다. 죽이라는 거죠. 그런데 시지프는 기지를 발휘해 오히려 타나토스를 감금해 버립니다. 죽음의 신이 감금되자 세상에는 죽음이 없어졌습니다. 이에 황천의 신, 전쟁의 신, 운명의 신들이 제우스에게 항의합니다. 왜 일을 그 따위로 처리하냐고요.

제대로 열받은 제우스는 시지프에게 끔찍한 형벌을 내립니다. 커다란 바위를 산 정상까지 밀어 올려야 하는 형벌인데, 문제는 바위를 간신히 산 정상에 올려놓으면 다시 산 밑으로 저절로 굴러 떨어진다는 것입니다. 그러면 시지프는 산 밑으로 내려와서 다시 바위를 정상으로 밀어 올려야 합니다. 바위를 밀어 올려놓으면 굴러 떨어지고, 올려놓으면 굴러 떨어지고, 이러한 과정은 영원히 반복됩니다. 무의미한 노동, 그것이 바로 시지프가 받은 형벌입니다.

우리가 바로 시지프입니다. 바위가 결국 굴러 떨어질 것을 알지만, 그래도 계속해서 산 정상까지 밀어 올려야 하는 시지프입니다. 그리고 또 우리는 아무런 의미가 없지만, 그래도 계속 나무 막대를 돌려야 하는 알바생입니다. 또한 우리는 내일 땅을 메워야 한다는 것을 알지만, 그래도 오늘 삽질을 해서 땅을 파야 하는 군인입니다(물론 옛날 이야기입니다). 한마디로 우리는

우리는 매일 아침 지하철을 타고 회사에 출근을 합니다. 미팅을 하고 손님을 응대하고 일을 하죠. 그리고 퇴근을 하면 동료들과 소맥을 마십니다. 이처럼 우리는 무언가를 열심히 하며 삽니다. 하지만 우리는 압니다. 이러한 일상이 아무런 의미가 없다는 것을….

그럼에도 불구하고, 우리는 내일 아침에 또 출근을 합니다. 카뮈는 우리가 모두 시지프라고 합니다. 시지프는 바위가 결국 굴러 떨어질 것을 알지만, 그래도 산꼭대기까지 밀어 올려놓아야 합니다. 아무런 의미가 없다는 것을 알면서도, 그래도 그것을 해야 합니다. 그것이 바로 시지프의 운명인 것입니다.

무의미한 삶을 살아야 하는 존재라는 것이죠.

*
**

이제서야 나는 그 이유를 찾았습니다. 지하철에서 왜 갑자기 현타가 왔는지, 왜 모든 것이 낯설게 보였는지, 이제 그 이유를 찾았습니다.

그것은 내가 바로 시지프라는 것을, 내가 바로 1달러를 받고 나무 막대를 돌리는 알바생이라는 것을, 내가 바로 삽질을 하는 군인이라는 것을 깨달았기 때문입니다. 내가 그러한 무의미한 삶을 살아야 하는 존재라는 것을 깨달은 순간, 현타가 오면서 모든 것이 낯설게 느껴졌던 것입니다.

카뮈는 우리가 이처럼 이해할 수 없는 불합리한 세계를 합리적으로 이해하려고 할 때 부조리한 감정이 생긴다고 합니다. 이러한 부조리한 감정을 해소하기 위해서 우리는 헛된 희망을 가져봅니다.

언젠가는 바위가 산 정상에서 굴러 떨어지지 않을 것이라고 믿거나, 언젠가는 제우스가 마음을 바꾸어 형벌을 끝내줄 것이라고 믿거나, 열심히 나무 막대를 돌리면 나의 손목 관절이 유연해진다고 믿거나, 열심히 삽질을 하면 훌륭한 군인이 될 수 있다고 믿거나, 결근 없이 매일 출근하면 인정받는 직장인이 될 것이라고 믿습니다. 어떤 의미가 있을 것이라고 믿는 것입니다.

그런데 사실은 이러한 믿음은 자기기만입니다. 부조리한 삶에 의미 따위는 없습니다. 삶에 의미가 있다고 믿는 것은 자기기만입니다. 여우가 먹지 못하는 포도가 시다고 자기기만을 하는 것처럼 말입니다.

카뮈는 삶이 부조리하다는 사실을 외면하지 말라고 합니다. 삶에는 아무런 의미가 없다는 것을 직시하라고 합니다. 그냥 그것을 받아들이라고 합니다. 그렇게 살라고 합니다. 그는 그것을 '반항하는 삶'이라고 합니다. 그런데 카뮈는 그것을 왜 '반항하는 삶'이라고 했을까요?

예를 들어봅시다. 제우스는 시지프에게 골탕을 먹고 열받아서 형벌을 내렸죠. 결국은 굴러 떨어질 바위를 산 정상으로 밀어 올려야 하는 형벌입니다. 그런데 만약에 시지프가 그러한 현실이 너무 힘들어서 자살을 한다면 제우스는 아마 고소해할 것입니다. 제대로 복수를 했다고 생각할 것입니다.

그리고 만약에 시지프가 바위를 밀어 올리는 일이 근력운동에 좋다고 의미까지 부여하면서 자기기만을 해도, 제우스는 아마 고소해할 것입니다. "바보 같은 놈"이라고 하면서 말이죠.

그런데 시지프가 바위가 결국 굴러 떨어질 것을 알면서도, 아무런 의미가 없다는 것을 알면서도 매일 즐겁게 열심히 밀어 올린다면, 제우스는 약이 올라 죽을 것입니다. 자신을 골탕먹인 시지프에게 복수를 하려고 형벌을 내렸는데, 전혀 고통을 느끼지도 않을 뿐더러 그것을 너무 좋아하니 약이 오를 수밖에 없죠. 비유하자면, 어떤 사람이 못되게 구는 놈을 팼는데 그가 알고 보니 마조히스트라서 너무 좋아하는 형국이랄까요(비유가 이상한가요?). 그래서 '반항'이라고 하는 것입니다.

*
**

삶이 부조리하다는 사실을 외면해서는 안 됩니다. 그 외면 자체가 자기기만입니다. 또한 부조리한 삶을 끝내기 위해 자살해서도 안 됩니다. 그것은 제 우스를 웃게 만들 뿐입니다. 신의 구원을 기대해서도 안 됩니다. 그 또한 자기기만인 것입니다.

그렇다면 도대체 어떻게 해야 할까요? 카뮈는 "반항하라"고 합니다. 카뮈에게 '반항한다'는 것은 현재에 충실하라는 의미입니다. 삶이 의미가 없다는 것을 받아들이되, 그냥 행복하게 현재를 살라는 것입니다. 시지프가 제우스를 비웃듯이, 마조히스트가 자신을 팬 놈을 비웃듯이, 삶의 부조리를 비웃으라고 합니다. 그렇게 삶의 무의미함을 직시하고, 그러한 의미 없는 삶에 충실할 때 역설적으로 삶의 의미가 생긴다는 것입니다.

카뮈의 소설 『이방인』에서 주인공 뫼르소는 살인을 저지릅니다. 세상에 아무런 이유가 없는 것처럼, 뫼르소에게도 살인을 해야 할 이유는 없었습니다. 그냥 태양 때문에 눈이 부셔서 총을 쏘았습니다. 뫼르소는 사형선고를 받고 삶이 부조리하다는 것을 깨닫습니다. 그리고 회개를 요구하는 신부에게 꺼지라고 말하죠.

감방으로 찾아온 신부가 말합니다. "나는 형제님 편이에요. 마음의 눈이 멀어 모르실 뿐이에요. 형제님을 위해 기도할게요." 그러자 뫼르소가 외칩니다. "듣기 싫어. 기도하지 마. 당신은 확신에 차 있지? 그래 봤자 당신이 말하는 진리는 머리카락 한 올의 값어치조차 없는 확신이었을 뿐이야. 살아 있긴 한 것인지도 몰랐을 걸. 산송장처럼 지냈잖아." 그런데 이상하게도 그는 사제가 떠나고 그 감옥 속에서 평화와 행복을 찾습니다.

뫼르소는 바로 그 앞에 있는 밤하늘의 별빛, 밤 냄새, 흙 냄새, 소금 냄새를 느끼고 처음으로 행복을 느낍니다. 그는 반항을 통해서 비로소 스스로의 존엄성을 지키게 된 것입니다.

이제 카뮈의 반항은 고통받는 사람을 위한 반항으로 나아갑니다. 만약에 신이 어린아이가 이유 없이 죽어야 하는 세상을 창조했다면 자신은 신을 거부하겠다고 합니다. 고통받는 사람을 위해 타자와 연대하고 부조리한 세계에 맞서겠다는 것이죠. 그럼으로써 자신의 존엄성과 타자의 존엄성을 지킬 수 있다는 것입니다.

17세기 프랑스의 철학자 데카르트는 이렇게 말했습니다. "나는 생각한다. 고로 존재한다." 생각하는 인간만이 진정한 인간이라는 말이겠죠. 데카르트로부터 300년 후, 20세기의 카뮈는 이렇게 말합니다. "나는 반항한다. 고로 존재한다." 반항이 진정한 인간을 만든다는 말입니다. 우리 모두의 반항하는 삶을 위하여…, 나도 이제 배틀그라운드 게임을 그만하고 열심히 반항하도록 하겠습니다.

목숨을 건 인정투쟁

(feat. 헤겔, 호네트, 「스타트렉」, 「신세기 에반게리온」, 「더 레슬러」)

1979년에 방영한 「스타트렉」의 극장판 영화 「스타트렉: 더 모션 픽처(Star Trek: The Motion Picture)」의 배경은 지금으로부터 300년 후 어느 미래입니다. 어느 날 지구함대 본부는 엄청난 크기의 괴물체가 지구를 향해 날아오고 있는 것을 발견합니다. 이 괴물체를 그대로 두면 지구에 어떤 일이 벌어질지 알 수 없습니다. 그래서 지구함대 본부는 엔터프라이즈호를 급파합니다. 이 괴물체가 왜 지구를 향해 오는지 알아내기 위해서였죠.

엔터프라이즈호는 우여곡절 끝에 괴물체의 내부로 들어가는 데 성공합니다. 그런데 알고 보니 이 괴물체는 '비저(V-ger)'라고 불리는 의식이 있는 생명체였습니다. 이 생명체는 엔터프라이즈호의 한 선원의 몸으로 들어와 커크 선장과 대화를 합니다.

비저는 자신을 창조한 창조주를 만나서 하나가 되기 위해서 이곳에 왔다는 알 수 없는 말을 합니다. 커크 선장은 정확한 사실을 알아내기 위해서 비저의 중심부로 들어갑니다. 그곳에는 낡은 우주선이 하나 있습니다.

커크 선장은 그 우주선에서 충격적인 사실을 알아냅니다. 비저는 1970년에 나사에서 쏘아올린 보이저 6호였던 것입니다(voyager에서 oya가 우주 먼지에 덮여 안 보여 '비저'라고 착각했던 것입니다). 보이저 6호는 나사의 명령대로 우주로 날아가면서 정보를 계속 수집했는데, 엄청난 정보를 축적하자 스스로 진화해서 의식을 가지게 되었습니다. 의식을 가지게 된 보이저 6호는 '나는 누구인지'를 묻게 되었고, 그 해답을 찾기 위해서 창조주를 찾아 다시 지구로 돌아온 것입니다. 그리고 보이저 6호가 자신의 창조주인 인간과 하나가 되면서 영화는 끝이 납니다.

내가 왜 갑자기 영화 「스타트렉: 더 모션 픽처」 이야기를 했을까요? 이 영화의 스토리 구조와 헤겔이 말하는 정신의 변증법적 운동의 구조가 매우 흡사하기 때문입니다. 이렇게 말하니 살짝 궁금해지죠?

*
**

헤겔에 따르면 정신은 변증법적으로 운동을 합니다. 정신의 변증법적 운동은 세 단계를 거치는데요. 최초의 정신은 즉자-존재입니다. 정신이 자신의 내부에 그대로 머무르고 있는 상태죠. 이 즉자-존재인 정신은 자신을 부정하여 타자화하고, 그 타자와 관계를 맺으면서 대자-존재가 됩니다. 그리고 타자의 상태인 대자-존재는 또다시 자기를 부정하면서 원래의 자신으로 귀환

헤겔은 정신이 정(正)·반(反)·합(合)의 세 단계를 거쳐서 전개된다고 생각했습니다. 그것이 바로 변증법적 운동입니다. '정'은 자신 속에 모순이 있으나 그것을 알아차리지 못하는 즉자-존재의 단계이고, '반'은 그 모순이 드러나는 대자-존재의 단계입니다. 그리고 '합'은 정과 반이 종합되어 통일되는 즉자-대자-존재의 단계입니다.

하여 즉자-대자-존재가 됩니다. 뭔 소리인가 싶죠? 비유를 들어볼게요.

레오나르도 다빈치라는 독거남이 있습니다. 그는 하루 종일 자신의 골방에서 홀로 지냅니다. 그 골방에는 자신을 비출 수 있는 거울이 없어서 그는 자신이 어떻게 생겼는지도 모릅니다. 그뿐만이 아닙니다. 그에게는 가족도 친구도 없습니다. 지인도 하나 없어요. 그래서 그는 자신이 누구인지도 모릅니다. 자신의 이름조차 모릅니다. 아무도 그의 이름을 불러주지 않기 때문입니다.

너무나 심심한 그는 어느 날 그림을 그려야겠다고 마음을 먹습니다. 무엇을 그릴까요? '낙타를 타고 있는 노인을 그려야지'라고 생각하고 그림을 그리기 시작했는데 완성하고 보니 그것이 바로 자화상이었습니다. 이제 그는 자화상을 통해 자신이 어떻게 생겼는지, 자신이 누구인지 알게 됩니다.

이것을 헤겔의 정신의 변증법적 운동으로 설명해 보죠. 그림을 그리기 전의 레오나르도 다빈치는 즉자-존재입니다. 그리고 그림을 그리는 레오나르도 다빈치는 대자-존재이고요. 그림을 완성하고 자신이 어떻게 생겼는지, 자신이 누구인지 알게 된 레오나르도 다빈치가 바로 즉자-대자-존재입니다.

이 스토리의 구조를 영화 「스타트렉: 더 모션 픽처」의 스토리에 맞추어 보죠. 우리가 누구인지, 우리가 왜 존재하는지 아무것도 모르는 인간이 바로 즉자-존재입니다. 이에 인간은 우리 존재의 비밀을 밝히기 위해서 보이저 6호를 쏘아 올렸죠. 스스로를 소외시키고 타자화하여 태양계 밖으로 보낸 것입니다. 이때 우리의 일부인 보이저 6호가 대자-존재입니다. 그리고 보이저 6호는 스스로 발전하고 귀환하여 창조주인 인간과 하나인 즉자—대자—존재가 된 것입니다.

＊＊

1990년대에 방영되어 전설이 된 일본 애니메이션 「신세기 에반게리온」은 지구를 공격하는 정체불명의 적을 무찌르는 인류의 비밀병기 로봇에 관한 이야기입니다. 1편부터 24편까지는 그냥 평범한 로봇 만화영화였습니다.

그런데 25화부터 갑자기 이상해집니다. 민망한 수준의 병맛 같은 스케치 몇 장을 보여주면서 주인공 신지가 갑자기 넋두리를 하기 시작합니다. 이때부터 수많은 오타쿠들이 멘붕에 빠졌습니다. '이게 도대체 뭐지? 장난하나?' 그런데 이 넋두리로 인해 「신세기 에반게리온」은 오타쿠들의 성경이 되었습니다.

「신세기 에반게리온」의 한 장면

신지: 이것은 아무것도 없는 공간, 아무것도 없는 세계. 나 말고는 아무것도 없는 세계. 내가 누군지 점점 모르겠어. 내가 사라지고 있는 것 같아. 나라는 존재가 사라지고 있어.

유이: 여기에 너 혼자만 있기 때문이야.

신지: 내가 혼자이기 때문이라고?

유이: 그래. 다른 존재가 없으면 너는 너의 모습을 알 수 없기 때문이야.

아무것도 없는 공간, 아무것도 없는 세계에서 주인공 신지는 바로 즉자-존재입니다. 즉자-존재는 자신이 누군지, 자신이 어떤 형태인지 알 수 없죠. 다른 사람이 없으면 자신을 알 수 없습니다. 즉자-존재가 어떤 대상을 타자화하여 자신의 앞에 세우면서 대자-존재가 됩니다.

> 미사토: 너는 다른 사람의 모습을 봄으로써 너의 모습을 알 수 있는 거야.
>
> 아스카: 너와 다른 사람과의 벽을 봄으로써 너의 모습을 볼 수 있어.
>
> 레이: 다른 사람이 없으면 너 자신을 볼 수 없어.
>
> 미사토: 너와 다른 사람들과의 차이를 인식할 때 네가 누구인지 알 거야.
>
> 레이: 최초의 다른 사람은 너의 엄마야.
>
> 아스카: 너의 엄마는 너로부터 분리된 거야.
>
> 신지: 맞아. 나는 나야. 하지만 다른 사람이 나의 마음을 만드는 것은 분명해.

그리고 주인공 신지는 자신을 확인하면서 즉자-대자-존재가 됩니다. 이 즉자-대자-존재가 바로 자기의식입니다. 그런데 자기의식은 다른 자기의식에 의해서 인정받을 때에야 존재할 수 있습니다. 왜냐하면 자기의식은 항상 어떤 자기의식에 대한 자기의식이기 때문입니다. 그래서 자기의식을 가진 존재들은 끊임없이 인정받기를 욕망합니다.

미사토: 너는 아무 상관도 없는 생각을 하면서 도망가고 있어. 실패할까봐 두려운 거지. 사람들이 너를 사랑하지 않을까봐 두려운 거지. 네가 얼마나 나약한지 사람들이 알까봐 두려운 거지.

신지: 그건 너도 마찬가지잖아.

미사토: 맞아. 우린 모두 똑같아.

(중략)

후유츠키: 인간은 함께 하지 않으면 살 수가 없어.

이카리: 인간은 혼자서는 살 수가 없어.

리우스코: 혼자만 있으면

카지: 그래서 괴로운 거야.

아스카: 그래서 외로운 거고.

미사토: 그래서 네가 몸과 마음을 다른 사람과 함께하기를 원하는 거야.

레이: 너는 하나가 되기를 원해.

자기의식을 가진 인간은 타자를 통해서 자신을 봅니다. 타자가 자기를 긍정적으로 보면 자기 스스로 긍정적 존재가 되고, 타자가 멸시하면 스스로 멸시하는 존재가 됩니다. 따라서 자기의식을 가진 인간은 타자의 인정 여부에 따라서 자신의 정체성을 확립하게 됩니다.

이제 자기의식을 가진 인간들은 타자로부터 인정받기 위해서 투쟁을 벌입니다. 목숨을 걸고 나를 인정해 달라고 투쟁합니다. 목숨을 건 인정투쟁, 이것이 바로 헤겔의 정신현상학에서 자기의식의 핵심 개념입니다.

**

독일의 철학자 악셀 호네트는 헤겔의 인정투쟁 개념을 좀더 발전시킵니다. 호네트는 우리가 어떤 특정한 타자에게 인정받으려는 것이 아니라, 사회적으로 일반적인 다수의 타자들로부터 인정받으려 한다고 합니다. 그래서 우리는 가방끈을 길게 매어 보겠다고 죽어라 공부하고, 승진을 하겠다고 머리에 넥타이를 졸라매고 본부장님 앞에서 재롱을 떱니다. 뭘 먹을 때마다 사진을 찍어 SNS에 올리고 '좋아요' 숫자를 확인하고, 유튜브 구독자 수를 매일 체크합니다(이건 내 얘긴데…). 우리는 왜 이처럼 사회적 평판에 민감하게 반응할까요? 호네트는 일반화된 타자들로부터 인정을 받기 위해서라고 합니다.

호네트에 따르면, 인간은 인정에 대한 요구가 거부될 때 심한 모욕감을 느낍니다. 그래서 사람들은 모욕을 자신의 인정 욕구를 위한 도구로 사용하기도 합니다. 타자와의 인정투쟁에서 인정을 받지 못할 때, 오히려 타자에게 모욕감을 줌으로써 자신의 인정 욕구가 채워지는 듯한 효과를 볼 수 있기 때문입니다. 그래서 갑질을 하는 것인지도 모르겠습니다. 갑질을 함으로써 상대방에게 모욕을 주고, 그렇게 함으로써 자신이 인정받겠다는 것이죠.

그러나 이러한 과도한 인정 욕구는 우리를 불행하게 만듭니다. 인정 욕구는 채워지지도 않을 뿐더러, 한 번 채워진다고 해도 더 많은 인정을 욕구하게 됩니다. 그것은 마치 갈증이 난다고 바닷물을 마시면 더 강한 갈증이

나는 것과 같습니다.

1995년 개봉된 영화 「퀵 앤 데드(The Quick and the Dead)」에서 어리지만 패기 있는 피 헤롯(레오나르도 디카프리오)은 자신이 빠른 총잡이라는 것을 최고 의 총잡이인 아버지(진 해크먼)에게 인정받기 위해서 아버지와 목숨을 건 결투를 벌입니다. 결국 아버지의 손에 죽죠. 아버지도 자신이 빠른 총잡이라는 것을 타자들로부터 인정받기 위해서 아들과 결투를 벌인 것입니다. 그리고 아들을 죽이죠. 과도한 인정 욕구의 결과가 죽음인 셈입니다.

*
**

그렇다면 인정 욕구를 버려야 할까요? 어떤 사람들은 타인의 인정과 평가를 무시하라고 합니다. 타인으로부터 미움 받을 용기를 가지라고 합니다. 그런데 그게 가능할까요? 내가 보기에 그것은 불가능합니다. 인정 욕구는 본능에 가깝기 때문입니다. 그렇다면 어떻게 해야 할까요?

젊은 시절에 나는 사람들로부터 인정을 받기 위해서 몸을 갈아 일했습니다. 주변의 모든 사람들에게 최선을 다했죠. 그런데 어느 날 선배가 이런 충고를 했습니다. 내가 너무 많은 사람들로부터 인정을 받으려 한다는 것입니다. 그냥 51 대 49 정도만 유지하라고 했습니다. 내가 친구를 51명 만들면 나머지 49명은 적이 될 수밖에 없다는 것이죠.

당시에 나는 그 말을 이해하지 못했습니다. 그런데 나이가 들면서 그것이 무슨 말인지 깨달았습니다. 어차피 내게 친구가 생기면 그 수만큼 적이 생길 수밖에 없다는 것을 깨달은 것이죠. 적어도 회사라는 경쟁 사회에서는 그렇다는 말입니다.

우리는 모두에게서 인정을 받을 필요는 없습니다. '누군가'에게만 인정받으면 됩니다. 그것이 한 사람이든 가족이든 커뮤니티이든 상관없습니다. 심지어 동시대 사람일 필요도 없습니다. 니체는 동시대 사람들의 인정을 구하지 않았습니다. 니체는 "후대 사람들은 내 책을 읽지 않고서는 철학을 할 수 없을 것"이라고 했습니다. 그리고 그 말은 맞았습니다. 그는 동시대 사람들이 아니라 후대 사람들의 인정을 요구했던 것입니다.

**

나는 이것이 일종의 '삶의 기술'이라고 생각합니다. 우리는 인정 욕구를 버릴 수는 없지만, 인정 욕구의 대상은 바꿀 수 있습니다. 나에게 모욕을 주는 타자가 인정 욕구의 대상이 아닐 때, 그것을 가볍게 무시하면 됩니다. 내가 모든 사람에게 나 자신을 증명할 필요는 없기 때문입니다.

영화 「더 레슬러(The Wrestler)」는 퇴물이 된 프로 레슬러에 관한 이야기입니다. 주인공 랜디(미키 루크)는 나이가 들어 심장에 문제가 생겼습니다. 더 이상 경기를 하면 죽을 수도 있다는 의사의 경고를 받았죠. 하지만 랜디는 의사의 경고를 무시하고 경기에 나섭니다. 그때 애인이 달려와 말리지만, 랜디는 자신의 세상으로 나가야 한다고 합니다.

랜디는 자신의 세상에서 인정받기를 원했던 것입니다. 비록 싸구려 삼류 레슬링 경기장이지만, 그는 그곳에서 인정받기를 원했습니다. 그래서 목숨을 걸고 링에 오릅니다. 왜냐하면 그곳이 바로 자신의 세상이고, 그 세상을 통해서 자신을 볼 수 있기 때문입니다.

우리에게는 '누군가'의 인정이 필요하지만, '모두'의 인정이 필요한 것은 아닙니다. 그 누군가가 누구인지는 자신이 선택할 문제입니다. 그 누군가의 인정을 받기 위해서는 링에 올라 자신의 존재를 증명하면 됩니다. 마치 랜디가 목숨을 걸고 젊은 시절 트레이드 마크였던 램잼 기술을 하는 것처럼 말입니다.

아모르파티와
상대성 이론

(feat. 니체, 아인슈타인, 「토리노의 말」, 「인터스텔라」)

1889년 1월 3일 이탈리아 토리노 거리로 니체가 산책을 나섭니다. 이때 길에서 진창에 빠진 말을 발견합니다. 진창에서 꼼짝 못하고 누워버린 말을 마부가 채찍질을 합니다. 말은 채찍을 맞으면서 일어서려고 하지만, 깊은 진창에서 허우적거리기만 합니다. 그럴수록 마부의 채찍질은 더욱 심해졌죠. 그때 니체가 갑자기 마차로 뛰어들어 말의 목을 껴안고 흐느꼈습니다.

사람들이 니체를 집으로 데려갔고, 그는 꼬박 이틀 동안 누워 있다가 정신을 잃었습니다. 그리고 정신병원에서 10년 동안 거의 정신 이상 상태로 살다가 20세기가 시작되는 1900년에 죽습니다. 그런데 니체는 왜 채찍을 맞는 말을 껴안고 흐느꼈을까요? 이 현실세계에서 자신의 삶을 긍정하라고 가르친 니체가 왜 자신의 삶을 외면하고 정신을 잃은 것일까요?

놀랍게도 니체의 이 일화를 아인슈타인의 상대성 이론으로 설명할 수 있습니다. 니체와 아인슈타인이라니? 무슨 장난하냐고 할 수도 있겠지만, 이 글을 다 읽고 나면 '아하' 하면서 무릎을 탁 치게 될 것입니다.

**

르네상스 화가 라파엘로의 「아테네 학당」 그림의 가운데에 있는 두 사람이 플라톤과 아리스토텔레스입니다. 플라톤은 손가락으로 하늘을 가리키면서 그 옆에 있는 아리스토텔레스한테 이렇게 말하고 있는 듯합니다. "야, 진짜로 중요한 것은 저기 위에 있는 이데아의 세계야." 그러자 제자인 아리스토텔레스는 손바닥으로 땅을 가리키면서 이렇게 대답하는 듯합니다. "에이, 설마요. 이 땅, 현실세계가 더 중요한 거 아니에요?"

플라톤은 세계를 둘로 나누었습니다. 이데아의 세계와 현실의 세계로 말이죠. 이데아의 세계가 진짜 세계이고, 현실의 세계는 가짜 세계로 봤습니다. 그래서 플라톤은 「아테네 학당」 그림에서 진짜 세계가 저 너머에 있다고 손가락으로 하늘을 가리키고 있습니다.

이러한 생각은 우리에게 많이 익숙합니다. 바로 기독교 사상이 그렇죠. 기독교 사상에서도 이 세상에서 인간이 죽으면 저 세상으로 간다고 합니다. 플라톤 사상과 기독교 사상의 공통점은 이 현실세계를 부정하고 있다는 것입니다. 현실세계는 잠깐 거쳐가는 간이역일 뿐이고, 우리의 종착역은 현실세계가 아닌 저 위의 세계라는 것이죠.

그런데 니체는 신이 죽었다고 선언합니다. 신이 죽었으니 이제 우리가

니체는 스위스 질스마리아의 우뚝 솟은 바위 앞에서 영원회귀 사상에 대한 영감을 받습니다. "세계의 모든 사건들은 동일한 순서로 영원히 반복된다." 그런데 니체의 설명은 극히 상징적이고 은유적이어서 여러 가지로 해석할 수밖에 없습니다.

니체는 『차라투스트라는 이렇게 말했다』에서 영원회귀를 말하면서 과거와 미래가 만나는 곳으로서의 '지금 이 순간'을 강조했습니다. 여기서 '지금 이 순간'은 나의 삶 속에서 단 한 번뿐인 시간입니다. 지금 이 순간이 바로 진리의 순간일 수 있다는 것이죠.

갈 저 세계는 없습니다. 그래서 니체는 이 현실세계에서 자신의 삶을 긍정하고 자신의 삶을 사랑하라고 합니다.

이 말은 삶이 힘들고 고난에 가득차 있을지라도 '이게 내 운명이겠거니' 하면서 그냥 받아들이라는 말이 아닙니다. 니체의 "자신의 삶을 사랑하라"는 말은 뒤집어서 이해해야 합니다. "자신의 삶을 더욱 사랑스럽게 만들라"는 뜻입니다.

그것은 마치 우리가 어떤 사람을 사랑할 때 더욱 훌륭한 사람이 되기를 바라는 것처럼, 우리가 어떤 정원을 사랑할 때 더욱 아름다운 정원이 되도록 가꾸는 것처럼, 『평범하게 비범한 철학 에세이』 책을 사랑하는 사람이 이 책을 라면 냄비 받침으로 사용하지 않는 것처럼(안 그러실 거죠?), 삶을 사랑하는 사람은 자신의 삶을 더욱 사랑스럽게 만들어야 한다는 것입니다. 이것이 바로 니체의 '아모르파티(Amor Fati)'의 의미입니다. 아모르파티는 자신의 운명을 사랑하라는 말이 아니라 "자신의 운명을 사랑스럽게 만들라"는 말입니다.

*
**

니체는 스위스 질스마리아의 호숫가를 산책하다가 한 바위 앞에서 어떤 영감을 받습니다. 그때 그가 받은 영감이 바로 영원회귀 사상입니다. 영원회귀 사상은 간단히 말해서 '동일한 것이 영원히 되돌아온다'는 것입니다. 도대체 이 말이 무슨 의미일까요? 니체의 언어는 은유와 비유로 가득차 있어서 한 가지 의미로 단정할 수 없습니다. 그저 여러 해석만을 할 수 있을 뿐이죠.

영원회귀 사상에 대한 첫 번째 해석은 말 그대로 '똑같은 현재가 영원히 반복된다'는 것입니다. 예컨대 여러분이 지금 이 책을 읽고 있는 사건이 1만 년 전에도 똑같이 일어났고, 2만 년 전에도 똑같이 일어났고, 그리고 1만 년 후에도, 2만 년 후에도, 3만 년 후에도 똑같이 일어날 것이라는 것이죠. 마치 카세트테이프가 반복해서 돌아가는 것처럼, 똑같은 현재가 영원히 반복된다는 것입니다.

영원회귀 사상에 대한 두 번째 해석은 '똑같은 현재를 영원히 산다'고 가정해 보자는 것입니다. 니체는 이 현실세계에서 자신의 삶을 긍정해야 한다고 했습니다. 그런데 현실세계에서 자신의 삶을 긍정하는 것이 쉽나요? 쉽지 않죠. 더군다나 만약 우리가 이 현실세계의 삶을 똑같이 반복해서 영원히 살아야 한다면 긍정은커녕 끔찍할 것입니다. 하지만 이 현실세계의 삶이 영원히 반복된다고 가정하더라도, 현재와 자신의 삶을 긍정할 수 있도록 살아야 한다는 것입니다.

영원회귀 사상에 대한 세 번째 해석은 현실세계에서 '지금 이 순간이 영원하다'는 말입니다. 우리는 과거를 후회하기도 하고 집착하기도 하며, 때로는 그리워하기도 합니다. 그리고 우리는 미래를 기대하기도 하고 두려워하기도 하며, 때로는 기다리기도 합니다. 하지만 과거와 미래는 우리의 관념 속에만 있을 뿐입니다. 실제로 우리가 생생하게 경험하는 것은 현재입니다. 그래서 우리는 영원히 현재만을 삽니다. 영원한 현재, 영원한 순간만이 있을 뿐이라는 말입니다.

영원회귀 사상에 대한 세 가지 해석을 소개했지만, 가만히 생각해 보면 모두 비슷한 맥락으로 이해할 수 있습니다. 그것은 똑같은 현재가 영원히 반복되므로, 현재를 긍정하고 자신의 삶을 긍정해야 한다는 것입니다. 혹은 똑같은 현재가 영원히 반복된다고 가정할 수 있을 정도로, 현재를 긍정하고 자신의 삶을 긍정해야 한다는 말입니다.

정말로 현재는 영원히 반복될까요? 니체는 영원회귀가 사실이라고 말하는 것 같기도 하고, 그냥 가정해 보자고 말하는 것 같기도 합니다. 그런데 영원한 현재가 단지 가정이나 비유가 아니라 진짜 사실일 수 있습니다. 현재가 영원히 반복된다니, 이것이 어떻게 가능할까요?

**

아인슈타인의 상대성 이론에 따르면, 시간은 누구에게나 똑같이 흐르지 않습니다. 지구에 있는 나의 시간보다 우주선을 타고 가는 사람의 시간이 더 느리게 흐르고, 지구에서보다 중력이 강한 지역에서 시간이 더 느리게 흐릅니다. 시간은 운동하는 속도와 중력에 따라 각각 다르게 흐릅니다. 그래서 영화 「인터스텔라(Interstellar)」에서 주인공 쿠퍼(매튜 맥커니히)가 우주여행을 하고 돌아와 보니 딸이 할머니가 되어 있었던 것입니다. 쿠퍼의 시간보다 딸의 시간이 훨씬 빨리 흘렀던 것이죠.

그런데 쿠퍼와 할머니가 된 딸의 상황은 생각하면 할수록 이상합니다. 쿠퍼의 관점에서 보면 딸은 미래에 존재하고, 딸의 관점에서 보면 쿠퍼는 과거에 존재합니다. 이런 식으로 따져보면 나의 현재는 너의 미래이고, 너의 미래는 그의 과거이며, 그의 과거는 그녀의 현재이고, 그녀의 현재는 나의 과거이고⋯. 그러고 보니 과거, 현재, 미래가 뒤엉켜 동시가 되어 버렸습니다.

이것이 무슨 의미일까요? 그것은 과거, 현재, 미래가 모두 동시에 존재한다는 것입니다. 우리는 과거는 이미 지나갔고, 미래는 아직 오지 않았으며, 오직 현재만이 존재한다고 믿습니다. 그런데 그렇지 않고, 과거와 미래도 거기에 존재한다는 것입니다.

미국에 가면 자유의 여신상을 볼 수 있고 프랑스에 가면 에펠탑을 볼 수 있는 것처럼, 과거로 가면 충무공 이순신을 볼 수 있고, 미래로 가면 2026년 월드컵을 볼 수 있다는 것입니다. 왜냐하면 과거와 미래도 현재와 같이 존재하기 때문이죠. 그래서 쿠퍼가 미래에 어떤 블랙홀 같은 데에 들어가서 과거의 딸에게 신호를 보낼 수 있었던 것입니다. 미래로 가도 과거가 존재하기 때문이죠. 이것을 '영원주의(Eternalism)'라고 합니다.

영원주의를 받아들이면 과거, 현재, 미래가 모두 동등하게 존재합니다. 과거는 이미 지나가버려 존재하지 않게 된 것이 아니라 거기에 여전히 존재하고, 미래는 아직 존재하지 않는 것이 아니라 거기에 이미 존재하고 있는 것입니다. 따라서 이 현재는 영원히 존재합니다.

나는 현재 이 순간 글을 쓰고 있지만, 이 순간은 박제가 되어 영원히 반복해서 벌어지게 됩니다. 현재가 영원히 반복됩니다. 니체는 영원한 현재를 하나의 가정처럼 말했지만, 아인슈타인은 영원한 현재가 가정이 아니라 사실일 수 있다고 봅니다.

다시 돌아와서, 니체는 왜 진창에 빠진 말의 목을 붙잡고 흐느꼈을까요? 니체가 왜 그랬는지 우리는 그 이유를 알 수 없죠. 단지 추측을 해 볼 뿐입니다.

니체는 자신의 운명을 사랑하라고 했습니다. 자신의 운명이 영원히 반복된다고 해도, 그 운명을 긍정할 수 있을 정도로 사랑하라고 했죠. 그런데 진창에 빠진 말을 보고, 자신의 운명을 사랑하는 것이 얼마나 어려운 것인지 깨달은 것입니다. 자신의 운명을 사랑하기 위해서는 얼마나 많은 고통을 견뎌야 하는지를 눈으로 목격한 것입니다. 그때 니체는 비로소 자신의 운명이 진창에 빠진 말의 운명과 같다는 것을 깨달았습니다. 그래서 말의 목을 붙잡고 흐느꼈던 것입니다.

말의 운명만 비극적인 것은 아닙니다. 마부의 운명 또한 비극적이죠. 헝가리의 영화감독 벨라 타르의 2011년 개봉작 「토리노의 말(The Turin Horse)」은 말을 채찍질하던 마부와 그 딸의 삶을 그리고 있습니다. 마부와 딸이 하는 일이라고는 말을 부리고, 물을 길어오고, 옷을 갈아입고, 감자를 삶아 소금을 뿌려 먹는 것이 전부입니다. 그리고 밖에는 황량한 벌판과 모래바람만이 있을 뿐이죠. 마부와 딸은 가재도구를 싣고 집을 떠나려 하지만 결국은 다시 돌아옵니다. 갈 곳이 없는 것이죠.

우리 모두는 마부이자 마부의 딸입니다. 현실세계에서 우리가 할 수 있는 일이라고는 이 무거운 삶을 묵묵히 견뎌내는 것뿐입니다. 우리의 삶에는 어떤 기쁨도 희망도 의미도 없습니다. 우리는 순간순간 기쁨을 느끼고, 미래에 대한 희망을 꿈꾸며, 삶의 의미를 찾을 수 있다고 생각합니다. 그러나 사실 우리는 순간의 기쁨은 금방 사라지고, 미래에 대한 희망은 헛된 것이며, 삶에는 의미가 없다는 것을 너무나 잘 알고 있습니다. 우리의 삶에는 허무와 절망 그리고 권태만이 있을 뿐이죠.

그럼에도 불구하고, 니체는 이 현실세계에서 자신의 삶을 긍정하라고 합니다. 지금의 이 순간이 마치 영원히 반복될 것처럼 자신의 삶을 긍정하라고 합니다. 영원한 순간, 영원한 현재를 살라고 합니다.

니체의 이 말은 그냥 비유가 아닐 수 있습니다. 영원주의 세계관에 따르면, 현재의 이 순간은 영원히 반복되고, 여러분의 삶도 영원히 반복되며, 여러분의 운명 또한 영원히 반복됩니다. 우리의 삶은 단 한 번이지만, 이 삶은 박제되어 영원한 운명이 됩니다.

"아모르파티", 이것은 '운명을 사랑하라'는 말이 아니라 "운명을 사랑스럽게 만들라"는 말입니다. 우리는 우리의 운명을 사랑스럽게 만들지 않을 수 없습니다. 왜냐하면 우리의 운명은 영원히 반복되는 것이기 때문입니다. 영원히 반복될 운명을 체념하고 내버려둘 수는 없죠.

비록 순간의 기쁨은 금방 사라지고, 미래에 대한 희망은 헛된 것이며, 삶에는 아무런 의미가 없다고 해도, 우리는 이러한 운명을 사랑할 수밖에 없습니다. 아니, 우리의 운명을 사랑스럽게 만들지 않을 수 없습니다. 그것이 바로 우리의 운명이기 때문입니다.

고도를 기다리며

(feat. 사무엘 베케트, 「드라이브 마이 카」)

얼마 전 하마구치 류스케 감독의 2021년 개봉작 「드라이브 마이 카(Drive My Car)」를 보았습니다. 거의 인생 영화라고 할 정도로 좋았습니다. 그런데 영화 중에 사무엘 베케트의 『고도를 기다리며』라는 희곡의 한 장면이 나오더라고요. 순간 40년 전에 이 희곡을 처음 읽었을 때가 생각났습니다. 남영동 헌책방에서 구했는데 어떻게 해석해야 할지 몰라서 몇 번을 읽었던 기억이 났습니다. 그래서 이번에 사무엘 베케트의 『고도를 기다리며』 대본을 구해서 다시 한 번 읽어 보았습니다. 당시에는 이것을 어떻게 해석해야 할지 몰랐지만, 이제는 나의 생각을 말해도 되겠다는 생각이 들었습니다.

**

「고도를 기다리며」의 무대에는 아무것도 없습니다. 그냥 나무 한 그루만 덩그러니 서 있을 뿐이죠. 처음 무대에는 우스꽝스럽게 생긴 두 사람이 등장합니다. 블라디미르와 에스트라공, 이 두 사람은 아주 진지하게 아무 의미 없는 대화를 이어갑니다.

블라디미르: 너 성서 읽어봤냐?

에스트라공: 성서라… (생각에 잠긴다.) 한 번 훑어본 것도 같은데.

블라디미르: (놀라서) 신 없는 학교에서?

에스트라공: 신이 없는 학교였는지, 신이 있는 학교였는지 그건 모르겠다.

블라디미르: 너 로케트 감화원을 가지고 그러는 거 아냐?

에스트라공: 그럴지도 모르지. 어쨌든 성지(聖地)의 지도는 생각난다. 색칠한 지도였는데 아주 예뻤었지. 사해는 옥색이어서, 그걸 들여다보기만 해도 목이 말라 왔었지. 난 신혼여행을 거기로 가야겠다고 생각했었지. 헤엄도 치고 행복하게 될 것 같았다.

블라디미르: 넌 시인이 될 걸 그랬구나.

에스트라공: 응, 사실 난 시인이었다. (누더기옷을 가리키며) 그렇게 안 보이니? (침묵)

블라디미르: 내가 무슨 얘기를 했었더라…. 발은 좀 어떠냐?

사무엘 베케트, 「고도를 기다리며」 오증자 옮김, 민음사 세계문학전집 43, 2000년

연극 「고도를 기다리며」에서는 맥락 없는 행위와 무의미한 농담만 있을 뿐 아무런 사건이 일어나지 않습니다. 처음 상연되었을 때 사람들은 "도대체 이게 뭐야?"라는 반응이었죠. 하지만 노벨문학상을 수상하며 부조리극의 정수라는 평가를 받았습니다. 이 연극이 사람들에게 사랑받는 이유는 바로 우리의 인생을 상징적으로 보여주고 있기 때문일 것입니다.

이들이 이렇게 뜬금없는 대화를 하면서 하는 일이라고는 고도를 기다리는 것입니다.

블라디미르: 고도를 기다려야지.

에스트라공: 참 그렇지. (사이) 여기가 확실하냐?

블라디미르: 뭐가?

에스트라공: 여기서 기다려야 하느냐 말이다.

블라디미르: 나무 앞이라구 하던데. (둘은 나무를 바라본다.) 다른 나무들이 보이냐?

(중략)

블라디미르: 딱히 오겠다고 말한 건 아니잖아.

에스트라공: 만일 안 온다면?

블라디미르: 내일 다시 오지.

에스트라공: 그리고 또 모레도.

블라디미르: 그래야겠지.

에스트라공: 그 뒤에도 쭉.

블라디미르: 결국은….

에스트라공: 그자가 올 때까지.

사무엘 베케트, 앞의 책

하지만 이들은 고도가 누구인지 모릅니다. 어떤 사람인지, 어떻게 생겼는지도 모릅니다. 아니 고도가 사람인지 아닌지, 심지어 진짜로 존재하는지 존재하지 않는지조차 모릅니다. 더 심각한 것은 이들은 자신들이 왜 고도를 기다리고 있는지도 모른다는 것입니다. 기다림에 지쳐 너무 심심해지자 허리끈으로 목을 매서 자살을 하려고 합니다. 나뭇가지가 부러지면서 자살은 미수에 그칩니다. 그러면서 내일은 튼튼한 밧줄을 가져오자고 합니다. 하지만 그것도 말뿐이죠.

> 블라디미르: 이젠 어떡하지?
> 에스트라공: 기다리는 거지.
> 블라디미르: 그야 그렇지만 기다리는 그동안 뭘 하지?
>
> 사무엘 베케트, 앞의 책

그런데 밤이 되자 어딘가에서 소년이 나타납니다.

> 블라디미르: 그렇게 말하겠지. (사이) 그래, 얘기해 봐라.
> 소년: (단숨에) 고도 씨가 오늘밤엔 못 오고 내일은 꼭 오겠다고 전하랬어요.
> (침묵)
> 블라디미르: 그게 다냐?
> 소년: 네.
>
> 사무엘 베케트, 위의 책

이렇게 1막이 끝납니다. 2막이 시작되면 사람들은 이제 무언가 사건이 벌어질 것이라고 기대합니다. 하지만 그런 일은 없습니다. 이들은 또다시 의미 없는 말을 하고, 무언가를 먹고, 잠을 자고, 다투고, 화해하고, 자살을 시도하고, 밤에는 또 소년이 나타납니다. 소년은 이들에게 고도 씨가 내일 온다고 알려줍니다. 그리고 연극은 끝이 납니다. 아마 3막, 4막이 있다고 해도 상황은 마찬가지였을 것입니다.

*
**

미국의 한 교도소에서 「고도를 기다리며」가 공연된 적이 있습니다. 교도소에서 이 연극을 공연한 이유는 여성이 안 나오기 때문이었다고 합니다. 주최 측에서는 죄수들이 이 연극을 좋아할 거라고는 생각하지 못했습니다. 그런데 이 연극을 본 죄수들은 환호를 하고 눈물을 흘리는 등 열렬한 반응을 보였습니다. 죄수들은 고도를 '자유'라고 생각했던 것입니다. 그러면서 오지 않는 자유를 기다리는 블라디미르와 에스트라공이 자신들의 모습이라고 생각하고 감정이입을 했던 것입니다.

처음 이 연극이 공연되었을 때, 많은 사람들이 고도를 '신의 구원'이라고 생각했습니다. 고도(Godot)는 영어의 God와 프랑스어의 Dieu(하느님)의 합성어라는 것이었죠. 하지만 이 희곡의 작가인 사무엘 베케트는 자신의 연극에서 신을 찾지 말라고 합니다. 또 어떤 사람들은 고도는 행복이라고 합니다. 내일은 행복이 올 것이라고 기대하지만 행복은 오지 않는다는 것이죠. 이처럼 고도가 무엇인지에 대한 많은 설명이 있습니다. 그래서 이 연극에 대한 해석도 수없이 많습니다.

어떤 사람들은 블라디미르가 에고(Ego)이고 에스트라공이 이드(Id)라고 하면서 정신분석학적으로 해석하고, 어떤 사람들은 블라디미르와 에스트라공을 바위를 끊임없이 산 정상으로 밀어 올려야 하는 시지프라고 하면서 실존주의적으로 해석합니다. 그리고 어떤 사람들은 고도가 기다리는 것은 기다림 자체라고도 합니다. 기다리지 않으면 죽어야 하므로 그냥 무언가를 기다려야 한다는 것이죠. 또 어떤 사람들은 인간의 권태에 대한 이야기라고 합니다.

그래서 사람들은 「고도를 기다리며」가 난해한 연극이라고 합니다. 고도가 무엇인지, 이 작품을 어떻게 해석해야 하는지 모르겠다는 것이죠. 사실은 그럴 수밖에 없죠. 작가인 사무엘 베케트는 고도가 무엇인지, 블라디미르와 에스트라공의 기다림, 대화와 행위가 무엇을 의미하는지에 대한 단서를 남겨놓지 않았기 때문입니다.

**

문제는 작가인 사무엘 베케트도 고도가 무엇인지 모른다는 점입니다. 사람들이 고도가 무엇이냐고 묻자, 그는 자신도 모르겠다고 합니다. 자신이 그것을 알면 작품 속에서 설명하지 않았겠느냐는 것이죠.

그러면 고도는 그 어떤 것도 아니라고 봐야 할 것입니다. 고도가 그 무엇도 아니라면, 고도를 기다리는 것에는 아무런 의미가 없습니다. 그리고 고도를 기다리면서 하는 이들의 대화나 행위에도 아무런 의미가 없다고 보아야 합니다. 결국 작가 사무엘 베케트가 끊임없이 말하고 있는 것은 고도는 그 무엇도 아니고, 따라서 고도를 기다리는 것은 무의미하며, 이들의 모든 대화나 행위도 무의미하다는 것입니다.

그래서 「고도를 기다리며」를 반연극이라고 합니다. 전통적 연극에서는 특정 시대와 특정 장소에서 특정 사람들이 등장하고 특정한 사건이 벌어집니다. 그런데 「고도를 기다리며」에는 시대적 배경도 장소적 배경도 없습니다. 있는 것이라고는 길거리에 있는 나무 한 그루뿐이죠.

게다가 여기에는 사람도 없습니다. 블라디미르와 에스트라공이라는 사람이 등장하지만, 이들이 몇 살인지, 어떤 사람인지, 어떤 과거를 가졌는지에 대한 아무런 설명이 없습니다. 게다가 여기에서는 아무런 사건도 일어나지 않습니다. 자살은 미수에 그치고, 고도는 오지 않습니다. 그리하여 「고도를 기다리며」를 반연극이라고 하는 것입니다.

*
**

사무엘 베케트는 「고도를 기다리며」에서 왜 이런 무의미한 기다림, 무의미한 대화와 행위를 계속 보여줄까요? 내가 보기에 그가 말하고 싶었던 것은 바로 우리가 블라디미르와 에스트라공이라는 것입니다. 우리의 행위는 이들이 신발을 신었다 벗었다 하고 모자를 썼다 벗었다 하는 행위와 다름없고, 우리의 대화는 이들의 의미 없는 잡담과 다름없습니다.

우리는 일생을 무언가를 찾아 헤매지만, 이 두 사람처럼 그것이 무엇인지를 모릅니다. 우리가 바로 그 한심하고 이상한 블라디미르와 에스트라공입니다. 사무엘 베케트는 우리 삶의 모습을 「고도를 기다리며」 속에 그대로 그려넣었습니다. 그러면서 말하고 있습니다. "네 삶은 의미가 없어"라고 말입니다.

사무엘 베케트는 말년에 단테의 『신곡』, 이 한 권의 책만 읽었다고 합니다. 『신곡』에 나오는 지옥의 입구에는 이런 말이 씌어 있다고 합니다. "이 문에 들어서는 자여, 희망을 버려라." 사무엘 베케트는 「고도를 기다리며」에서 이렇게 말하는 것 같습니다. "희망을 버려라. 고도는 오지 않는다."

*
**

사무엘 베케트는 아일랜드 출신의 소설가입니다. 젊은 시절에는 어느 정도 활동적이었던 것 같습니다. 아일랜드 크리켓 팀의 투수로 뛸 정도로 운동을 좋아했고, 2차 세계대전 때는 프랑스에서 레지스탕스로 활동했죠. 하지만 인생 후반기로 갈수록 우울하고 내성적인 사람이 되었습니다.

「고도를 기다리며」가 성공을 거두면서 사무엘 베케트는 사람들의 주목을 받았는데요. 하지만 사람들의 주목이 달갑지 않았던 모양입니다. 모든 인터뷰를 거절하고 철저하게 은둔 생활을 했습니다. 심지어 노벨 문학상을 받게 되었을 때에도 수상식에 참석하지 않았습니다. 노년에는 프랑스의 작은 마을에서 피아노를 치면서 레지스탕스 시절에 만난 아내와 함께 조용히 여생을 보냈습니다.

사무엘 베케트에 대한 자료를 조사하다가 『아이리쉬 타임스(The Irish Times)』에서 재미있는 기사를 하나 발견했습니다. 사무엘 베케트는 독일에 대한 저항의식이 매우 강해서 독일이 2차 세계대전을 일으키자 파리로 가서 레지스탕스가 되었습니다. 기밀문서를 번역하여 런던에 몰래 반입하는 등의 활동을 하고, 무기를 모으고 관리하는 역할도 했습니다. 그러다가 레지스탕스임이 나치에 발각되어 1년간 도피 생활을 하기도 합니다. 전쟁이 끝나자 공로를 인정받아 프랑스로부터 십자훈장까지 받습니다.

이런 경우 우리 같은 보통 사람들은 젊은 시절에 레지스탕스로 활동하던 무용담을 떠들고 다닐 것입니다. 과장도 좀 하고 왜곡도 좀 할 것입니다. 특히 정치인이라면 좀더 심하게 부풀릴 것입니다. 그런데 그는 자신의 레지스탕스 활동에 대해서 여기저기 떠들고 다니지 않았습니다. 누가 레지스탕스 활동에 대해서 물으면 그냥 보이스카우트 활동(Boy Scout Stuff)이었다고 대답했습니다. 목숨을 걸고 레지스탕스 활동을 했으면서 별일 아닌 것처럼 그냥 보이스카우트였다니, 그의 화법은 굉장히 쿨해 보입니다. 이 양반 화법이 원래 그런가 봅니다.

사무엘 베케트는 철학이 너무 어려워서 철학책은 읽지 않는다고 말했습니다. 그런데 죽은 후에 서재에서 데카르트, 칸트, 사르트르, 비트겐슈타인의 많은 책들과 메모가 발견되었습니다. 말만 그렇게 하는 것입니다. 이런 양반들이 하는 말은 곧이 곧대로 들으면 안 됩니다. 그 반대로 들어야 할 때가 있죠.

사무엘 베케트는 「고도를 기다리며」를 통해 삶의 무의미함에 대해서 끊임없이 이야기하고 있습니다. 그런데 그의 화법을 보면, 그가 진짜로 말하고 싶었던 것은 그 반대일 수 있지 않을까요?

무의미한 삶 속에서 어떤 가치를 만들어내라고 말하는 것일 수도 있습니다. 고도는 결국 오지 않겠지만, 그래도 우리는 고도를 기다릴 수밖에 없기 때문입니다. 어차피 기다려야 하는 것이라면, 기다림 자체를 의미로 만들어 보자는 것입니다. 기다림 자체가 의미라면, 무의미한 것을 기다리는 것이 반드시 무의미한 것은 아닙니다. 그것은 마치 이미 진 경기더라도 마지막까지 최선을 다하는 것과 마찬가지입니다. '어찌 보면 그것이 우리의 삶이 아닐까' 하고 생각해 봅니다.

사무엘 베케트의 자료를 찾다보니 그가 기네스 맥주를 마시는 사진이 있었습니다. 이 글을 쓰고 난 뒤 영화 「드라이브 마이 카」를 다시 보면서 기네스 맥주를 한 잔 했습니다.

또 다른 나에 관한 이야기

낯설고도 낯익은
내 안의 또 다른 나

(feat. 프로이트, 라캉, 「지킬 박사와 하이드」)

19세기 영국 빅토리아 시대의 소설가 로버트 스티븐슨의 『지킬 박사와 하이드』는 인간의 이중성을 소재로 하는 소설입니다. 지킬 박사는 인간에게는 선한 인격과 악한 인격이 있다고 믿습니다. 그는 두 개의 인격을 분리해내는 화학 약품을 만드는 데 성공하죠. 약을 마시면 내면에 있는 악한 인격이 나타납니다. 그 악한 인격이 바로 하이드입니다. 지킬 박사는 낮에는 젠틀한 신사이지만, 밤만 되면 약을 먹고 하이드가 되어 파렴치한 범죄를 저지르면서 금지된 욕망을 해소합니다. 이렇게 한동안 하이드와 공존하는 삶을 살게 됩니다.

하지만 시간이 갈수록 하이드의 힘은 강해집니다. 나중에 지킬 박사는 약을 마시지 않아도 하이드가 되어 버립니다. 이제 하이드는 통제할 수 없는 괴물이 됩니다. 결국 지킬 박사는 자신의 내면에 있는 하이드를 없애버릴 수 없다는 것을 깨닫습니다. 그리고 스스로 생을 마감하는 선택을 하죠. 그것이 자신 안에 있는 괴물을 없앨 수 있는 유일한 방법이었기 때문입니다.

인간의 정신에는 의식의 세계가 있고, 무의식의 세계가 있습니다. 의식의 세계에는 지킬 박사가 살고, 무의식의 세계에는 하이드라는 괴물이 살고 있습니다. 지킬 박사는 하이드라는 괴물이 의식 밖으로 올라오는 것을 억압합니다. 하지만 약을 마시자 하이드라는 괴물을 감금해 놓은 무의식의 봉인이 해제된 것입니다.

우리의 무의식 속에도 하이드라는 괴물이 있습니다. 쾌락을 쫓고, 금지된 것을 욕망하고, 도덕과 양심에 얽매이고 싶지 않는 또 다른 내가 있죠. 무의식 속의 괴물은 결코 사라지지 않습니다. 우리가 억압하면 할수록 괴물은 더 강하게, 더욱 반복적으로 나타나죠. 그렇다면 우리는 그 괴물을 완전히 억압할 수 있을까요?

**
*

19세기 오스트리아 빈에 젊고 매력적인 어떤 여성이 있었습니다. 그녀는 아버지가 죽자 극심한 히스테리 증상을 보이기 시작합니다. 수시로 뱀이나 해골 같은 환각을 보고 오른쪽 팔이 마비됩니다. 신경질적인 기침이 끊임없이 계속되고, 갑자기 물이 두려워져서 며칠 동안 물을 마시지 못합니다. 심지어 모국어인 독일어를 못하게 되어 영어와 불어로만 소통이 가능하게 됩니다.

인간에게는 세 개의 얼굴이 있습니다. 원초아, 초자아, 자아입니다. 원초아는 원초적 본능을 말합니다. 원초적 본능에는 성적 욕망과 폭력적 충동이 있습니다. 초자아는 도덕의 목소리입니다. 자아는 원초아와 초자아 사이에서 균형을 맞춥니다.

원초아가 너무 강하면 그걸 억압하거나 위장하고, 초자아의 도덕의 목소리가 너무 높아지면 그 소리를 조금 누그러뜨리죠. 정신적으로 건강한 사람은 자아가 적절한 기능을 해서 원초아와 초자아 사이의 균형을 맞추고 있는 사람입니다.

그녀는 히스테리 치료 전문가인 브로이어 박사에게서 최면치료를 받기 시작합니다. 당시 브로이어 박사와 친분이 있던 프로이트는 그녀의 히스테리 증상에 깊은 관심을 보입니다. 두 사람은 그녀에게 안나 오(Anna O)라는 가명을 붙이고, 비슷한 신경증 사례를 모아 히스테리에 관한 공동 연구를 시작합니다.

당시에는 히스테리를 여성만의 질병이라고 여겼습니다. 히스테리 증상을 여성들이 주목을 받기 위해서 꾀병을 부리는 것이라고 생각하기도 했죠. 그런데 브로이어와 프로이트는 히스테리가 여성만의 질병도 꾀병도 아니라는 것을 밝혀냅니다.

브로이어와 프로이트는 인간의 정신에는 의식의 세계와 무의식의 세계가 있다고 보았습니다. 인간은 의식적으로 드러낼 수 없는 감정과 기억을 무의식 속에 억압하여 봉인한다는 것입니다.

안나 O의 경우 아버지에 대한 금지된 욕망과 죄책감을 무의식 속에 억눌러 놓았는데, 그것이 히스테리 증상으로 터져나왔다는 것입니다. 즉, 안나 O의 무의식 속에 있는 괴물 하이드가 히스테리의 원인이었던 것입니다.

놀랍게도 무의식 속에 억눌린 감정과 기억을 말로 털어놓자 히스테리 증상이 완화되었습니다. 예컨대 안나 O가 병상에 누운 아버지를 간호하다가 깜빡 잠든 적이 있었습니다. 꿈속에서 뱀이 아버지 쪽으로 가는 것을 보고 쫓으려 했으나 팔이 말을 듣지 않았죠. 그런데 최면치료를 받으면서 이 꿈을 기억해내고 말을 하자, 갑자기 팔의 마비가 풀리고 모국어인 독일어도 할 수 있게 되었습니다.

또한 안나 O가 어느 날 아버지를 간호할 때 밖에서 댄스 음악이 들려왔습니다. 댄스 파티에 가고 싶다는 생각이 들었는데, 동시에 아버지에 대한 죄책감을 느꼈습니다. 그때부터 안나 O는 댄스 음악을 들으면 기침이 끊이질 않았습니다. 그런데 최면치료를 받으면서 그때의 상황을 회상하고 말을 하자, 갑자기 신경질적인 기침이 사라졌습니다.

또 있습니다. 안나 O가 어느 날 하인의 방에 들어갔다가 개가 유리잔의 물을 핥아먹는 것을 보고 불쾌한 감정을 가졌는데, 그때부터 물을 마시지 못했습니다. 그런데 최면치료를 받으면서 그때의 상황과 느낌을 말하자, 며칠 동안 마시지 못했던 물을 벌컥벌컥 마실 수 있게 되었습니다.

안나 O가 이처럼 억압된 감정과 기억을 말하면 히스테리 증상이 완화되었습니다. 그래서 브로이어는 이러한 치료법을 말하기 치료법, 카타르시스 치료법이라고 했습니다.

그런데 왜 그럴까요? 왜 억압된 감정과 기억을 말하면 히스테리 증상이 완화될까요? 무의식과 말은 도대체 어떤 관련이 있을까요?

*
**

프랑스의 철학자 라캉은 프로이트의 의식과 무의식의 관계를 언어적으로 해석합니다. 라캉은 의식은 언어의 세계이고, 무의식은 언어를 벗어난 세계라고 합니다. 언어의 세계를 상징계, 언어를 벗어난 세계를 실재계라고 합니다.

이렇게 보면 지킬 박사는 상징계에 존재하고, 하이드는 실재계에 존재한다는 것이죠. 그래서 소설 『지킬 박사와 하이드』에서 작가는 하이드의 모습을 말로 형용할 수 없다고 합니다. 실재계는 언어를 벗어난 세계, 언어를 넘어선 세계이기 때문입니다. 안나 O의 금지된 욕망과 죄책감은 실재계에 속합니다. 그래서 안나 O는 그것에 대해서 말할 수 없었던 것입니다.

실재계는 이처럼 상징계에 의해 배제된 세계입니다. 그래서 실재계는 상징계의 찌꺼기라고 할 수 있습니다. 하지만 라캉은 실재계는 상징계의 찌꺼기이면서, 동시에 상징계의 중심이라고 합니다. 즉, 실재계는 상징계 밖에 존재하면서, 동시에 상징계의 중심에 결핍의 형태로 존재한다는 것이죠. 간단히 말해서 실재계는 상징계의 배제된 중심이라는 말입니다.

지킬 박사의 괴물 하이드와 안나 O의 금지된 욕망이 바로 실재계에 속합니다. 지킬 박사는 하이드를 배제하려 했지만 결국 통제할 수 없었습니다. 하이드가 지킬 박사의 중심에 들어와 버렸기 때문이죠. 그리고 안나 O는 자신의 금지된 욕망을 배제했지만, 결국은 금지된 욕망이 자신의 중심이 되었던 것입니다.

라캉의 배제된 중심 개념은 프로이트의 언캐니(Uncanny) 개념과 유사합니다. 언캐니는 어원적으로 상반된 두 가지 의미를 가지고 있습니다. 하나는 '낯선', '감추어져 있는'이라는 의미이고, 다른 하나는 '친숙한', '드러난'이라는 의미입니다. 지킬 박사의 괴물 하이드와 안나 O의 금지된 욕망은 의식으로부터 배제되어 있기 때문에 낯설지만, 동시에 의식의 중심에 있기 때문에 낯익은 것입니다.

브로이어 박사의 치료를 받았던 안나 O는 어떻게 되었을까요?

안나 O는 주치의인 브로이어 박사에게 사랑을 느낍니다. 그리고 브로이어 박사의 아이를 가졌다는 상상 임신을 하게 됩니다. 사실 환자가 정신과 의사에게 이런 감정을 느끼는 것은 최면치료의 부작용으로 정신분석 과정에서 종종 일어날 수 있는 일입니다. 하지만 당시에 그런 것을 몰랐던 브로이어 박사는 너무 놀라서 황급히 안나 O를 떠납니다.

브로이어 박사가 떠난 후, 안나 O는 정신병원을 전전하면서 치료를 받습니다. 다행히 치료가 잘되어 히스테리 증상이 완전히 사라졌죠. 안나 O의 신분은 비밀로 보장되어야 함에도 불구하고, 나중에 신상이 털리면서 본명이 베르타 파펜하임이라는 것이 밝혀졌습니다.

이후에 파펜하임은 오스트리아를 떠나 독일에 정착합니다. 그곳에서 유대인 여성협회 회장을 하면서 여성운동가로 활동합니다. 남성 위주의 유대인 사회를 비판하면서 평생을 미혼모, 고아, 매춘부 들을 위한 삶을 삽니다. 심각한 마음의 병을 극복하고 새로운 삶을 개척한 그녀의 일생은 한 편의 드라마 같습니다.

그런데 재미있는 점은 파펜하임에게 레이스를 수집하는 취미가 있었다는 것입니다. 평생 동안 300여 종의 레이스를 수집했고, 죽기 일 년 전에 오스트리아 빈의 미술관에 기증합니다.

레이스 뜨기를 할 일 없는 여자들이 무의미하게 시간을 때우는 취미라고 생각했던 여성운동가 파펜하임이 레이스를 수집하는 취미를 가졌다는 것은 어색해 보일 수도 있습니다. 하지만 모든 인간은 이처럼 이중적이죠.

또 이런 추측을 해 볼 수도 있습니다. 파펜하임의 레이스 수집은 안나 O의 '금지된 욕망'이 분출된 것이 아닐까요? 안나 O의 무의식이 히스테리 증상으로 나타났듯이, 파펜하임의 무의식이 레이스 수집으로 나타난 것 아닐까요? 그저 추측일 뿐입니다.

**

억압된 것은 반드시 귀환합니다. 우리 안의 하이드는 호시탐탐 돌아올 기회를 찾고 있습니다. 우리가 하이드를 억압하면 할수록, 배제하면 할수록, 하이드는 우리 안의 중심이 되기 때문입니다. 그래서 지킬 박사는 하이드의 귀환을 막기 위해서 죽음을 택할 수밖에 없었던 것입니다.

그러고 보면 우리는 어떤 방식으로든 자신의 하이드와 공존하는 방법을 배워야 할 것 같습니다. 하이드는 사라지지 않기 때문입니다. 어찌 보면 나는 글을 쓰면서, 그리고 여러분은 이런 책을 읽으면서, 우리는 자신의 하이드가 귀환하는 것을 지연시키고 있는 것일 수도 있습니다.

카프카스러운
카프카의 「변신」

(feat. 아도르노, 카네티, 김진영, 「헤어질 결심」)

2000년대에 가장 영향력 있는 소설가로 많은 사람들이 프란츠 카프카를 꼽습니다. 카프카의 소설은 스토리는 독창적이고, 분위기는 혼란스러우며, 문체는 독특합니다. 그래서 사람들은 그의 소설을 한마디로 "Kafkaesk(카프카에스크)", 즉 '카프카스럽다'라고 합니다. 카프카의 독창성을 다른 말로 형용하기가 힘들기 때문이겠죠.

'카프카스럽다'는 말의 사전적 의미는 수수께끼 같고, 섬뜩하고, 위협적이라는 것입니다. 이것을 한마디로 '언캐니(Uncanny)'하다고 할 수 있습니다. 우리는 앞에서 프로이트의 정신분석학을 이야기하면서 '언캐니' 개념을 제시한 적이 있습니다. 그렇다면 카프카의 소설이 '언캐니'하다는 것은 무슨 의미일까요?

카프카는 1883년 체코 프라하에서 태어났습니다. 당시 프라하는 오스트리아-헝가리 제국에 속해 있는 땅이었는데요. 프라하 사람들은 대부분 체코인이었고, 여기에 독일인과 유대인들이 함께 섞여 살았습니다. 카프카의 부모는 유대인이었습니다. 하지만 이들은 서부 유대인으로 유럽 사회에 동화되어 유대인 전통을 따르지 않았습니다. 당시 프라하에서 주로 사용하는 언어는 체코어였는데, 아버지는 카프카에게 독일어 교육을 받게 했습니다. 프라하의 상류 사회에서는 독일어를 사용했기 때문이죠.

프라하 사람들은 대부분 체코인이었는데 카프카는 체코인이 아니었고, 유대인이었지만 유럽 사회에 동화되어 유대 전통을 따르지도 않았고, 독일어를 사용했지만 그렇다고 독일 문화권에 속한 사람도 아니었습니다. 그러니까 카프카는 체코인도 아니고 독일인도 아니고 유대인도 아닌 완전한 이방인이었던 것입니다.

카프카의 아버지는 가난한 집안에서 태어나 자수성가를 한 상인이었습니다. 체격이 건장하고 성공 지향적인 사람이었죠. 하지만 카프카는 체질적으로 병치레가 잦은 말라깽이였고 성공 따위에는 관심도 없었습니다. 그저 글이나 쓰고 싶었죠.

아버지는 그런 아들을 노골적으로 무시하고 폭력적으로 대했습니다. 카프카에게 아버지는 절대적인 존재였고 늘 두려움의 대상이었습니다. 훗날 발견된 100쪽이 넘는 「아버지에게 보내는 편지」를 보면, 카프카가 아버지로부터 얼마나 큰 상처를 받았는지 알 수 있습니다.

카프카는 아버지의 강요로 프라하 대학에서 법학을 전공하고 노동보험 공단에 취직을 했습니다. 아침 8시에 출근해서 오후 2시면 일이 끝나는, 말 그대로 신의 직장이었습니다. 카프카는 퇴근을 하면 황금소로에 있는 자신의 작업실에서 밤새 글을 썼습니다.

✻✻

카프카의 『변신』의 첫 문장을 보죠. "어느 날 아침 그레고르 잠자가 불안한 꿈에서 깨어났을 때, 그는 자신이 침대 속에 한 마리의 커다란 벌레로 변해 있는 것을 발견했다." 주인공인 그레고르가 어느 날 일어나 보니 벌레가 되어 있었습니다.

벌레가 된 이유나 배경 설명 같은 것 없습니다. 그냥 벌레가 되어버린 것입니다. 가족들은 멘붕이 오고 아버지는 그레고르를 방에 가두어 놓습니다. 그레고르는 낮에는 창밖을 바라보며 시간을 보내고, 밤에는 소파에 들어가서 잠을 잡니다. 여동생이 방안으로 음식을 넣어주러 올 때는 놀라지 않도록 소파 안쪽에 깊이 숨기도 하죠. 이제 그레고르 가족들의 생활에 변화가 생깁니다. 이전에는 그레고르가 전적으로 생계를 책임졌지만, 이제 아버지는 수위로 취직을 하고 어머니와 여동생도 일을 합니다.

그레고르는 벌레가 된 것에 어느 정도 익숙해지자, 이제 벽이나 천장을 기어다닐 수도 있습니다. 어머니와 여동생은 그레고르가 좀더 쉽게 기어다닐 수 있도록 방안의 가구들을 치우기 시작합니다. 그런데 그레고르는 책상과 여자 사진이 있는 액자만은 남겨두고 싶었습니다. 그래서 치울 수 없게

하려고 액자에 달라붙습니다. 벌레로 변한 그레고르의 모습을 직접 본 어머니는 그만 졸도를 하고 맙니다. 화가 난 아버지가 그레고르에게 사과를 던지고, 그 중 하나가 그레고르의 등에 박힙니다. 등에 박힌 사과는 썩어가고, 그레고르는 음식을 거의 먹지 못하게 됩니다. 그러던 어느 날 죽습니다. 말라비틀어진 그레고르의 시체를 청소부가 쓸어 담아 버리죠.

그레고르의 죽음으로 이제 가족들은 해방이 되었습니다. 이들은 모처럼 나들이를 나갑니다. 전차 안에서 미래에 대한 희망을 이야기합니다. 아버지는 어느덧 아름다운 여자로 성장한 딸에게 신랑감을 찾아주어야겠다고 생각하면서 소설은 끝이 납니다.

**

카프카의 『변신』은 도대체 종잡을 수 없는 소설입니다. 그러다 보니 수많은 해석이 있는데요. 카뮈와 사르트르는 『변신』을 실존주의적 소설로 해석합니다. 세상에 벌어지는 사건에는 아무런 이유가 없듯이, 그레고르가 왜 벌레가 되었는지 아무런 설명도 없고 이유도 없습니다. 그냥 어느 날 아침 벌레가 되어버린 것입니다. 그것이 바로 인간이 처한 부조리한 상황이라는 것이죠.

어떤 사람들은 『변신』을 자본주의 사회의 인간 소외를 보여주는 작품으로 해석합니다. 집안의 가장이었던 그레고르가 벌레로 변신하자 결국은 가족들에게 버림을 받습니다. 이것이 바로 자본주의 사회에서 노동력을 상실한 인간의 모습이라는 것입니다. 당시에 노동보험 공단에서 근무하던 카프

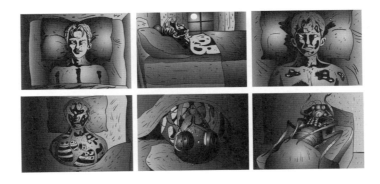

카프카의 『변신』은 어느 날 눈을 떠 보니 거대한 벌레로 변해 버린 한 남자에 관한 이야기입니다. 『변신』의 첫 문장은 우리를 갑자기 판타지의 세계로 이끕니다. "어느 날 아침 뒤숭숭한 꿈에서 깨어난 그레고르 잠자는 자신이 침대 위에서 흉측한 갑충으로 변한 것을 알아차렸다." 일부 번역서에서 '갑충'으로 번역했기 때문에 많은 사람들이 바퀴벌레를 상상했습니다. 하지만 카프카는 특정한 갑충을 의도하지 않았습니다. 그는 읽는 사람이 마음대로 상상하길 바랐다고 합니다.

카는 산재로 인해 노동력을 상실한 수많은 노동자들을 보았을 것입니다. 이러한 경험이 이 소설에 녹아 들어 있다는 것이죠.

영국의 작가이자 노벨 문학상 수상자인 엘리아스 카네티는 『변신』은 카프카가 아버지의 권력에 대항하는 소설이라고 보았습니다. 소설의 주인공 그레고르 잠자가 바로 카프카라는 것입니다. 이름을 보면 잠자(SAMSA)와 카프카(KAFKA)의 철자 구조가 같죠. 카프카는 평생 아버지를 두려워했고 아버지에게 압도당했으며 한 번도 인정을 받지 못했습니다. 아버지를 자신의 힘으로 극복하거나, 아버지에게서 탈출하는 것은 불가능했죠. 하지만 카프카는 아버지에게 분노하거나 맞서지 않습니다.

카네티에 따르면 카프카는 그 대신 스스로를 더 작게 만들었습니다. 거대한 권력 앞에서 자신을 축소하는 전략을 사용한 것입니다. 이는 권력으로부터 도망치는 것이 아니라 권력의 힘을 빼는 전략이라는 것이죠.

나는 사실 카네티의 해석보다는 인문학자 김진영의 해석이 훨씬 마음에 듭니다. 김진영도 카네티와 마찬가지로 『변신』이 카프카가 아버지의 권력에 대항하는 소설이라고 합니다. 하지만 카프카가 대항하는 방식에 대한 해석은 카네티의 설명과 다릅니다.

아버지는 카프카가 글을 쓰는 것을 못마땅하게 생각했습니다. 돈도 안 되는 짓을 왜 하냐는 것이죠. 하지만 카프카는 글을 써야만 했습니다. 그것이 아버지에게 반항하는 방식이었던 것입니다.

카프카는 혼자 힘으로는 안 되겠기에 여자를 이용합니다. 『변신』에서 어머니와 여동생이 가구를 치울 때, 그레고르가 포기할 수 없었던 것이 두 가지가 있었습니다. 책상과 액자. 그 액자에는 여자의 사진이 있었습니다. 카프카에게 글쓰기와 여자는 한 묶음이었던 것입니다.

카프카는 펠리체라는 여성과 두 번 약혼하고 두 번 파혼했습니다. 카프카에게 약혼의 목적은 결혼이 아니라 편지를 쓰는 것이었습니다. 몇 번 만나지도 않았는데 한 500통의 편지를 보냈습니다. 편지를 보내고 금방 왜 답장을 안 하냐고 하면서 또 편지를 보내요. 하루에 세 번, 네 번 보낸 적도 있습니다.

들뢰즈와 가타리는 카프카가 보낸 것은 편지가 아니라 박쥐라고 합니다. 카프카는 박쥐를 날려 보냈고, 그 박쥐는 여자의 피를 빨았다는 것이죠. 그러면 이 여자는 답장을 보냅니다. 그 답장은 피를 빨고 돌아온 박쥐입니다. 카프카는 그 피를 잉크로 삼아 또다시 글을 씁니다. 카프카가 아버지와의 권력 투쟁에서 이기기 위해서 여자를 이용했다고 보기도 합니다.

소설 『변신』에서도 마찬가지입니다. 벌레로 변신하기 이전에 집안의 가장은 그레고르였습니다. 그때의 아버지는 힘도 없고 의욕도 없는 노인일 뿐이었죠. 그런데 그레고르가 벌레가 되자, 아버지는 수위로 취직을 하면서 권력을 다시 탈환합니다. 그러고는 죽은 권력인 그레고르를 사과로 공격합니다. 여동생은 "저건 오빠가 아니에요"라고 말하며 아버지의 권력 재탈환을 승인하죠.

그런데 그레고르는 여동생이 바이올린을 연주할 때, 그녀의 어깨까지 타고 올라가 목에 키스를 하는 상상을 합니다. 이것은 사실 키스가 아니라 흡혈입니다. 뱀파이어에게 물리면 뱀파이어가 되죠. 그레고르는 여동생의 피를 빨아 자신의 분신인 벌레로 만들어 버리는 상상을 한 것입니다. 아버지는 여동생이 그레고르라는 사실을 모릅니다. 마지막 장면에서 아버지가 아름답고 생기로 가득찬 딸을 보면서 흐뭇해하는 장면이 나옵니다. 그레고르는 아버지를 속이는 데 성공한 것이죠. 그레고르는 그렇게 아버지를 속이고, 아버지한테 빼앗긴 권력을 다시 탈환합니다.

**

카프카의 소설 『변신』과 박찬욱 감독의 영화 「헤어질 결심」은 스토리가 닮아 있습니다. 영화 「헤어질 결심」은 형사 해준이 어떤 남자의 추락사를 수사하면서 시작합니다.

형사 해준은 죽은 남자의 부인인 서래의 범행을 의심하지만, 결국 남자가 자살을 한 것으로 결론을 내고 사건은 종결됩니다. 그런데 해준은 서래가 진짜 범인이라는 것을 우연히 알게 됩니다. 하지만 이미 서래를 사랑하게 된 해준은 수사를 그냥 무마해 버리죠. 그때부터 서래도 해준을 사랑하게 됩니다. 서래는 해준의 마음을 간절히 원하지만 다가갈 수 없습니다. 두 사람의 관계는 피의자 대 형사의 관계이기 때문이죠.

시간이 흘러 둘은 다시 만납니다. 그런데 서래의 두 번째 남편이 죽는 사건이 또 발생합니다. 서래와 해준은 서로를 간절히 원하지만, 이번에도 피의자 대 형사의 관계입니다.

서래는 해준의 마음을 가지고 싶어하지만 이제 그것이 불가능하다는 것을 압니다. 그래서 사라지기로 결심합니다. 바닷가에 모래 구덩이를 파고 그 안에 들어가 바닷물이 차오를 때까지 기다립니다. 스스로를 바다에 묻어 버린 것입니다. 뒤늦게 해준이 도착하지만, 이미 바다에 묻힌 서래를 찾을 길이 없습니다. 그리고 영화는 끝이 납니다.

서래는 왜 스스로 바닷속으로 들어갔을까요? 그것은 해준의 마음속으로 들어가기 위해서였습니다. 그 바다가 바로 해준이기 때문입니다(해준의 '해'가 바다를 의미합니다). 해준의 마음을 얻을 수 없다는 것을 안 순간, 서래는 해준의 마음속으로 들어가 그의 마음을 온전히 얻으려 했던 것입니다.

하지만 해준은 그것을 모릅니다. 서래의 시신은 영원히 찾지 못할 것이고, 서래의 실종 사건은 영원히 미제로 남을 것이기 때문입니다. 결국 서래는 자신을 파괴함으로써 영원히 해준의 마음을 얻을 수 있었던 것입니다.

카프카의 소설 『변신』의 그레고르도 마찬가지입니다. 그레고르는 아버지를 이길 수 없었습니다. 그래서 스스로 벌레가 되었죠. 그리고 여동생의 피를 빨아 벌레로 만들어 버림으로써 아버지에게로 깊숙이 침투해 들어갑니다. 하지만 아버지는 그것을 모릅니다. 아버지는 한껏 성숙해진 딸을 보고 흐뭇해하기만 합니다. 결국 그레고르는 자신을 파괴함으로써 아버지와의 권력 투쟁에서 승리한 것입니다.

자기희생이 없으면 아무것도 얻을 수 없습니다. 자기 것을 내어놓아야 남의 것을 가질 수 있다는 말이죠. 자기의 것을 내놓을 게 없을 때는 자기자신이라도 내놓아야 합니다. 그래서 서래는 바닷속으로 들어가는 방법으로, 그레고르는 벌레가 되는 방법으로 자기자신을 내놓았던 것입니다.

도기숙 교수는 카프카가 하이퍼그라피아(hypergraphia)였을 수 있다고 합니다. 하이퍼그라피아란 글쓰기에 집착하는 일종의 정신질환을 말하는데, 환자들은 보통 조증과 우울증을 반복하며 과대망상을 동반하기도 합니다. 조증의 상태로 들어가면 강박적으로 글을 쓰고, 우울증 상태로 들어가면 두통과 불면증, 불안증을 앓습니다. 강박적 글쓰기, 두통, 불면증, 불안증, 모두 카프카에 해당되는 것들이죠.

하이퍼그라피아 환자들의 글쓰기에는 특징이 있습니다. 자폐적 성향이 강하기 때문에 내면의 생각의 흐름을 씁니다. 상징적이고 암호 같아서 해독이 어렵습니다. 그래서 카프카의 『변신』을 해석할 수 없었던 것입니다. 독일의 사회학자이자 철학자 테오도어 아도르노는 "카프카의 모든 문장이 '나를 해석해 보라'고 말하지만, 그 어떤 문장도 나의 해석을 허용하지 않는다"고 말했습니다.

하이퍼그라피아 환자들은 글을 쓰는 것 자체가 목적이지, 누군가에게 보여주기 위한 목적으로 글을 쓰는 것이 아닙니다. 카프카도 자기 글이 누군가에게 읽혀지는 것에 큰 관심이 없었습니다. 친구인 막스 브로트에게 자신이 죽은 후 자기 글을 불태워 달라는 유언을 남겼죠. 불행인지 다행인지 브로트는 카프카의 유고들을 모두 모아 출판했습니다. 그래서 오늘날 우리가 카프카를 읽을 수 있게 된 것입니다.

앞에서 나는 '카프카스러운'이라는 형용사의 사전적 의미가 '수수께끼 같고, 섬뜩하고, 위협적'이라고 설명했습니다. 그만큼 카프카의 소설은 카프카스럽습니다. 현실도 아니고 판타지도 아닌 그 중간 지대에서 전개되기 때문입니다. 아예 판타지면 그런가 보다 하고 읽겠지만, 큰 줄거리는 판타지인데 전개되는 디테일한 사건들은 너무나도 현실적입니다.

카프카는 약혼녀 펠리체에게 보낸 편지에서 짧은 소설은 한 번 쓰기 시작하면 20시간 안에 끝내야 한다고 했습니다. 자신의 무의식에서 소용돌이치는 이미지들을 검열 없이 한 번에 쏟아내야 한다는 것이죠. 하지만 무의식은 이미지이고, 의식은 글이죠. 따라서 무의식을 글로 옮기는 행위는 의식 없이는 불가능합니다. 즉, 카프카는 의식과 무의식의 경계에서 글을 썼던 것입니다. 그래서 그의 글은 현실도 아니고 판타지도 아닌 그 경계에 있습니다. 의식과 무의식의 경계, 현실과 판타지의 경계, 이것이야말로 Kafkaesk, '카프카스럽다'라고 할 만합니다.

그래서 '카프카스럽다'는 말과 프로이트의 '언캐니' 개념이 연결됩니다. 언캐니는 어원적으로 상반된 두 가지 의미를 가지고 있죠? 하나는 '친숙한', 다른 하나는 '낯선'입니다. 친숙한 의식과 낯선 무의식, 친숙한 현실과 낯선 판타지, 카프카의 소설은 이 두 상반된 분위기를 가지고 있기 때문에 카프카스러운 것입니다.

불편한 진실과
편안한 믿음

(feat. 프로이트, 「셔터 아일랜드」)

인간은 보고 싶은 것만 봅니다. 정보를 선택적으로 받아들이면서 자신의 생각이나 신념을 확인하려는 경향이 있습니다. 그것을 '확증 편향'이라고 하는데, 자신의 생각이나 신념과 일치하는 정보만 받아들이려는 심리를 말합니다. 간단히 말해서 인간은 보고 싶은 것만 본다는 것입니다.

이것을 다르게 말하면, 인간은 보고 싶지 않은 것은 보지 않는다는 것이죠. 사실은 보고 싶지 않은 것을 보지 않는 것이 아니라, 보고 싶지 않은 것을 보지만 그것을 망각하는 것이겠죠. 즉, 우리는 선택적으로 기억하고 선택적으로 망각을 합니다.

이뿐만이 아닙니다. 인간은 심지어 없는 기억을 만들어내기도 합니다. 그래서 우리의 기억은 왜곡되고 조작된 가짜 기억일 수 있습니다.

여러분은 어떻게 생각하나요? 우리의 기억이 정말로 과거에 실제로 일어난 것이었다고 믿나요?

**

우리의 의식 아래 저 깊은 곳에 무의식이 있습니다. 무의식에는 인간의 원초적 본능이 들어 있죠. 인간의 원초적 본능은 살고자 하는 본능, 즉 자기 보존의 본능입니다. 원초적 본능에는 식욕, 배설욕, 수면욕, 성욕이 있습니다. 인간은 살기 위해서 먹고 배설하고 자야 하죠.

그런데 성욕이 왜 삶의 본능일까요? 성욕은 자신의 유전자를 다음 세대로 전달하고자 하는 본능이기 때문입니다. 인간은 죽음을 피할 수 없기에 유전자를 다음 세대로 넘김으로써 자신의 유전자를 살리려고 합니다. 그래서 성욕도 자기 보존의 본능이라고 할 수 있습니다.

갓 태어난 아기는 원초적 본능밖에 없습니다. 아기는 배고프면 울고 싸고 싶으면 싸요. 그게 다예요. 그렇게 해도 문제가 없습니다. 배가 고파서 울면 엄마가 젖을 물려주고 아무때나 싸면 엄마가 치워주죠.

그런데 생후 12개월이 지나면서 아기에게 충격적인 두 개의 사건이 벌어집니다. 하나는 이유식의 시작입니다. 배고파서 우는데 엄마가 젖을 물려주는 것이 아니라 입에 숟가락을 넣는 것입니다. 엄마의 따뜻한 가슴이 좋은데 이제는 차가운 숟가락으로 끼니를 해결해야 합니다. 울어도 소용이 없어요. 울면 울수록 차가운 숟가락이 입에 들어옵니다.

두 번째 충격적인 사건은 배변 훈련입니다. 여태까지 아기는 싸고 싶을 때 싸고 싸기 싫으면 안 쌌어요. 그런데 이제는 싸고 싶은데 엄마가 못 싸게 하고, 싸고 싶지도 않은데 엄마가 싸라고 자꾸 변기에 앉혀요. 일어나려 해도 막무가내로 변기에 앉히는 것입니다.

아기는 이 두 사건으로 좌절을 합니다. 그러면서 문득 깨닫습니다. "아, 현실은 내 마음대로 되는 게 아니구나." 울고 떼쓰기만 한다고 해결되는 것이 아님을 알게 됩니다. 이것을 깨달은 순간, 아기에게 자아가 나타납니다. 자아는 아기에게 좀더 영리하게 굴 것을 명령합니다. 아기는 현실과 적절하게 타협하여 이유식에 적응하고 배변 훈련도 잘해나갑니다. 자아가 원초적 본능을 통제하기 시작한 것입니다.

자아는 이유식과 배변 훈련에 적응하면서 엄마로부터 칭찬과 사랑을 받는 것으로 만족합니다. 하지만 아기의 저 깊은 내면에는 여전히 원초적 본능이 꿈틀거립니다. 엄마의 젖가슴을 물고 아무때나 싸고 싶습니다. 자아는 이러한 원초적 본능이 터져 나오려고 할 때마다 꾹꾹 눌러서 무의식 속에서 빠져나오지 못하게 합니다.

이때부터 자아는 모든 지저분한 것들을 무의식 속에 집어넣기 시작합니다. 성적 욕망과 폭력적 충동은 물론이고, 감당하기 힘든 고통스러운 기억도 무의식 속에 쑤셔넣어 의식 밖으로 나오지 못하게 합니다. 그래서 우리가 과거의 아픈 기억을 의식하지 못하는 경우가 생깁니다. 과거를 망각하는 것이죠. 과거의 아픈 기억을 의식으로 떠올리면 상처를 받기 때문에 무의식 속에 꼭꼭 밀어넣는 것입니다.

이러한 망각을 아주 잘 보여주는 영화가 있습니다. 마틴 스콜세지가 감독하고 레오나르도 디카프리오가 주연한 「셔터 아일랜드(Shutter Island)」라는 미스터리 영화입니다.

정신병 범죄자들을 가두고 있는 감옥 섬 셔터 아일랜드에서 수감자 한 명이 실종되는 사건이 발생합니다. 이 사건을 수사하기 위해서 연방 수사관 테디와 그의 파트너가 감옥 섬에 들어갑니다. 테디에게는 아픈 과거가 있습니다. 방화범이 저지른 화재에 아내가 죽었던 것입니다. 그 방화범이 이 섬에 수감되어 있다는 정보를 입수합니다. 그래서 테디가 이번 수사를 자원했던 것이죠.

테디는 수사를 하던 중 이 섬에서 거대한 음모가 벌어지고 있다는 몇 가지 단서들을 발견합니다. 이 섬은 정치범들을 정신병자로 몰아 치료를 명목으로 강제로 뇌수술을 시켜 식물인간으로 만들어 버리는 곳이었습니다. 우여곡절 끝에 테디는 수술 현장인 낡은 등대 건물로 잠입하는 데 성공합니다.

그런데 놀랍게도 그곳에는 자신을 기다리는 병원장과 동료 수사관이 있었습니다. 그들은 테디에게 진실을 말해줍니다. 테디는 연방 수사관이 아니고, 사실은 정신병원에서 2년째 치료를 받고 있는 환자였습니다. 동료 연방 수사관이라고 생각했던 사람은 테디의 주치의였죠. 그들은 테디에게 그의 진짜 과거를 말해줍니다.

그의 과거란 이런 것입니다. 테디의 아내는 정신이상 증세를 가지고 있었습니다. 하지만 테디는 그런 아내를 방치하고 술독에 빠져 살았죠. 그런데 출장을 간 사이 아내가 제정신이 아닌 상태에서 세 아이들을 집 앞의 호수에 빠뜨려 익사시켜 버립니다. 집에 돌아온 테디는 슬픔과 분노에 못 이겨 아내를 총으로 쏴 죽입니다. 이 사건으로 테디의 멘탈은 붕괴되고 허구의 세계로 빠져듭니다. 허구의 세계에서 그는 연방 수사관이고, 아내는 그가 아니라 방화범에게 살해당했으며, 원래부터 그에게는 아이가 없었습니다.

테디는 자신의 과거를 무의식 속에 '억압'함으로써 기억하지 못했고, 현실을 '왜곡'함으로써 자신이 연방 수사관이라는 새로운 기억을 만들어냈습니다. 이처럼 자신의 기억을 억압하고 현실을 왜곡하는 것을 '방어기제'라고 합니다.

방어기제란 자아가 상처받는 것을 방어하기 위해 무의식적으로 동작하는 메커니즘을 말합니다. 프로이트의 딸인 안나 프로이트가 아버지의 무의식 이론을 받아들여 발전시킨 것이죠. 세 아이가 죽고 아내를 자기 손으로 죽였다는 사실을 받아들일 수 없었던 테디는 억압과 왜곡이라는 방어기제를 사용함으로써 자아를 방어하려 했던 것입니다.

**

그런데 우리가 망각만 하는 것은 아닙니다. 우리는 없는 기억을 만들어 내기도 합니다. 뉴질랜드의 스테판 린드세이라는 심리학자는 실험 참가자들의 기억을 조작하는 실험을 했습니다. 먼저 어린 시절 사진으로 열기구를 타고 있는 합성 사진을 만듭니다. 그 사진을 지속적으로 보여주면, 그는 어

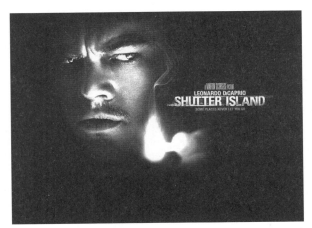

우리는 과거에 겪은 너무 끔찍한 사건이나 너무 괴로운 현실을 잊고 싶을 때가 있습니다. 무의식적으로 과거나 현실을 왜곡하거나 망각하는 경우가 있죠. 예컨대 영화 「셔터 아일랜드」에서 주인공 테디의 세 아이들은 엄마에 의해서 살해되었는데, 테디는 그 사실을 기억을 못합니다. 현실이 너무나 괴로워서 과거의 사건을 의식하지 못하는 것입니다. 이것이 바로 억압이라고 하는 방어기제입니다.

린 시절에 열기구를 탔다는 기억을 가지게 됩니다. 있지도 않은 기억을 만들어낸 것입니다. 심지어 어떤 실험 참가자는 실험 내용을 다 듣고 나서도, 자신이 열기구를 탄 적이 있었다고 철석같이 믿었다고 합니다.

미국의 엘리자베스 로프터스라는 인지심리학자도 이와 비슷한 실험을 했습니다. 먼저 부모들더러 실험 참가자들에게 그들이 어렸을 때 백화점에서 길을 잃은 적이 있다고 말하게 했습니다. 물론 거짓말이었죠. 그러자 실험 참가자들은 어린 시절에 실제로 백화점에서 길을 잃은 적이 있다는 기억을 가지게 되었습니다. 있지도 않는 기억을 만들어낸 것입니다. 심지어 어떤 사람은 자신이 길을 잃었던 상황을 생생하게 묘사하기도 했습니다.

또 있습니다. 어릴 적 디즈니랜드에 가본 적이 있는 실험 참가자들에게 만화 캐릭터인 벅스 버니(토끼)를 보여주고, 디즈니랜드에 갔을 때 벅스 버니를 본 적이 있느냐고 물었습니다. 그러자 많은 실험 참가자들이 디즈니랜드에서 벅스 버니를 본 적이 있다고 대답했습니다. 벅스 버니는 디즈니랜드의 캐릭터가 아닌데도 말입니다. 그들은 기억을 해낸 것이 아니라 기억을 만들어낸 것이죠. 이처럼 기억은 쉽게 망각되고 쉽게 만들어집니다.

*
**

우리는 과거를 쉽게 망각합니다. 과거가 괴로워서, 합리화를 하기 위해서, 또는 부끄러운 자신을 감추기 위해서 과거를 망각하죠. 동시에 자신이 믿고 싶은 것을 기억으로 만들어 냅니다. 불편한 진실이 아니라 편안한 믿음을 선택하는 것입니다. 물론 의도적으로 그러는 것은 아니에요. 자신도 모르게 자신을 속이고 있는 것입니다.

우리는 살면서 여러 가지 사건을 겪습니다. 그런 사건들을 겪으면서 어떤 선택을 하게 되고, 또 그 선택에 따른 행위를 하죠. 과거에 겪은 사건, 그때 내가 한 선택, 그리고 그 선택에 따른 나의 행위의 총체가 바로 '나'입니다. '나'라는 인간의 정체성이죠.

좀더 정확히 말하면 그런 사건, 선택, 행위에 대한 나의 기억이 바로 나라는 인간의 정체성입니다. 그래서 "나는 어떠어떠한 사람이다"라고 말할 때, 우리는 자신이 겪은 사건과 선택과 행위에 대한 기억을 먼저 떠올립니다. 따라서 기억이 불확실하다는 것은 자신의 정체성도 믿을 수 없다는 말이 됩니다.

이처럼 우리는 '기억의 궁전'에서 살고 있습니다. 기억의 궁전에서는 사실이 망각되고, 믿음이 사실로 둔갑하며, 자신의 정체성이 왜곡되고 조작됩니다.

그러고 보면 우리 모두가 바로 영화 「셔터 아일랜드」의 주인공 '테디'였던 것입니다.

테디는 자신이 연방 수사관이라는 확신의 덫에 걸려 있었습니다. 그렇다면 테디는 그 확신의 덫에서 빠져나오는 것이 좋을까요, 아니면 빠져나오지 않는 것이 좋을까요? 내가 보기에 테디는 차라리 영원히 덫에 걸려 있는 쪽이 좋을 것 같습니다. 영원히 연방 수사관으로 남는 것이 좋을 것 같습니다.

우리도 자신만의 확신이라는 덫에 걸려 있습니다. 그 확신이라는 덫에서 빠져나오는 것이 좋을지, 아니면 덫에 그냥 걸려 있는 것이 좋을지 선택하는 것은 여러분의 몫입니다. 물론 선택한다고 쉽게 실현되는 것은 아니지만 말입니다.

여러분은 불편한 진실과 편안한 거짓 기억, 그 중에 무엇을 선택하고 싶은가요?

무아지경에 빠져버린
미니멀리스트

(feat. 불교, 데이비드 흄, 러셀)

           17세기 프랑스 철학자 데카르트는 벽난로 앞에 앉아서 자신이 의심할 수 있는 모든 것을 의심하기 시작합니다. 처음에는 단순히 자신의 감각과 경험을 의심하지만, 의심의 골이 깊어지면서 나중에는 수학과 기하학 같은 학문을 의심하게 됩니다. 모든 것을 의심하게 된 것이죠.

    그런데 문득 데카르트는 자신이 의심할 수 없는 단 하나의 사실이 있다는 것을 깨닫습니다. 그것은 바로 '내가 의심하고 있다'는 사실입니다. 내가 어떤 것을 의심하고 있을 때, '내가 의심하고 있다'는 사실은 의심할 수 없다는 것입니다. 내가 의심을 할 수 있으려면 의심하는 내가 존재해야 하죠? 그런데 의심도 생각의 일종이죠. 그래서 데카르트는 이런 결론을 내립니다. "나는 생각한다. 고로 존재한다."

"내가 존재한다"는 데카르트의 주장은 주체의 철학으로 이어집니다. '나'는 신의 피조물일 뿐인 것이 아니라, 이성적으로 생각하고 합리적으로 판단하는 주체가 된 것입니다.

그런데 '나'라는 것이 정말로 존재할까요? '나'라는 것이 정말로 주체적으로 존재할까요? 뭔 뚱딴지같은 소리냐 하겠지만, '나'라는 주체가 존재하지 않는다는 입장이 있습니다. 불교 철학에서는 '나'라는 주체가 존재한다고 생각하는 것은 망상이라고 합니다.

서양 철학에서도 이와 비슷한 주장이 있습니다. 영국의 철학자 흄은 '자아'라는 것은 없으며, 자아라고 생각되는 것은 단지 감각과 생각의 다발일 뿐이라고 합니다. 그리고 러셀은 '나'는 실체로서 존재하는 어떤 것을 지시하는 것이 아니라, 단지 어떤 사태를 기술하는 불완전한 기호일 뿐이라고 합니다. 이번 글의 질문은 '나는 존재하는가?'입니다. 여기에서 '나'가 존재하지 않는다는 세 가지 입장인 불교 철학, 흄, 러셀의 입장에 대해 이야기해 보죠.

**
*

불교 철학에서는 인간의 물질적, 정신적 작용에는 다섯 가지가 있다고 합니다. 그것을 바로 '오온(五蘊)'이라고 하는데 색(色), 수(受), 상(想), 행(行), 식(識)을 말합니다. 인간의 몸을 이루는 물질을 '색'이라고 하고, 우리의 마음이 가지는 즐겁고 괴로운 느낌을 '수'라고 합니다. 이러한 느낌을 받아들여서 생각하고 개념화하는 것을 '상'이라고 하고, 생각으로 인하여 발생하는 의지와 욕구를 '행'이라고 합니다. 그리고 이러한 전체를 인식하고 판단하는 작용을

'나'라는 것이 정말로 존재할까요? 이상한 소리 같지만 동양이나 서양이나 '나'라는 주체가 존재하지 않는다는 입장이 있습니다. 불교 철학에서는 '나'라는 주체가 존재한다고 생각하는 것은 망상이라고 합니다. 흄은 '자아'라는 것은 없으며, 자아라고 생각되는 것은 단지 감각과 생각의 다발일 뿐이라고 합니다. 그리고 러셀은 '나'는 실체로서 존재하는 어떤 것을 지시하는 것이 아니라, 단지 어떤 사태를 기술하는 불완전한 기호일 뿐이라고 합니다.

'식'이라고 합니다.

그런데 우리의 느낌, 생각, 욕구, 인식은 존재하는 것 같지만, 막상 그것을 붙잡으려고 하면 금방 사라지고 맙니다. 이처럼 우리의 생각과 마음은 물거품이나 아지랑이 같은 것입니다. 붙잡을래야 붙잡을 수가 없어요.

우리의 생각과 마음은 원인과 결과에 의해서 생겨납니다. 앞선 생각이 원인이 되어 나중 생각이 그 결과로 나타나고, 앞선 마음이 원인이 되어 나중 마음이 그 결과로서 나타납니다. 생각과 마음은 인과관계에 따라서 찰나에 나타났다가 찰나에 사라지고 맙니다.

우리는 이러한 생각과 마음의 무더기를 '나'라고 착각합니다. 그런데 사실은 '나'라는 것은 없어요. '나'라는 것은 인과관계에 의해서 찰나에 나타났다가 찰나에 사라지는 생각과 마음일 뿐입니다.

그렇다고 해서 '나'라고 불리는 것이 완전히 존재하지 않는 것은 아니에요. '나'는 분명히 여기에 존재하죠. 하지만 '나'는 불변하는 실체로서 존재하는 것이 아니라, 그저 물거품이나 아지랑이처럼 순간적으로 존재합니다. 이것을 불교에서는 '무아(無我)사상'이라고 합니다. 그런데 서양 철학에도 이처럼 자아가 존재하지 않는다고 주장한 철학자가 있습니다.

*
**

영국의 경험론자들은 기본적으로 미니멀리스트입니다. 이들은 철학에서 불필요한 개념, 관념들을 모두 버렸던 사람들이죠. 그 중의 끝판왕이 바로 데이비드 흄입니다. 사람 좋게 생겼다고 해서 프랑스 사람들은 흄을 '사람 좋은 데이비드(Le bon David)'라고 불렀다고 합니다. 흄은 인상과 달리 철학은 굉장히 까칠합니다. 경험주의 원칙을 일말의 타협도 없이 끝까지 밀고 나갔는데, 그러다 보니 자아도 버릴 수밖에 없었습니다. 그는 왜 자아를 버릴 수밖에 없었을까요?

여기에 사과가 하나 있다고 하죠. 이 사과는 빨갛고 동그랗습니다. 만지면 단단하고 먹어보면 시큼하죠. 우리는 이 사과가 빨갛고 동그랗고 단단하고 시큼하다는 것을 감각적으로 경험합니다. 그리고 이 사과가 빨갛고 동그랗고 단단하고 시큼하다는 특징을 가지고 있다고 생각합니다. 그런데 흄에 따르면 여기에 사과라는 '것'은 존재하지 않습니다. 여기에 존재하는 것은 빨갛고 동그랗고 단단하고 시큼하다는 특징이지, 그러한 특징을 가지고 있는 사과라는 '것', 사과라는 '실체'는 존재하지 않는다고 합니다.

곰곰이 생각해 보면 우리는 흄의 이러한 주장이 일리가 있다는 것을 알 수 있습니다. 우리가 경험하는 것은 빨갛고 동그랗고 단단하고 시큼하다는 특징이지, 사과라는 '것', 사과라는 '실체'는 아니기 때문입니다.

'나'라는 것도 마찬가지입니다. 나는 때에 따라서 기쁘고 슬프고 괴롭다는 감정을 가집니다. 그리고 춥고 덥다는 감각을 가지죠. 그런데 흄에 따르면, 여기에 '나'는 존재하지 않습니다. 여기에 존재하는 것은 기쁘고 슬프고 괴로운 감정과 춥고 더운 감각이지, 그러한 감정과 감각을 가지고 있는 나라는 '것', 나라는 '실체'는 존재하지 않습니다.

그렇다고 해서 '나'라고 불리는 것이 완전히 존재하지 않는다는 말은 아닙니다. '나'는 분명히 여기에 존재하죠. 하지만 '나'는 불변하는 실체로서 존재하는 것이 아니라, 그저 감정과 감각의 '다발'로 존재할 뿐입니다. 흄의 이러한 생각을 '다발이론'이라고 합니다.

그러고 보면 흄의 다발이론은 불교의 무아사상과 비슷해 보입니다. 더욱 재미있는 점은 불교에서는 나를 느낌, 생각, 욕구, 인식의 '무더기'라고 했고, 흄은 나를 감정과 감각의 '다발'이라고 했다는 것입니다. 무더기와 다발의 공통점은 그 안에 어떤 중심도 없다는 것이죠. 즉, '나'라는 중심이 없다는 것입니다. 그래서 나는 흄의 다발이론과 불교의 무아사상을 비슷한 맥락으로 이해할 수 있다고 생각합니다.

*
**

'나'라는 것이 존재하지 않는다고 주장한 또 다른 영국의 철학자가 있습니다. 20세기 영국의 경험론자이자 미니멀리스트인 러셀입니다. 러셀은 언어철학자답게 언어를 분석함으로써 '나'라는 것이 존재하지 않는다고 주장합니다.

먼저 "이순신은 충무공이다"라는 문장을 봅시다. 이 문장은 참(true)이죠. 즉, '이순신'과 '충무공'은 같은 사람이라는 말입니다. 그래서 이 문장은 "이순신은 이순신이다"라는 문장과 같은 의미라고 할 수 있습니다.

그런데 "이순신은 충무공이다"라는 문장과 "이순신은 이순신이다"라는 문장은 본질적으로 다른 문장입니다. "이순신은 이순신이다"라는 문장에는 아무런 정보가 없지만, "이순신은 충무공이다"라는 문장에는 이순신의 시호가 충무공이라는 정보가 들어 있기 때문입니다. 그래서 이순신에 대해서 하나도 모르는 미국의 존슨 씨는 "이순신은 이순신이다"라는 문장이 참이라는 것은 알지만, "이순신은 충무공이다"라는 문장은 참인지 거짓인지 판단할 수가 없습니다.

왜 이런 문제가 발생할까요? 러셀은 우리가 "이순신은 충무공이다"라는 문장에서 주어인 '이순신'을 하나의 실체로 보기 때문이라고 합니다. 그는 이 문장에서 '이순신'이라는 주어는 실체를 가리키는 것이 아니라 단지 어떤 사태를 기술하는 불완전한 기호일 뿐이라고 합니다. 뭔 말인지 모르겠다고요? 쉽게 설명해 볼게요.

생각해 보세요. 여러분들은 '이순신'이라고 하면 무엇이 떠오르나요? 실제 이순신이라는 사람의 실체가 떠오르나요? 아니죠. 우리는 '이순신'이라는 사람을 본 적이 없어요. 우리에게 '이순신'은 그저 조선시대의 장수로서 왜군과의 해전에서 23전 23승을 거두고 노량 앞바다에서 전사한 명장일 뿐입니다. 이것은 '이순신'이라고 불리는 것에 대한 기술일 뿐입니다. 그래서 '이순신'이라는 주어는 어떤 사태를 기술하는 것일 뿐이지, '이순신'이라는 사람의 실체를 지시하는 것이 아닙니다. 따라서 '이순신'이라는 주어가 '이순신'이라는 사람을 지시한다고 생각하는 것은 착각이라는 것이죠.

"나는 김필영이다"라는 문장도 마찬가지입니다. 이 말은 '나'와 '김필영'은 같은 사람이라는 말입니다. 그래서 이 문장은 "나는 나다"라는 문장과 같은 의미를 가진다고 할 수 있습니다. 그런데 이 두 문장은 완전히 다른 문장이죠. "나는 나다"라는 문장에는 아무런 정보가 없지만, "나는 김필영이다"라는 문장에는 어떤 정보가 들어 있기 때문입니다.

그렇다면 왜 이런 일이 벌어질까요? 이를테면 우리가 "나는 김필영이다"라는 문장에서 주어인 '나'가 나라는 실체를 지시하는 것이라고 착각하기 때문입니다. 그러나 '나'라는 주어는 어떤 사태를 기술하는 불완전한 기호일 뿐입니다. 그래서 이것을 러셀의 '기술이론'이라고 합니다.

러셀은 서양 철학의 모든 문제가 바로 이러한 착각 때문에 발생했다고 주장합니다. 존재하지도 않는 이순신, 나, 신, 영혼 등을 주어 자리에 놓고, 그것들이 존재한다고 착각한다는 것입니다. 러셀은 만약 이러한 착각이 없었다면, 서양 철학에서 존재론이라는 학문 자체가 없었을 것이라고 합니다. 따라서 러셀의 기술이론을 강하게 받아들이면, '나'는 존재하지 않지만, 우리는 언어 때문에 '나'가 존재한다고 착각하게 된 것입니다.

이런 착각은 언어에서 자주 나타납니다. "시간이 흘러간다"라는 문장의 주어인 '시간'은 실체가 아닙니다. 시간이라는 실체가 존재하고 그것이 '흘러간다'는 특징을 가진 것이라면, 흘러가지 않는 시간도 있어야 하는데, 흘러가지 않는 것은 시간이라고 할 수 없기 때문입니다. 따라서 시간은 실체가 아닙니다.

마찬가지로 "비가 내린다"는 문장의 주어인 '비'도 실체가 아닙니다. '비'라는 실체가 존재하고 그것이 내리는 특징을 가진 것이라면, 내리지 않는 비도 있어야 하는데, 내리지 않는 것은 비라고 할 수 없기 때문입니다.

그리고 "꽃이 핀다"는 문장의 주어인 '꽃'도 실체가 아닙니다. '꽃'이라는 실체가 존재하고 그것이 피는 특징을 가진 것이라면, 피지 않는 꽃도 있어야 하는데, 피지 않는 것은 꽃이라고 말할 수 없기 때문입니다.

마지막으로 한 번만 더 해 볼까요? "독자가 읽는다"는 문장의 주어인 '독자'도 실체가 아닙니다. 독자라는 실체가 존재하고 그 사람이 읽는다는 행위를 하는 것이라면, 읽지 않는 독자도 있어야 하는데, 읽지 않는 사람은 독자라고 말할 수 없기 때문입니다(그러니 여러분이 존재하기 위해서는 이 책을 끝까지 읽어야 합니다).

요점은 우리는 실체가 아닌 것을 문장의 주어 자리에 놓음으로써, 그것이 마치 실체로서 존재하는 것으로 착각하고 있다는 것입니다.

*
**

지금까지 우리는 '나'라는 것이 실체로서 존재하는 것이 아니라는 불교의 무아사상, 흄의 다발이론, 러셀의 기술이론에 대해서 살펴보았습니다.

그런데 불교의 무아사상에 따르면 나는 실체가 아니라 생각의 무더기일 뿐이고, 흄의 다발이론에 따르면 나는 실체가 아니라 생각의 다발일 뿐입니다. 그리고 러셀의 기술이론에 따르면, '나'라는 것은 실체가 아니지만, 우리가 '나'를 문장의 주어로 놓기 때문에 실체라고 착각하고 있습니다. 이러한 이론들이 나타난 배경과 맥락은 이처럼 다 다릅니다. 하지만 '나'라고 하는 것은 실체가 아니라는 결론은 같습니다.

이렇게 보면 데카르트의 주체 철학에 문제가 있어 보입니다. 데카르트는 "나는 생각한다"라는 전제로부터 "나는 존재한다"는 결론에 도달했습니다. 내가 생각할 수 있기 위해서는 '나'가 존재해야 한다는 것이죠.

하지만 불교의 무아사상을 받아들이면, 생각을 한다고 해서 '나'가 실체로서 존재해야 할 필요는 없습니다. 이때의 '나'는 그저 생각을 하는 동안 찰나에 존재하는 물거품이나 아지랑이 같은 것입니다.

내가 실체로서 존재한다고 착각하는 순간, 인간은 욕구와 집착에 사로잡힙니다. 그러한 욕구와 집착은 번뇌와 고통으로 이어지죠. 따라서 번뇌와 고통을 끊어내기 위해서는 먼저 '나'라는 것이 실체가 아니라 물거품과 아지랑이 같은 것임을 깨달아야 합니다.

어떤 스님께서는 이런 말씀을 합니다. 심심한 이유는 자신이 심심하다고 생각하기 때문이고, 괴로운 이유는 자신이 괴롭다고 생각하기 때문이라고 합니다. 예컨대 다람쥐는 심심하지도 않고 괴롭지도 않아요. 다람쥐가 심심하거나 괴롭다고 느낄 만한 상황에 처해 있지 않기 때문이 아니라, 그저 자신이 심심하거나 괴롭다고 생각하지 않기 때문입니다. 왜냐하면 다람쥐에게는 '나'라는 개념이 없기 때문입니다. '나'라는 개념을 상정할 수 있어야 자신이 심심하고 괴롭다는 생각을 할 수 있다는 것이죠. 그러고 보면 '깨닫는다'는 것은 나를 잊고 다람쥐처럼 사는 것이 아닌가 하는 생각도 듭니다.

우리의 생각이
헝클어지지 않는 이유
(feat. 에피메니데스, 호프스태터, 에셔)

어린아이에게 세상은 자기 중심으로 돌아갑니다. 그래서 자기가 생각하는 대로 남들도 생각하고, 자기가 보는 대로 남들도 본다고 착각합니다. 자신의 관점과 타인의 관점을 구분하지 못하는 것이죠. 이는 아이의 지능 문제가 아니라 인지능력이 아직 성숙하지 못해서 발생합니다.

스위스의 심리학자 장 피아제에 따르면, 인간은 외부환경에 효율적으로 적응하기 위해 성장을 하면서 특정한 인지능력을 발달시킵니다. 대략 7세가 되면 자기 중심적 사고에서 벗어나 논리적 사고를 할 수 있다고 합니다. 자기 중심의 사고에서 벗어날 수 있어야 비로소 다른 사람에게 동감을 할 수 있습니다. 동감은 sympathy라고 하는데, 영한사전에서는 '동정, 연민, 측은지심' 등으로 번역합니다.

그런데 고전경제학의 대표 주자이자 윤리철학자인 애덤 스미스에게 동감이란 그런 뜻이 아닙니다. 어원 그대로 타인의 입장이 되어 타인이 느끼는 감정을 똑같이 느끼는 것을 말합니다. 예를 들어보죠. A씨가 비즈니스석을 예약했는데, 항공사의 잘못으로 이코노미 좌석에 앉게 되었고, 열받아서 한 잔 먹다보니 취해서 기내에서 난동을 부렸다고 하죠. 내가 이 기사를 SNS로 읽었다고 합시다. 이때 나는 어떤 공평하고 냉정한 관찰자를 상상합니다. 그리고 이 관찰자가 A씨의 몸속으로 들어가서 빙의를 합니다. '나라면 어땠을까?'

'그래도 난동을 부리면 안 되지'라는 판단을 내릴 수도 있고, '그 상황에 서라면 난동을 부릴 만도 했겠다'라고 판단할 수도 있습니다. 이러한 판단은 이기심도 아니고, 이타심도 아니며, 동정심도 아니고, 자비심도 아니에요. 그냥 나의 상상 속 관찰자가 A씨로 빙의해서 그의 입장이 되어 본 것뿐이에요. 이것이 바로 애덤 스미스가 말하는 동감의 의미입니다.

그렇다면 사람은 어떻게 자기 중심의 사고에서 벗어날 수 있을까요? 어떻게 다른 사람에게 동감을 할 수 있을까요?

**

기원전 6세기 무렵 그리스 남동쪽 지중해의 크레타 섬은 해상무역이 활발했습니다. 크레타 사람들 중에는 상인들이 많았는데, 상인들은 맨날 밑지고 장사를 한다고 말하죠. 그래서 사람들은 크레타 사람들이 항상 거짓말을 한다고 생각했던 모양입니다.

크레타 섬에 살던 고대 철학자 에피메니데스는 이런 말을 했습니다. "크레타 사람들은 거짓말만 한다." 이 문장은 참일까요, 거짓일까요? 일단 이 문장을 '참'이라고 해 보죠. 그런데 이 문장을 말한 에피메니데스도 크레타 사람이죠? 크레타 사람들은 거짓말만 한다면서요? 따라서 "크레타 사람들은 거짓말만 한다"는 문장은 '거짓'이 됩니다.

이번에는 "크레타 사람들은 거짓말만 한다"는 문장이 '거짓'이라고 해 보죠. 그러면 "크레타 사람들은 거짓말만 한다"는 것이 거짓이므로, 이 문장은 '참'이 됩니다. 따라서 이 문장은 참도 될 수 없고, 거짓도 될 수 없습니다. 이것을 '에피메니데스 역설'이라고 합니다.

조금 헷갈리나요? 다른 버전으로 설명해 볼게요. "이 문장은 거짓이다"라는 문장을 '문장 X'라고 합시다. 그런데 이 '문장 X'는 조금 이상한 문장입니다. 만약 '문장 X'가 참이라면 '이 문장'은 거짓이므로 '문장 X'는 거짓이 되고, '문장 X'가 거짓이라면 '이 문장'은 참이므로 '문장 X'는 참이 됩니다. 즉, '문장 X'는 참도 거짓도 될 수 없습니다. 말하고 보니 더 헷갈리네요. 뭐 꼬치꼬치 따질 거 없어요. 대충 느낌만 오면 됩니다.

그런데 왜 이런 일이 발생할까요? 그것은 '이 문장'이 바로 '문장 X'이기 때문입니다. 즉, '문장 X'의 부분인 '이 문장'이라는 것이 전체인 '문장 X'를 지시하기 때문입니다. 다시 말해 전체의 부분이 전체를 다시 지시하기 때문입니다. 비유하자면 뱀의 부분인 머리가 뱀 전체를 먹는 문장인 것입니다. 그러니 역설이 생길 수밖에 없습니다.

에피메니데스 역설은 이처럼 부분이 전체를 금지하거나 부정하는 경우에 발생합니다. 아주 쉽게 설명해 볼게요. 예컨대 벽에 "낙서 금지"라고 쓴 낙서, "떠들지 마라"고 고래고래 소리를 지르는 행위, "남자는 다 늑대야, 믿지 마"라고 하면서 자신을 믿으라는 남자친구, 이런 것이 바로 에피메니데스 역설입니다.

**

에피메니데스의 역설은 왜 생길까요? 폴란드의 논리학자 타르스키는 그 이유를 찾아냈습니다. 이제부터 그것을 설명해 볼게요.

먼저 산수에 관한 문장을 하나 봅시다. "3+2=6", 이 문장은 거짓이죠? 그렇다면 "3+2=6은 거짓이다"라는 문장은 어떨까요? 이 문장은 '참'입니다. 이 두 문장의 진리값은 다르죠. 그래서 타르스키는 이 두 문장을 구분해야 한다고 주장합니다.

첫 번째 문장(3+2=6)은 어떤 사실에 대해서 말하는 '대상−문장'이지만, 두 번째 문장(3+2=6은 거짓이다)은 그 대상−문장의 진리값에 대해서 말하는 '메타−문장'입니다. 이처럼 대상−문장과 메타−문장을 구분하지 않으면 에피메니데스 역설이 발생합니다.

예를 들어 봅시다. 나는 앞에서 "이 문장은 거짓이다"라는 문장을 '문장 X'라고 했습니다. 여기에서 '이 문장'이란 말과 '문장 X'는 같은 문장이 아닙니다. '이 문장'은 대상−문장이고, '문장 X'는 '이 문장'에 대한 메타−문장입니다. 즉, 대상−문장인 '이 문장'과 메타−문장인 '문장 X'가 같은 진리값을 가진다고 보기 때문에 에피메니데스 역설이 발생하는 것입니다. 대상-문장과 메타-문장을 구분하면 에피메니데스 역설이 발생하지 않습니다.

**

대상-문장과 메타-문장이 있는 것처럼, 어떤 대상에 대한 '생각'과 '이러한 생각에 대한 생각'이 있을 수 있습니다. 즉, 생각에도 대상-생각과 메타-생각이 있습니다.

내가 테이블 위에 있는 사과를 보고 "이것은 사과이다"라고 했다고 하죠. 이것이 바로 사과에 대한 생각, 즉 대상-생각입니다. 그런데 나는 이런 대상-생각을 다시 생각할 수 있습니다. 즉, "이것은 사과라고 나는 생각한다"고 할 수 있습니다. 이것이 바로 메타-생각입니다.

그뿐만이 아닙니다. 나는 나의 생각을 다시 생각하기도 합니다. 그래서 "이것은 사과라고 생각하는 나를 생각한다"라고 할 수 있고, 또 이것을 다시 생각해서 "이것은 사과라고 생각하는 나를 생각하는 나를 생각한다"라고 할 수 있으며, 또 이것을 다시 생각해서 "이것은 사과라고 생각하는 나를 생각하는 나를 생각하는 나를 생각한다"라고 할 수도 있습니다. 또 이것을 다시 생각해서 "이것은 사과라고 생각하는 나를 생각하는 나를 생각하는 나를 생각하는 나를 생각한다"라고 할 수도 있습니다(고만해라!). 타르스키의 용어를 빌리면, 우리는 '메타-메타-메타-메타-생각'을 할 수 있습니다.

칸트는 『순수이성비판』에서 인간의 이러한 능력을 '초월적 통각'이라고 합니다. 초월적 통각이란 생각하는 나를 대상으로 다시 생각할 수 있는 능

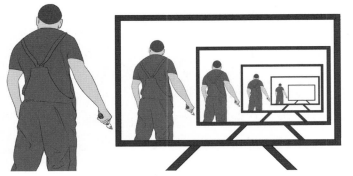

© 김주성, 「5분 뚝딱 철학」 2권

우리는 어떤 생각을 하면서 대상-생각을 하고, 메타-생각을 하고, 다시 메타-메타-생각을 할 수 있습니다. 하지만 그러면서도 우리의 생각은 길을 잃지 않고 원래의 생각으로 돌아올 수 있습니다. 왜냐하면 우리에게는 자아 개념이 있기 때문입니다.

력을 말합니다. 그리고 이러한 생각의 과정을 끊임없이 초월해 나간다는 것입니다. 칸트는 인간이 이러한 초월적 통각이 있기에 '자아의식'을 가질 수 있다고 말합니다.

비유를 들어 봅시다. 20세기 네덜란드 화가 마우리츠 코르넬리스 에셔의 「화랑(Print Gallery)」이라는 판화 작품을 '확대'해서 보면, 어떤 사람이 바닷가 작은 마을에 있는 화랑에서 그림을 보고 있습니다.

QR코드를 찍으면 「5분 뚝딱 철학」 시즌 2, '내 생각이 헝클어지지 않는 이유' 동영상을 볼 수 있습니다. 에셔의 「화랑」 판화 속으로 들어가는 내용은 8분 21초대부터 나옵니다. 그림 중앙의 MCE 마크는 11분에 나옵니다.

그런데 이 작품을 비틀어 확대해 보면, 다시 이 사람이 화랑에서 그림을 보고 있는 것을 볼 수 있습니다. 다시 더 확대해 봐도, 이 사람은 화랑에서 그림을 보고 있습니다. 이렇게 계속 그림 속의 그림, 그림 속의 그림 속의 그림으로 들어갈 수 있습니다.

이번에는 반대로 비틀어진 그림을 제대로 펼쳐보죠. 그리고 그림의 밖으로 나와 봅시다. 그러면 원래의 이 사람이 다시 나옵니다. 다시 그림의 밖으로 나와도 마찬가지로 이 사람이 나옵니다. 그림 속의 그림으로 들어갔던 것처럼, 그림 밖의 그림, 그림 밖의 그림 밖의 그림으로 계속해서 나올 수 있습니다.

미국의 인지과학자 더글러스 리처드 호프스태터는 퓰리처상 논픽션 부문을 수상한 『괴델, 에셔, 바하: 영원한 황금 노끈』에서 인간의 생각도 이와 마찬가지라고 말합니다.

인간의 생각은 여러 층위로 되어 있고, 생각하는 활동은 이러한 여러 층위를 오르락내리락합니다. 다시 말해 나는 "이것은 사과이다"라고 말할 수도 있고, "이것은 사과라고 나는 생각한다"고 말할 수도 있고, "이것은 사과라고 생각하는 나를 생각하는 나를 생각한다"고 말할 수도 있다는 것입니다.

*
**

그런데 우리가 어떤 말을 하면서 매번 '대상—생각'과 '메타—생각', 그리고 '메타—메타—생각'을 구분하나요? 그렇지는 않죠. 그런 구분을 하지 않습니다.

　타르스키에 따르면, 우리는 대상—문장과 메타—문장을 구분하지 않기 때문에 에피메니데스의 역설에 빠집니다. 그런데 우리 인간은 왜 매번 이렇게 복잡한 메타 생각을 하면서도 에피메니데스의 역설에 빠지지 않을까요?

　거기에 대한 해답을 에셔의 「화랑」 그림에서 볼 수 있습니다. 우리는 「화랑」이라는 그림을 보면서 그림 속의 그림, 다시 그림 속의 그림 속의 그림으로 들어갈 수도 있고, 거꾸로 다시 그림 밖의 그림, 그림 밖의 그림 밖의 그림으로 나올 수도 있었습니다.

　그런데 길을 잃지 않고 원래의 그림으로 돌아올 수 있는 이유가 뭘까요? 그것은 바로 이 판화의 가운데에 마크가 새겨져 있기 때문입니다. 이 판화의 중앙에서 MCE라는 글자를 볼 수 있습니다. MCE는 이 판화를 만든 마우리츠 코르넬리스 에셔(Maurits Cornelis Escher)의 약자입니다. 즉, 작품을 만든 사람이 가운데에서 중심을 잡고 있기 때문에, 그림 속의 그림 속의 그림으로 빨려 들어갔다가도 다시 원래의 판화로 돌아올 수 있는 것입니다.

마찬가지입니다. 우리가 이처럼 "이것은 사과이다"라는 생각과 이에 대한 메타-메타-메타-메타적 생각을 하다가도 한순간에 "이것은 사과이다"라는 생각으로 돌아올 수 있는 이유는 우리에게도 이러한 MCE 마크가 있기 때문입니다. 인간에게 이 MCE 마크는 바로 자아 개념입니다. 우리에게는 자아 개념이 있기 때문에 메타적으로 생각을 하다가도 바로 원래 자신의 생각으로 돌아올 수 있는 것입니다.

**
*

우리는 이처럼 생각의 여러 차원을 넘나들 수 있습니다. 자신의 생각에 대한 메타-생각을 할 수 있고, 또 메타-생각에 대한 메타-메타-생각도 할 수 있습니다. 자신의 생각에 대해서만 메타-생각을 할 수 있는 것이 아닙니다.

우리는 타인의 생각으로 들어가기도 합니다. 앞서 이야기한 것처럼 타인의 관점에서 세상을 볼 수 있고, 상상 속의 냉정한 관찰자로 빙의할 수도 있습니다. 그러면서 다시 타인의 생각에 대한 메타-생각도 할 수 있습니다. 이렇게 보면 우리 생각의 네트워크는 무한히 확장될 수 있습니다.

예를 들어 봅시다. 내가 테이블 위의 사과를 발견하고 '이것은 사과이다'라는 판단을 내렸다고 합시다. 그러면서 이런 의문을 가집니다. '내가 왜 이것이 사과라는 판단을 내렸을까?'

이때 나는 갑자기 칸트에 빙의를 합니다. '나는 빨갛고 동그란 감각 자료를 통합하고 범주를 적용하여 이런 판단을 내린 것이다.' 그러면서도 이런 생각을 합니다. '사과를 가지고 이런 엉뚱한 생각이나 하는 나를 사람들이 어떻게 생각할까?' 동시에 나는 냉철한 관찰자의 관점으로 들어갑니다. '이상한 놈이군.' 그때 하이데거의 관점이 불쑥 끼어듭니다. '사과가 존재한다는 것은 도대체 무슨 의미인가?' 이번에는 와인버그의 관점으로 들어갑니다. '존재를 물을 수 있는 것은 생각할 수 있는 내가 있기 때문이다.'

이쯤 되면 냉정한 관찰자가 다시 나섭니다. '그건 너무 멀리 나갔다'며 반성을 합니다. 그리고 다시 1차원의 생각으로 돌아옵니다. '그냥 먹기나 하자.' 그러면서 사과를 집어 한 입 베어 뭅니다.

인간의 생각 네트워크는 이처럼 아무리 헝클어진 것처럼 보여도 단 한 번에 '이것은 사과이다'라는 판단으로 돌아올 수 있습니다. 그리고 그것이 가능한 이유는 칸트의 개념을 빌려 말하면 초월적 통각, 즉 자기의식이 있기 때문입니다.

※
※※

말의 눈은 시야가 350도나 된다고 합니다. 고개를 돌리지 않아도 좌우는 물론 뒤쪽까지도 거의 볼 수 있습니다. 경주를 할 때에는 눈가리개를 합니다. 눈가리개를 하지 않으면 집중력을 잃거나 트랙을 벗어날 수 있습니다. 그래서 앞만 보고 달리라고 눈가리개를 하는 것입니다.

철학자의 관점만, 과학자의 관점만, 사업가의 관점만을 가지는 것은 말이 눈가리개를 한 채 트랙 위를 달리는 것과 같습니다. 물론 말이 트랙에서 우승하는 것도 뜻있는 일입니다. 한 분야에서 전문가가 되는 것도 중요한 일이죠.

하지만 인간은 말이 아닙니다. 더군다나 인생은 경주가 아니죠. 경주에는 정해진 트랙이 있지만, 인생에는 정해진 트랙이 없습니다. 어디로 달리든 그것은 나의 자유죠. 때에 따라서는 그 자리에 주저앉아도 상관없습니다.

어찌 보면 인생에서 중요한 것은 달리는 것이 아니라 어디로 가야 할지 결정하는 것일 수도 있습니다. 그런데 어디로 가야 할지를 판단하기 위해서는 조금 더 멀리 볼 줄 알아야 합니다. 즉, 시야를 넓혀야 합니다. 시야를 넓힌다는 것은 메타-생각을 한다는 것입니다. 자신의 생각에 대한 메타-생각은 물론이고, 다른 사람의 생각에 대한 메타-생각을 하는 것이죠. 한마디로 생각의 네트워크를 확장하는 것입니다.

그렇다고 해서 길을 잃을까 걱정할 필요는 없습니다. 우리의 생각이 아무리 헝클어져 있는 것 같아도, 자기의식은 길을 잃지 않고 언제나 자신의 위치를 알려줄 것이기 때문입니다. 그것은 마치 에셔의 「화랑」에서 그림 속의 그림으로 들어갔다가도 원래 그림으로 나올 수 있고, '이것은 사과라고 생각하는 나를 생각하는 나를 생각하는 나를 생각하다'가도 한순간에 '이것은 사과이다'라고 하면서 사과를 집어 먹을 수 있는 것과 마찬가지입니다. 그러니 생각이 너무 복잡하다고 걱정할 필요는 없습니다. 자기의식이 있으니까요.

평범하게 비범한
우리들의 이야기

천박하면서 숭고한 인간의 두 얼굴

도둑맞은 무의식

정상과 비정상 사이의 회색 지대

생각 없음이 죄가 되는 이유

죽음을 준비하는 정신의 절차탁마

천박하면서
숭고한 인간의 두 얼굴

(feat. 칸트, 칸토어, 로스코)

미국 내셔널 갤러리에서 미술 작품을 보고 눈물을 흘려본 적이 있는지에 대해 설문조사를 했습니다. 이에 대해서 그런 적이 있다고 대답한 사람들 중의 70%는 마크 로스코의 작품을 보고 눈물을 흘렸다고 답했습니다. 로스코의 작품이 어떻길래, 사람들이 그의 작품을 보고 눈물을 흘렸을까요?

로스코의 작품에는 무슨 엄청난 감동을 주는 스토리가 들어 있지도 않고, 어떤 구도가 있는 것도 아닙니다. 그렇다고 그림을 그리는 특별한 기교가 있는 것도 아닙니다. 로스코의 작품들은 색채나 형태가 없는 그냥 물감 덩어리일 뿐입니다.

미국 텍사스의 작은 예배당에는 십자가 대신 마크 로스코의 미술 작품이 걸려 있습니다. 이 작품도 마찬가지로 물감 덩어리입니다. 로스코는 이 그림에서 그냥 검정색만 썼습니다. 그런데 사람들은 검정색 물감 덩어리에서 전율을 느끼고 눈물을 흘리며 황홀경에 빠집니다. 때로는 마음의 안식을 찾기도 합니다.

왜 그럴까요? 왜 사람들은 어처구니없게도 이런 물감 덩어리 앞에서 감동하고 눈물을 흘릴까요? 왜 사람들은 어처구니없게도 이런 물감 덩어리 앞에서 종교적 체험을 할까요?

**

숭고함을 이야기하기 위해서는 생뚱맞게도 수학에 대해서 이야기를 해야 합니다. 수학에서 골칫거리인 문제가 하나 있었습니다. 바로 무한의 문제입니다. 무한을 계산하는 것은 불가능하기 때문이죠. 그래서 '수학의 왕'으로 불리는 19세기 독일의 천재 수학자 가우스는 "무한의 얼굴을 정면으로 보지 말라"라고 했습니다.

그런데 무한을 정면으로 보기 시작한 사람이 나타났습니다. 바로 19세기 러시아 출신의 독일 수학자 칸토어입니다. 칸토어는 무한의 크기를 계산하는 아주 단순하지만 기가 막힌 방법을 찾아냅니다. 비교 대상들을 일대일로 대응시키는 방법입니다.

예를 들어 봅시다. 교실에 학생이 여섯 명이 있고 의자가 열 개가 있다고 합시다. 그러면 학생의 수가 많나요, 의자의 수가 많나요? 이 문제를 풀기 위해서는 학생과 의자를 일대일로 대응해 보면 됩니다. 모든 학생들을 의자에 앉혀 보면 됩니다. 학생들이 전부 앉으면 의자가 네 개 남죠. 따라서

텍사스 휴스턴의 한 채플에는 예수님의 성화 대신에 로스코의 그림이 걸려 있습니다. 채플의 입구에 있는 어두운 검정색은 안으로 들어가면서 점점 밝은 검정색으로 바뀝니다. 그의 그림들은 그냥 검정색 물감 덩어리일 뿐이지만, 사람들은 그의 그림에 압도당합니다. 로스코는 말년에 심한 우울증으로 스스로 목숨을 끊는 바람에 채플이 완성되는 것을 보지 못했습니다. 하지만 로스코 채플(Rothko Chapel)은 사람들을 도덕적 숭고함과 종교적 경건함을 찾는 구도자로 만듭니다.

의자의 수가 더 많다고 할 수 있습니다.

이번에는 난이도를 조금 더 올려봅시다. 자연수의 개수가 많을까요, 짝수의 개수가 많을까요? 자연수의 개수는 무한하고, 짝수의 개수도 무한하죠. 무한과 무한을 어떻게 비교할 수 있을까요? 이것도 일대일로 대응해 보면 됩니다. 자연수 1은 짝수 2에 대응하고, 2는 4에 대응하고, 3은 6에 대응하고, 이런 식으로 대응을 해 봅니다. 물론 이러한 대응에는 끝이 없습니다. 하지만 원리상 모든 자연수와 모든 짝수가 빠짐없이 대응을 하겠죠. 따라서 자연수의 개수와 모든 짝수의 개수는 똑같다고 할 수 있습니다. 똑같은 무한이라는 말이죠.

그렇다면 모든 무한은 다 똑같을까요? 아닙니다. 칸토어에 따르면 무한에도 종류가 있습니다. 셀 수 있는 무한도 있고 셀 수 없는 무한도 있으며, 더 큰 무한도 있고 더 작은 무한도 있습니다. 무한의 크기를 비교할 수 있다니 좀 이상하죠?

이것을 그냥 직관적으로 이해할 수 있도록 설명해 볼게요. 어렵지 않아요. 분식집에 갔는데 메뉴가 딱 세 가지만 있다고 합시다. 김밥, 라면, 떡볶이. 내가 메뉴를 선택할 수 있는 방법은 몇 가지가 있을까요?

나는 김밥만 먹거나 라면만 먹거나 떡볶이만 먹을 수도 있고, 메뉴를 두 개 골라서 김밥에 라면을 먹거나, 김밥에 떡볶이를 먹거나, 라면에 떡볶이를 먹을 수도 있습니다. 김밥, 라면, 떡볶이를 전부 먹을 수도 있고, 아니면 물만 먹고 아무것도 안 먹을 수도 있습니다. 즉, 분식집 메뉴 집합에 원소가 3개이면, 이 중에서 내가 고를 수 있는 메뉴 선택의 수는 8개입니다. 이처럼 어떤 집합의 원소의 개수가 n개이면 이 중에서 고를 수 있는 선택의 개수는 2의 n승(2^n) 개입니다.

그러면 무한 개의 자연수 중에서 고르는 방법의 개수는 얼마일까요? 그 것은 2의 무한대승(2^∞)입니다. 그런데 놀랍게도 무리수의 개수가 바로 2의 무한대승(2^∞)입니다. 말하자면 분식집 메뉴의 개수가 자연수 개이면, 메뉴를 선택할 수 있는 방법의 수는 무리수 개라는 것입니다.

그렇다면 무리수를 선택하는 방법의 개수는 얼마일까요? 바로 2의 2의 n승입니다. 그리고 이렇게 선택한 것을 다시 선택할 수 있는 방법의 수는 2의 2의 2의 n승이고, 또 이것을 다시 선택할 수 있는 방법의 수는 2의 2의 2의 2의 n승입니다. 즉, 무한은 같은 무한인 줄 알았는데 알고 보니 똑같은 무한이 아닙니다. 큰 무한이 있고 작은 무한이 있습니다. 무한에도 등급이 있는 것입니다.

이런 식으로 무한의 무한의 무한의 무한을 무한대로 거듭하면, 가장 큰 무한이 나올 것입니다. 칸토어는 그것을 '절대적 무한'이라고 했고, 그 절대적 무한을 신이라고 보았습니다. 오직 신만이 이러한 절대적 무한을 품을 수 있고, 오직 신만이 절대적 무한 속에 거주할 수 있다고 본 것입니다. 이때부터 칸토어는 수학자이기를 포기하고 신학자가 됩니다.

그렇다면 칸토어가 발견한 신의 정체는 무엇일까요? 그것은 숭고함일 것입니다. 그 숭고함은 어디서 나온 것일까요? 숭고함은 무한 속에 있었던 것일까요, 아니면 칸토어의 마음속에 있었던 것일까요?

마음속으로 자연수를 한 번 세어 봅시다. 1, 2, 3, 4, 5, 6, 7, 8, 9, 10······
계속 수를 올려 봅시다. 3,652,729, 이 정도의 수는 우리의 수 개념으로 설
명할 수 있죠. 그렇다면 가장 큰 자연수는 얼마일까요? 수를 계속해서 올려
서 아무리 큰 수를 찾아도 그보다 더 큰 수가 반드시 있습니다. 이런 식으로
해서는 가장 큰 자연수를 찾을 수 없습니다.

이때 인간의 이성은 다른 방법을 모색합니다. 자연수 자체를 하나의 총
체적 덩어리로 보고 그 속에서 절대적으로 큰 수를 찾아냅니다. 그렇게 찾
은 것이 바로 '무한'입니다. 가장 큰 자연수는 바로 무한입니다. 무한이라는
정답을 찾아낸 이성은 기쁨에 도취됩니다.

하지만 기쁨도 잠시, 인간의 이성은 무한이라는 정답을 찾아냈지만, 도
대체 무한이 뭔지 설명할 수 없습니다. 유한한 존재인 인간이 무한이라는
개념을 설명하는 것은 불가능하기 때문이죠. 그래서 가우스가 "무한을 정면
으로 보지 말라"고 했던 것입니다. 인간은 무한만 생각하면 불편하고 불쾌
한 감정을 가지게 됩니다.

그런데 불쾌한 감정도 잠시, 인간은 무한 속에서 자신의 놀라운 정신을
발견하게 됩니다. 인간은 유한한 존재이지만, 무한이라는 개념을 생각해낼
수 있는 정신을 가지고 있다는 것을 깨닫습니다. 이때부터 불쾌했던 감정은
쾌의 감정으로 바뀌기 시작합니다.

칸트는 숭고함이란 이처럼 불쾌한 감정이 쾌한 감정으로 바뀌는 것이라
고 합니다. 이를테면 숭고함이란 무한 개념을 설명할 수 없어서 생긴 불쾌

한 감정이, 그 무한 개념을 생각해낸 자신의 정신을 발견하면서 쾌한 감정으로 바뀔 때 생기는 것이라는 말입니다.

*
**

우리는 한없이 펼쳐진 지평선을 보면서 숭고함을 느낍니다. 지평선은 끝이 없지만, 그 끝없는 지평선을 무한 개념으로 포착한 인간의 정신을 발견하며 숭고함을 느낍니다.

우리는 광대한 밤하늘을 보면서 숭고함을 느낍니다. 우주는 상상할 수 없을 정도로 광대하지만, 그 우주를 무한 개념으로 포착한 자신의 정신을 발견하며 숭고함을 느끼는 것입니다.

인간은 자연의 힘에 완전히 압도되어 도저히 어쩔 수 없는 상황에서도 숭고함을 느낍니다. 자연의 거대한 힘에 압도적인 공포와 불쾌함을 느끼면서도, 동시에 그 힘에 맞서고 있는 자신의 정신을 발견하면서 쾌를 느끼기 때문입니다.

우리는 무시무시한 폭풍우 속에서 숭고함을 느낍니다. 자연의 힘에 압도되면서도 그러한 자연의 힘에 굴복하지 않는 자신의 정신을 발견하는 것입니다. 우리는 아찔한 절벽 앞에서도 숭고함을 느낍니다. 자연의 공포에 전율을 느끼면서도 그 전율에 굴복하지 않는 자신의 정신을 발견하는 것입니다.

칸트의 요지는 이것입니다. 인간은 한없는 지평선을 보면서, 광대한 밤하늘을 보면서, 무시무시한 폭풍우 속에서, 아찔한 절벽 앞에서 숭고함을 느낍니다. 그 숭고함은 지평선, 밤하늘, 폭풍우, 절벽에 있는 것이 아닙니다. 그러한 무한한 크기와 무한한 힘에 맞서는 인간의 정신에 있습니다. 즉, 숭고함은 인간의 정신에 있는 것입니다.

*
*

앞에서 왜 우리가 로스코의 물감 덩어리를 보면서 감동하는지, 왜 종교적 체험을 하는지 물었습니다. 칸트의 숭고 개념을 통해서 설명해 보죠.

로스코의 작품은 굉장히 큽니다. 가로 3미터, 세로 5미터나 되는 작품도 있습니다. 로스코는 미술관에 자신의 작품을 낮게 걸어 놓습니다. 그리고 관람객으로 하여금 그림으로부터 45센티미터 떨어져서 감상하라고 합니다.

관람객은 로스코의 그림을 한눈에 볼 수 없습니다. 작품이 너무 큰데다가 작품과의 거리가 너무 가깝기 때문이죠. 관람객은 작품의 크기에 압도됩니다. 게다가 작품 속에서 아무것도 발견할 수 없습니다. 당연하죠. 물감 덩어리에서 뭘 발견하겠어요? 이때 작품 앞에서 불쾌의 감정을 느낍니다.

하지만 이내 관람객은 이 물감 덩어리를 어떤 개념으로든 포착하고 있는 자신의 정신을 발견하면서 쾌의 감정을 느낍니다. 불쾌의 감정이 쾌의 감정으로 바뀌는 순간 숭고함을 느끼게 됩니다. 즉, 숭고함은 물감 덩어리에 있는 것이 아니라 관람객의 정신에 있었던 것입니다. 그 정신은 바로 끝없는 지평선에서, 광대한 밤하늘에서, 무시무시한 폭풍우 속에서, 아찔한 절벽 앞에서 발견한 바로 그 정신입니다. 이것이 바로 숭고함의 원천입니다.

*
**

테레사 수녀는 빈민을 위해 일생을 바치라는 신의 계시를 받고 인도의 빈민가로 들어갔습니다. 그곳에서 평생을 빈민과 병자 그리고 고아를 위해서 헌신했습니다. 왜소한 체격에 병자를 돌보느라 허리는 굽어버렸고, 자신의 몸을 돌보지 않아 심장병, 말라리아, 폐렴 등으로 고통을 받았죠. 하지만 그녀는 죽는 날까지 자신의 소명을 받아들였습니다.

베트남의 틱광득 승려는 사이공 광장 한복판에서 자신의 몸에 휘발유를 뿌리고 불을 붙였습니다. 베트남 독재정권의 불의에 맞서기 위해서였죠. 인간이 느낄 수 있는 가장 큰 고통이 불에 타는 고통이라고 합니다. 그는 자신의 몸이 타들어가는 고통 속에서 외마디 비명도 지르지 않은 채 천천히 타들어 갔습니다. 이 놀랍고도 경이로운 광경에 경찰들은 넋을 잃고 멍하니 서 있었고, 주위의 승려들은 일제히 절을 올렸습니다. 이 소식은 전 세계로 일파만파 퍼져 나갔고, 결국 베트남 독재정권은 실각하게 됩니다.

비트겐슈타인은 평생을 죽음에 대한 공포와 자살 충동에 시달렸습니다. 그는 1차 세계대전이 발발하자 오스트리아군에 자원입대를 합니다. 죽음과 대면하기 위해서였죠. 그리고 포탄이 떨어지는 참호 속에서 글을 써 나갑니다. 그것이 바로 『논리철학 논고』입니다. 그는 이 책을 통해서 서양 철학의 모든 문제를 해결하고자 했습니다. 그것이 자신의 소명이라고 생각했던 것입니다. 그리고 전쟁이 끝나자 모든 재산을 포기하고 산골로 내려가 홀로 은둔 생활을 합니다.

테레사 수녀에게서, 틱광득 승려에게서, 비트겐슈타인에게서 우리는 인간의 숭고함과 고결함을 볼 수 있습니다. 이처럼 인간은 자신의 존엄을 지키기 위해서 목숨을 초개처럼 버리기도 하는 숭고한 존재이기도 하고, 모든 것을 희생하면서 사랑을 실천하는 고결한 존재이기도 합니다.

인간은 때로는 천박하고 추잡합니다. 싸구려 욕망에 너무나 쉽게 무릎을 꿇기도 하고, 돈 몇 푼에 자존심을 쉽게 팔아넘기기도 하죠. 하지만 동시에 인간은 숭고하고 고결한 존재이기도 합니다.

인간의 정신은 이처럼 상반된 두 개의 얼굴을 가지고 있습니다. 천박하면서도 숭고하고, 추잡하면서도 고결한 존재라는 말입니다. 이것이 바로 인간인 것입니다.

도둑맞은
무의식

(feat. 프로이트, 라캉, 소쉬르, 「도둑맞은 편지」)

프랑스의 철학자이자 정신분석학자인 자크 라캉이 내건 슬로건은 "프로이트로 돌아가자"였습니다. 라캉은 프로이트로 돌아가기 위해서 그저 그의 글을 꼼꼼하게 읽었을 뿐이라고 하지만, 사실 그는 프로이트 이론을 소쉬르의 언어학 관점에서 재해석함으로써 완전히 새로운 이론으로 탈바꿈시켰습니다.

주요 저서로는 1966년에 발표한 「에크리(Ecrits)」라는 논문이 있는데, 라캉은 이를 가리켜 읽을 수 없는 책이라고 했습니다. 책의 내용이 어려워서가 아니라, 무의식에 관한 글이라서 의미가 끊임없이 미끄러지기 때문이라고 했지만, 그것은 그냥 한 소리이고, 실제로 읽어보면 굉장히 어렵습니다.

라캉의 핵심 주장은 무의식은 언어처럼 구조화되어 있다는 것입니다. 이 말을 이해하기 위해서 19세기 미국의 소설가 에드거 앨런 포의 추리소설

「도둑맞은 편지」에 대한 이야기로부터 시작할까 합니다.

*
**

에드거 앨런 포의 추리소설 「도둑맞은 편지」의 스토리를 간단하게 만들기 위해서 등장인물들을 약간 각색하겠습니다. 등장인물은 왕과 왕비, 장관, 경찰국장, 뒤팽이라는 사설탐정, 이렇게 다섯 명입니다.

먼저 왕비가 자신의 방에서 비밀 편지를 읽고 있습니다. 그때 갑자기 왕과 장관이 들어옵니다. 왕비는 순간 당황하지만 편지를 왕에게 들키고 싶지 않았기에 별것 아닌 것처럼 화장대 위에 올려놓습니다. 왕은 눈치채지 못했지만, 장관은 화장대 위의 편지가 보통 편지가 아니라는 것을 직감합니다. 그래서 자신이 가지고 있던 비슷한 편지와 슬쩍 바꿔치기를 합니다. 왕비는 그냥 지켜보는 수밖에 없었습니다(안 그러면 왕이 눈치채니까 말입니다). 두 눈을 멀쩡히 뜨고 도둑을 맞은 것이죠.

편지를 입수한 장관은 이제 왕비의 약점을 쥐게 됩니다. 장관은 그 약점을 이용하여 왕비에게 무언의 압박을 가하며 권력을 키워 갑니다. 이에 열 받은 왕비는 경찰국장을 시켜 장관이 훔쳐간 편지를 찾아내라고 지시합니다. 이에 경찰국장은 몇 달 동안 장관의 집에 몰래 잠입해 모든 책의 책갈피를 살피고 책상 위의 목재도 뜯어보고 바늘로 쿠션을 찔러보는 등 샅샅이 뒤집니다.

심지어 강도로 위장해서 장관의 몸까지 뒤지지만, 결국 편지를 찾는 데 실패합니다. 이에 좌절한 경찰국장은 사설탐정 뒤팽에게 편지를 찾아달라

미국의 추리 소설가 에드거 앨런 포의 소설은 스토리가 음울하고 신비하며, 문체는 음산하고 몽환적입니다. 「도둑맞은 편지」는 편지를 둘러싸고 왕, 왕비, 장관, 탐정 뒤팽 사이에서 벌어지는 일종의 심리 게임입니다.

라캉은 이 소설의 주인공은 다름 아닌 편지라고 합니다. 이때 편지는 letter, 문자, 기표를 의미합니다. 문자가 돌고 돌면서 사람들의 무의식적 욕망을 불러일으켰다는 것입니다. 그래서 '도둑맞은 편지'는 사실 '도둑맞은 무의식'이라고 할 수 있습니다.

고 부탁합니다. 뒤팽은 경찰국장에게 어쩌면 문제가 너무 단순하기 때문에 해결하지 못하는 것일 수도 있다고 말합니다.

이제 뒤팽이 장관의 집을 방문합니다. 그는 집에 들어가자마자 단번에 그 편지를 찾아냅니다. 편지는 편지꽂이에 아무렇게나 꽂혀 있었습니다. 장관은 그 편지가 특별한 게 아닌 것처럼 일부러 다른 편지들과 함께 두었습니다. 경찰국장은 설마 그 중요한 편지를 편지꽂이에 두었을 리 없다고 생각하고 엉뚱한 곳만 뒤졌던 것입니다. 하지만 뒤팽은 장관이 그렇게 허를 찌를 생각을 할 것임을 알고 있었습니다. 그래서 일부러 거리에서 소동을 일으키게 해 놓고, 장관이 창밖을 내다보는 동안 편지를 손에 넣은 것입니다. 이것이 『도둑맞은 편지』의 스토리입니다.

**

에드거 앨런 포의 「도둑맞은 편지」에는 똑같은 두 개의 이야기가 있습니다. 첫 번째 이야기에서 왕비는 편지를 왕에게 들키지 않기 위해서 일부러 화장대 위에 아무렇지도 않게 올려놓죠. 왕은 그 편지의 정체를 알아채지 못하지만, 장관은 알아채고 빼돌립니다.

두 번째 이야기에서 장관은 편지를 빼앗기지 않기 위해서 일부러 편지꽂이에 아무렇지도 않게 꽂아 놓습니다. 경찰은 그 편지를 찾지 못하지만

뒤팽은 단번에 찾아내죠.

첫 번째 이야기에서 왕이 책상 위의 편지를 보지 못했듯이, 두 번째 이야기에서 경찰은 편지꽂이에 꽂혀 있는 편지를 보지 못하고 엉뚱한 곳만 뒤집니다. 그리고 첫 번째 이야기에서 왕비가 편지를 아무렇지도 않게 책상 위에 올려놓았듯이, 두 번째 이야기에서 장관은 편지를 아무것도 아닌 것처럼 편지꽂이에 넣어두죠. 하지만 이러한 모든 것을 간파한 사람이 있습니다. 첫 번째 이야기에서는 장관, 두 번째 이야기에서는 탐정 뒤팽입니다. 그렇습니다.

그렇다면 「도둑맞은 편지」의 주인공은 누구일까요? 이 소설의 주인공은 왕도 아니고 왕비도 아니고 장관도 아니고 경찰국장도 아니며, 사설탐정 뒤팽도 아닙니다. 이 소설의 주인공은 바로 편지입니다. 이 이야기에서 편지는 소품이 아니라 전체의 주제를 이끌어가는 것입니다. 이 편지가 누구 손에 있냐에 따라서 왕/왕비/장관의 역할이 결정되고, 경찰국장/장관/탐정의 역할이 결정되기 때문입니다.

편지의 내용이 중요해서 그런 것은 아닙니다. 소설에서는 끝까지 편지의 내용이 밝혀지지 않습니다. 왕비의 비밀 연애편지인지, 아니면 왕의 권력을 찬탈하려는 쿠데타 음모가 담긴 편지인지 모릅니다. 편지의 내용이 중요한 것이 아니라 누구의 손에 있느냐가 중요한 것입니다.

*
* *

철학의 전통적 주제 중 하나는 사물과 생각과 언어 사이의 관계입니다. 가장 상식적 입장은 이것입니다.

사물이 나의 밖에 존재하고, 내가 사물을 경험함으로써 사물에 대한 생각을 가지게 되며, 그 생각을 내가 언어로 표현한다는 것이죠. 이때 나의 생각은 그 사물을 머릿속에서 재현하는 것이라고 볼 수 있습니다. 그래서 재현을 Re-presentation이라고 합니다. 따라서 생각을 언어로 표현하는 것은 '사물에 대한 재현의 재현'이며, 언어는 Re-representation이라고 할 수 있습니다. 이렇게 보면 사물—생각—언어 사이에는 대리 관계가 있습니다. 사물은 생각이 대리하고, 언어가 그 생각을 다시 대리하는 것이라고 볼 수 있죠.

물론 사물—생각—언어 사이의 관계가 그렇게 간단한 것만은 아닙니다. 몇 가지 문제가 있습니다. 먼저 사물이 먼저냐, 생각이 먼저냐의 문제입니다. 사물이 먼저 존재하기 때문에 내가 그 사물에 대한 생각을 가지게 되는 것이냐, 아니면 내가 어떤 생각을 가지기 때문에 그 사물이 존재하게 된 것이냐 하는 문제이죠. 사물이 나의 밖에 먼저 존재한다는 입장을 실재론, 나의 생각이 있기 때문에 사물이 존재한다는 입장이 관념론입니다. 그 중간에 걸쳐 있는 것이 칸트의 입장이고요. 이것은 그냥 개략적인 구분입니다.

또 다른 문제가 있습니다. 우리가 어떤 생각이 있기 때문에 그것을 언어로 표현하는 것이냐, 아니면 언어가 있기 때문에 우리가 생각을 할 수 있는 것이냐 하는 문제입니다. 즉, 내 생각의 주인은 나인가, 아니면 언어인가 하는 문제이죠.

스위스의 언어학자 페르디낭 드 소쉬르는 기호를 기표와 기의로 구분합니다. 기표는 문자 그 자체를 말하고, 기의는 그 문자가 가지는 의미를 말합니다. 즉, '사과'라는 글자가 기표이고, '사과'라는 글자가 의미하는 것이 바로 기의입니다. 그런데 사과라는 기표가 바로 🍎를 의미해야 한다는 법은 없습니다.

사과라는 기표가 🍎를 의미할 수도 있었고 🍌를 의미할 수도 있었습니다. 사과라는 기표가 🍎를 의미한다고 자의적으로 약속한 것일 뿐입니다. 이것을 '기호의 자의성'이라고 합니다.

20세기 프랑스의 정신분석학자 라캉은 소쉬르의 기표/기의 이론을 받아들이면서 한 발 더 들어갑니다.

소쉬르는 기호를 기표와 기의로 구분했지만 둘을 완전히 분리하지는 않았습니다. 기표와 기의는 동전의 양면과 같다고 봅니다. 자의적이긴 하지만, '사과'라는 기표는 🍎를 의미하고, '바나나'라는 기표는 🍌를 의미한다는 것이죠.

하지만 라캉은 기표와 기의를 완전히 분리시켜 버립니다. 둘은 만날 수 없다고 합니다. 기표는 하나의 기의에 고정되지 않고 계속 미끄러지고, 기의는 다른 기표들 사이의 관계에 의해서만 드러난다고 합니다.

은연중에 꿈이나 말실수나 농담 속에서 무의식이 드러나는 경우가 있습니다. 이렇게 드러나는 것을 무의식의 '징후'라고 합니다.

라캉에 따르면, 무의식의 징후가 바로 기표이고, 무의식이 바로 기의이죠. 기의가 기표에 의해서 드러나는 것처럼, 무의식이 징후로 나타납니다. 그런데 라캉은 기표가 기의에 고정된 것이 아니라고 했죠? 기표가 하나의 기의에 고정되지 않고 계속 미끄러져 가는 것처럼, 무의식의 징후만 보고 그 사람의 무의식을 알 수는 없습니다. 드러나는 징후들의 관계 속에서 무의식을 해석해내는 수밖에 없습니다.

라캉은 무의식의 주인은 내가 아니라 기표라고 합니다. 내가 생각하는 것이 아니라, 기표가 나의 무의식을 조종하고, 그 무의식에 의해서 나는 '생각을 당하는 존재'라는 것입니다.

그리고 보면 라캉의 이러한 주장은 「도둑맞은 편지」의 이야기와 똑같습니다. 도둑맞은 편지에서 편지(letter)는 문자, 즉 기표를 의미합니다. 기표가 미끄러져 가면서 무의식을 만들어내는 것처럼, 편지가 돌아다니면서 사람들의 무의식적 욕망을 불러일으켰습니다.

장관이 왕비의 편지를 훔친 이유는 권력을 가지고 싶다는 욕망 때문이고, 경찰국장이 편지를 찾으려는 이유도 왕비의 신임을 얻고 싶다는 욕망 때문이었습니다. 그리고 뒤팽이 장관이 훔쳐간 편지를 찾으려고 했던 이유도 그를 골탕 먹이고 싶다는 욕망 때문이었죠. 이처럼 인간의 무의식의 욕망은 편지, letter, 기표에 의해서 만들어집니다. 그래서 「도둑맞은 편지」는 사실 '도둑맞은 무의식'이라고 할 수 있습니다.

**

이제 기표가 미끄러지면서 무의식적 욕망을 불러일으킨다는 말의 의미를 내가 이해한 방식으로 설명해 볼게요.

꿈속에서는 아무런 연관도 없는 사건들이 마치 무슨 인과관계가 있는 것처럼 벌어집니다. A가 나타났다가 B가 나타나고, C사건이 벌어지며 그 것을 D가 나타나서 해결했는데, 알고 보니 D가 A로 변신한 것입니다. 맨 정신으로 보면 A-B-C-D-A로 이어지는 사건의 연쇄를 이해할 수 없지 만, 꿈속에서는 꽤 그럴듯하게 전개됩니다. 이 A-B-C-D-E가 바로 기표 입니다. 기표들이 꼬리에 꼬리를 물고 전개되면서 무의식의 욕망을 불러일 으킵니다. 마치 편지가 돌아다니면서 왕과 왕비, 장관과 경찰국장, 뒤팽의 무의식적 욕망이 놀아났던 것과 같습니다.

여기에 대한 좋은 비유로 프로이트의 강박증 환자의 임상 사례를 들 수 있습니다. 이 남자는 쥐가 항문을 파고들어가면 어쩌나 하는 생각을 강박적 으로 합니다. 프로이트는 이 사람을 '쥐인간'이라고 불렀습니다.

어느 날 쥐인간이 여자친구와 여름휴가를 갔는데, 여자친구의 사촌이 같이 따라왔습니다. 그런데 그 사촌이 자기의 여자친구에게 관심을 보였습 니다. 쥐인간은 여친이랑 둘이 있고 싶은데 사촌이 끼어드니 짜증이 났습니 다. 순간 그 사촌을 죽이고 싶다는 생각까지 들었습니다. 그런 생각이 들자, 쥐인간은 갑자기 살을 빼야겠다고 하면서 다이어트를 하고 등산을 하기 시 작했습니다.

왜 그랬을까요? 프로이트의 분석은 이렇습니다. 그 사촌의 이름은 리처 드(Richard)였는데요. 영국에서는 리처드를 애칭으로 딕(Dick)이라고 불러요. 딕은 독일어로 '뚱뚱하다, 비만, 지방'이라는 뜻이 있습니다.

쥐인간은 리처드를 죽이고 싶다는 충동이 생겼지만, 그러한 충동을 남에게는 물론이고 스스로에게도 드러내고 싶지 않지요. 그래서 '리처드를 죽이고 싶다'는 생각을 '지방을 없애버리고 싶다'는 생각으로 바꿔 버렸다는 것입니다. 리처드와 지방을 동일시한 것입니다. 무의식적으로 자신의 생각이 조종당한 것입니다. 그래서 갑자기 폭풍 다이어트와 운동을 시작했다는 것이죠.

'리처드'라는 기표가 '딕'이라는 기표로, '딕'이라는 기표가 다시 '지방'이라는 기표로 미끄러진 것입니다. 쥐인간의 무의식적 욕망이 기표의 미끄러짐에 따라서 놀아났던 것입니다. 「도둑맞은 편지」와 프로이트의 쥐인간 사례가 라캉의 무의식과 언어를 이해하는 데 도움이 되었으면 합니다.

정상과 비정상 사이의
회색 지대
(feat. 푸코, 정신질환 통계)

엘리트들만 들어간다는 파리고등사범학교에 약간 이상한 학생이 입학을 합니다. 미셸 푸코라는 이 학생은 항상 외톨이였고, 주변 사람들과 수시로 언쟁을 벌였으며, 과대망상으로 심한 공격성을 보이기도 했습니다. 그는 자신의 동성애 성향을 괴로워했고, 학교에서 몇 차례나 자살을 기도하는 등 너무나 위태로운 학생이었죠.

학교에 입학한 지 2년 만에 푸코는 아버지의 손에 이끌려 생트−안느 병원의 정신과에서 진료를 받습니다. 치료를 위해서 병원에 입원해야 할지 말지를 선택해야 했죠. 이때 푸코는 자신의 멘토이자 정신착란으로 입원 경력이 화려했던 프랑스의 철학자 루이 알튀세르에게 조언을 구합니다. 알튀세르는 정신병 환자로서 "너는 정신병원에 입원할 정도는 아니야"라는 진단을 내려줍니다.

몇 년 후 푸코는 생트-안느 병원의 정신과를 다시 찾습니다. 이번에는 환자로서가 아니라 연수생으로서 정신질환 환자를 연구하기 위해서였습니다. 그런데 그는 하라는 정신병 환자의 치료법은 연구하지 않고, 정신병 자체의 역사에 대해서 연구합니다. 이렇게 해서 나온 책이 바로 푸코의 『광기의 역사』입니다.

푸코는 『광기의 역사』를 통해서 '광기'라는 개념은 역사적으로 만들어진 것임을 보여줍니다. 광기라는 개념이 절대적으로 있는 것이 아니며, 따라서 광기와 이성은 특별히 구분되는 것도 아니라고 합니다. 푸코의 이러한 생각을 확장하면, 우리는 정상과 비정상의 구분이 모호하다는 결론에 도달할 수 있습니다. 정상과 비정상은 어떻게 구분될까요?

＊
＊＊

고대 그리스의 델포이 신전에는 아폴론 신의 예언을 전하는 무녀들이 있었습니다. 우리는 그 무녀들이 실제로 아폴론 신의 목소리를 들었는지는 알 수 없습니다. 어떤 사람들은 신의 예언이라는 것이 무녀들이 유황가스를 맡고 환각 상태에서 횡설수설한 것을 사제들이 해석한 것이라고 주장합니다.

중세 유럽 왕들의 궁정에는 광대들이 있었습니다. 노래, 만담, 곡예, 마술 등을 하는 일종의 엔터테이너였는데요. 이들은 바보처럼 헛소리를 하고 왕을 조롱하는 등 광인 흉내를 내기도 했죠.

그런데 왕이 단지 재미를 위해서 광대를 궁정에 들인 것은 아닙니다. 광대의 조롱이 왕에 대한 비판과 충고라고 생각하고 받아들였습니다. 광대들

16세기 네덜란드 히에로니무스 보슈가 그린 「바보들의 배」. 나무 위의 해골은 죽음을, 깃발은 이슬람고, 누워 있는 남자는 성적 쾌락을, 음식 앞에 앉아 있는 사람들은 식탐을 의미합니다. 그리고 광대 복장을 한 남자는 광기를 상징합니다. 당시에는 이교도, 쾌락, 식탐에 빠진 사람들을 일종의 광기로 보고 있음을 알 수 있습니다. 푸코는 『광기의 역사』에서 이처럼 광기는 역사적으로 만들어진 개념이라고 합니다.

은 겉보기에는 바보 같지만 사실은 현자라고 생각했기 때문입니다. 그래서 궁정의 광대를 '현명한 바보 광대(Wise Fool)'라고 합니다.

중세까지만 해도 사람들은 무녀와 광대 같은 사람들에게 특별한 능력이 있다고 생각했습니다. 델포이 신전의 무녀에게는 신의 목소리를 듣는 능력이 있고, 궁정의 바보 광대에게는 왕이 나쁜 길로 빠지는 것을 막는 능력이 있다고 봤습니다. 그래서 이런 광인들을 다른 사람들로부터 격리시키지 않았습니다.

예전에 내가 어렸을 때에만 해도 동네에 광인들이 한 명씩은 있었습니다. 머리에 꽃을 꽂은 누님, 놀림 받던 바보 형님이 꼭 한 명씩은 있었죠. 지금 보면 정신병원에 있어야 할 광인들이 마을사람들과 함께 살았습니다. 그러고 보면 머리에 꽃을 꽂은 누님이 바로 델포이 신전의 무녀였고, 동네 바보 형님은 현명한 바보 광대였던 것입니다.

그런데 17세기가 되면서 유럽의 상황이 바뀝니다. 이제 사람들은 정상인과 비정상인을 구분하고, 비정상인들을 사회로부터 격리시키기 시작합니다. 이른바 대감금의 시대가 열렸습니다. 이때 감금된 사람들이 범죄자, 거지, 부랑자, 게으름뱅이, 무신론자, 이교도, 그리고 광인들이었습니다. 프랑스 파리 전체 인구 중 1%가 감금되었죠. 이때 감금된 곳이 나중에 종합병원이 됩니다.

감금된 사람들의 특징은 노동을 하지 않는 사람들이라는 것입니다. 노동을 하지 않는 사람들을 비정상이라고 본 것이고, 정상과 비정상의 구분 기준을 노동을 하느냐, 노동을 하지 않느냐로 본 것이죠.

18세기 후반 산업이 발달하면서 노동력이 부족해집니다. 그러니 노동자 한 사람이라도 아쉬웠겠죠. 그래서 비정상인들을 교화하기 시작합니다. 당시 어떻게 하면 사람을 교화할 수 있다고 생각했을까요? 두들겨 팼습니다. 범죄자, 거지, 부랑자, 게으름뱅이 등은 금방 교화가 됩니다. 교화된 이들은 감금에서 풀려나 노동자가 됩니다.

이제 교화가 안 되는 사람들만 남았습니다. 바로 광인들이죠. 이때부터 광인들에 대한 관점이 바뀌기 시작합니다. 광인들은 그냥 노동을 하지 않는 자가 아니라 치료를 받아야 하는 병자라는 것이죠. 광인들에게 약물을 주사하기 시작합니다. 이제 종합병원은 정신병원으로 간판을 바꿉니다.

푸코의 요점은 이렇습니다. 광기에도 역사가 있습니다. 광기라는 개념은 시대에 따라 만들어집니다. 16세기 이전에 광인들은 보통 사람들 중에 그저 특별한 능력을 가진 사람이었고, 17세기에 광인은 그저 노동을 하지 않는 사람이었으며, 18세기 후반이 되면 비로소 치료를 받아야 하는 환자가 됩니다. 즉, 광기라는 개념은 시대에 따라 달라져 왔습니다.

*
**

현대 의학에서도 이런 문제가 나타납니다. 1972년 스탠포드 대학의 로젠한 교수는 재미있는 심리학 실험을 했습니다. 정신적으로 아무런 이상이 없는 여덟 명이 정신병원에 가서 의사에게 환청이 들린다고 거짓말을 합니다. 그랬더니 정신과 의사는 일곱 명에게는 정신분열증, 한 명에게는 조울증이라는 진단을 내립니다. 이들은 모두 정신병동에 입원을 하게 되는데요. 말하자면 거짓말로 입원을 한 것이죠.

이들은 입원 후에는 거짓말을 하지 않고 정상적으로 행동하고 정상적으로 말을 합니다. 하지만 의사들은 이들이 진짜 정신병자가 아니라는 것을 눈치채지 못합니다.

로젠한 교수는 이 여덟 명의 가짜 환자들의 경험을 모아 「정신병원에서 정상으로 살아가기」라는 논문을 『사이언스』에 게재합니다. 로젠한의 주장 요지는 이렇습니다. 일단 어떤 사람에게 정신병자라는 낙인이 찍히면, 아무리 정상적인 행동을 해도 그 사람의 행동은 정신병자의 전형적 증상처럼 보인다는 것입니다. 정신병자를 진단하는 객관적이고 세부적 기준이 없기 때문이죠.

로젠한의 실험에는 많은 비판이 따랐습니다. 의사를 속였다는 윤리적 비판도 있었고, 환자가 거짓말을 하는데 의사가 어떻게 구별할 수 있냐는 반론도 있었죠. 하지만 로젠한의 실험이 계기가 되어 정신장애를 진단하는 기준이 대폭 보강됩니다.

정신장애를 진단하는 기준은 미국 정신의학회에서 발간하는 『정신질환 진단 및 통계 편람』 일명 DSM을 따릅니다. 1952년 최초의 DSM은 군인들의 정신장애를 진단하는 기준으로 만들어졌습니다. 아군한테 총을 쏠 가능성이 있는 사람을 걸러낼 필요가 있었고, 퇴역 군인들의 외상후 스트레스 장애를 진단하는 데 필요했기 때문이죠. 최초의 DSM-1은 130쪽짜리 작은 책자였습니다.

그런데 DSM은 개정을 거듭하면서 정신질환의 목록이 점차 늘어납니다. 2차 개정판인 DSM-2에는 가출이 아동기 정신장애로 추가되고, DSM-3에서는 로젠한의 실험이 자극이 되어 증세를 세분화하여 정신질환이 200여 개로 대폭 늘어납니다. 이때 경계성 성격장애, 자기애성 성격장애, 품행장애, 사회공포증, 자폐증, 주의력 결핍장애 등이 정신장애로 추가됩니다. DSM-4에서는 사랑하는 사람이 죽은 뒤 우울 증세가 장기간 지속되는 것도 정신장애로 분류합니다. 그리고 DSM-5에는 카페인 중독, 폭식장애, 행동중독 등의 장애가 포함되죠.

결론적으로 로젠한 실험을 통해서 드러난 문제를 해결하기 위해서 정신장애를 진단하는 객관적 기준을 만들었지만, 그 객관적 기준 자체가 시대에 따라 달라집니다. 즉, 정신장애는 원래부터 있는 것이 아니라 시대가 만들어내는 것이란 거죠. 사람들의 어떤 행위들을 모아 범주화하고, 거기에다가 ○○장애라는 이름을 붙인 것입니다. 대표적 사례가 바로 동성애입니다. DSM-2에서는 동성애가 정신장애이지만 DSM-4부터는 정신장애라고 보지 않습니다. 사회적 맥락에 따라 동성애가 정신장애이기도 하고 정신장애가 아니기도 한 것입니다.

그 의미는 다를 수 있지만 거칠게 보면, DSM의 변천사는 푸코의 『광기의 역사』의 축소판처럼 보입니다. 『광기의 역사』는 광기라는 개념이 고대로부터 19세기까지 어떻게 달라져 왔는지를 보여주었고, DSM의 변천사는 1952년부터 현재까지 정신장애의 개념이 어떻게 달라져 왔는지를 보여주고 있기 때문입니다.

광기와 정신장애의 개념은 이처럼 시대에 따라서, 지역에 따라서 달라져 왔습니다. 즉, 광기나 정신장애는 하나의 고정된 개념이 아니라 역사적인 개념입니다. 따라서 정상과 비정상을 구분하는 기준도 정해져 있는 것이 아닙니다. 누가 정상인지, 누가 비정상인지를 판단하는 기준은 시대에 따라 달라지는 임의의 기준인 것입니다.

그렇다면 무엇이 그것을 결정할까요? 무엇이 광기와 정신장애의 개념을 규정하고, 누가 정상이고 누가 비정상인지를 판단할까요?

푸코는 시대마다 동작하는 무의식적 인식의 틀이 있다고 합니다. 사람들은 자신도 의식하지 못한 채 그 인식의 틀에 맞추어 사물들에 질서를 부여하고 생각하고 판단합니다. 그러한 무의식적 인식의 틀을 '에피스테메'라고 합니다. 예컨대 16세기에는 16세기의 에피스테메가 있고, 17세기에는 17세기의 에피스테메가 있으며, 18세기에는 18세기의 에피스테메가 있다는 것입니다.

*
**

사람들은 자신이 살고 있는 시대의 에피스테메에 맞추어 한 가지 방식으로밖에 생각하지 못합니다. 그래서 광기와 정신장애의 개념이 시대에 따라 달라졌던 것입니다.

내가 주체적으로 광기의 개념을 생각하고 정상과 비정상을 판단하는 것이 아니라, 사실은 에피스테메가 광기의 개념을 정하고 정상과 비정상을 판단하는 것입니다. 그리고 나는 그것을 무의식적으로 옳은 것으로 받아들입니다. 다시 말해 내 생각의 주인은 내가 아니라 바로 에피스테메라는 것입니다.

그렇다면 21세기 현재의 에피스테메는 무엇일까요?

내가 보기에 그것은 바로 돈입니다. 종교계, 의료계, 교육계, 정치계, 법조계의 주요 이슈는 모두 돈에 관한 것입니다. 종교계를 보면 기독교는 교회를 아들한테 세습하겠다고 난리고, 불교계의 비리는 어제 오늘의 이야기가 아니죠. 의료계를 보면 의사와 약사는 밥그릇 싸움으로 한동안 시끄러웠죠. 교육계도 마찬가지입니다. 학교는 좋은 대학을 가서 좋은 직장을 얻고 돈을 많이 버는 기능을 가르쳐주는 곳으로 전락한 지 이미 오래되었습니다. 인문학을 공부하면 창의력을 기를 수 있고 그러면 돈을 버는 아이디어를 낼 수 있다는 주장은 이제는 어색하게 들리지도 않습니다. 정치계와 법조계는 말할 필요도 없죠.

21세기의 에피스테메가 돈이라는 것은 DSM의 변천사가 말해주고 있습니다. DSM은 개정을 거듭하면서 정신장애의 종류가 계속 늘어났습니다. 1952년 최초의 DSM-1에서는 정신장애의 종류가 106개였는데, 2013년 DSM-5에서는 거의 350여 개가 되었습니다. 60년 동안 세 배가 된 것이죠. 정신병이 유행인 세상이 되었습니다. 정신장애의 종류가 하나씩 늘어날 때마다 정신장애자는 많아지고, 그것은 의사와 제약회사에 돈이 됩니다. 실제로 이처럼 정신장애에 대한 과잉 진단이 의료계의 농간이라고 말하는 사람도 있습니다. 돈벌이 수단이라는 것이죠.

21세기의 에피스테메가 돈이라는 것을 알았으니, 이제 돈을 무시하고 돈 없이 한 번 살아보자고 말하는 것은 아닙니다. 중세시대에 신을 부정하면 종교재판에서 화형을 당했듯이, 21세기에는 돈이 없이 살 수 없습니다. 무엇을 어떻게 하자는 것이 아니라 그냥 그렇다는 것입니다. 모든 것이 돈으로 돌아가고 있다는 것을 잊지는 말자는 것입니다.

**

지금까지 우리는 정상과 비정상의 구분이 시대의 에피스테메에 따라 달라지는 것을 보았습니다. 이런 관점에서 보면, 정상과 비정상을 구분하는 것 자체가 의미가 없을 수도 있습니다. 그래서 푸코는 동성애자임을 숨기지는 않았지만, 그렇다고 해서 명시적으로 커밍아웃을 하지도 않았습니다. 동성애가 이상한 것도 아니고 비정상도 아닌데 굳이 커밍아웃을 할 이유가 없다는 것이겠죠. 그것은 마치 내가 자장면보다 짬뽕을 좋아하고, 탕수육을 부어 먹는 것보다 찍어 먹는 것을 선호한다고 커밍아웃을 하지 않는 것과 마찬가지입니다. 중국집에 가면 그냥 내가 좋아하는 것을 시켜 먹으면 되는 것이죠.

그렇다고 해서 극단적으로 "비정상은 없다. 모든 것은 정상이다"라고 말할 수는 없습니다. 푸코에게 정신병원에 입원하지 말라고 충고했던 알튀세르는 결국 정신착란 상태에서 사랑하는 아내를 목 졸라 죽였습니다. 알튀세르의 상태는 분명히 비정상이었죠.

하지만 유념할 점은 정상과 비정상 사이에는 굉장히 넓은 회색 지대가 있다는 것입니다. 정상이 아니라고 해서 반드시 비정상이라고 할 수는 없습니다. 야구에서는 스트라이크 존을 벗어나면 심판이 '볼'이라고 판정하지만,

정상과 비정상의 구분은 야구의 규칙처럼 판정할 수 있는 것이 아닙니다.

현대인들은 수많은 성격장애에 시달리고 있습니다. 상대방이 항상 자신에게 악의를 품고 속이고 있다고 의심하는 편집성 성격장애, 다른 사람들과 관계를 맺는 것에 아예 관심이 없는 조현성 성격장애, 자신이 초능력자나 외계인이나 신이라는 망상에 빠져 있는 조현형 성격장애, 끊임없이 다른 사람의 관심을 받아야 직성이 풀리는 연극성 성격장애, 타인에게 범죄 행위를 해도 죄책감을 느끼지 못하는 반사회성 성격장애, 혼자 되는 것이 두려워 버림받지 않기 위해서 필사적으로 노력하는 경계선 성격장애, 자아도취에 빠져 있는 자기애성 성격장애, 거절과 비판이 두려워서 사회관계 자체를 피하는 회피성 성격장애, 타인에게 스스로 복종하는 의존성 성격장애, 매사에 완벽을 추구하는 강박성 성격장애 등 이루 헤아릴 수 없이 많습니다.

이렇게 나열하고 보니 나도 두어 개 정도의 성격장애를 가지고 있었군요. 그렇지만 너무 걱정하지 않으렵니다. 나는 정상과 비정상 사이에 넓은 회색 지대가 있다고 믿기 때문입니다. 정상이 아니라도, 나는 적어도 회색 지대에 있다고 생각하기 때문입니다. 이렇게 자위를 하면서 이 글을 마치겠습니다.

생각 없음이
죄가 되는 이유

(feat. 한나 아렌트, 스탠리 밀그램)

우리는 가끔, 아니 종종 부도덕한 일들을 합니다. 슬쩍 새치기를 하기도 하고, 주운 물건을 슬며시 주머니에 넣기도 하죠. 더 많은 거스름돈을 받고 모른 척하기도 하고, 괴롭힘을 당하는 아이를 못 본 척 지나치기도 합니다. 좀더 뻔뻔하게는 친구의 돈을 떼먹고 딴전을 부리는 일도 있고, 심지어 자신의 이익을 위해서 힘이 약한 사람을 부당하게 대하는 경우도 있습니다.

그런 짓을 하고 나면 마음이 개운치 않죠. 그 찜찜함이 오래가기도 합니다. 이처럼 우리는 잘못을 하거나 부도덕한 일을 저질렀을 때 어느 정도 죄책감을 느낄 수밖에 없습니다.

그런데 우리는 이러한 사소한 일에는 죄책감을 느끼면서도, 커다란 악을 행하고서는 아무런 죄책감을 느끼지 못하는 경우가 있습니다. 아니, 자신이 악을 행하고 있다는 사실조차 인지하지 못하는 경우가 있습니다. 왜 그럴까요?

**

1961년 예일대학의 사회심리학자 스탠리 밀그램은 재미있는 실험을 하나 기획합니다. 그는 '처벌에 의한 학습효과'에 관한 연구에 필요한 실험에 지원자를 모집합니다. 그리고 40명의 지원자 중 20명에게는 교사 역할을, 20명에게는 학생 역할을 맡깁니다. 교사 역할을 하는 사람과 학생 역할을 하는 사람을 각각 격리된 방에 앉혀 놓습니다. 둘은 마이크를 통해서 대화를 할 수 있지만, 서로를 볼 수는 없습니다.

교사 역할을 하는 사람은 단어 문제를 내고, 학생 역할을 하는 사람은 그 단어를 맞춰야 합니다. 실험은 학생이 의자에 묶여 있고, 교사는 학생의 대답이 틀릴 때마다 버튼을 눌러 전기 충격으로 체벌을 가하는 식으로 진행됩니다. 교사의 책상에는 30개의 버튼이 있는데, 1번 버튼은 15볼트, 2번 버튼은 30볼트, 3번 버튼은 45볼트, 이런 식으로 450볼트까지 전압을 올릴 수 있게 되어 있습니다. 문제를 하나씩 틀릴 때마다 전압을 올리는 것이죠.

사실 학생 역할을 맡은 사람들은 실험실의 조교들이었습니다. 전기 충격기도 가짜였고요. 교사 역할을 맡은 지원자들이 전기 충격을 가할 때마다, 학생 역할을 하는 조교들은 거짓으로 비명을 질러댔습니다. 지원자들을 감쪽같이 속인 것이죠(스탠리 밀그램은 이 실험의 비윤리성으로 인해 미국 정신분석학회로부터 일년 동안 자격 정지를 당하기도 했습니다).

학생 역할을 하는 조교가 처음에 틀린 대답을 내놓자, 교사 역할을 하는 지원자는 1번 버튼을 눌러 15볼트의 전기 충격을 가했습니다. 그러자 조교는 가짜로 "아야" 소리를 냈습니다. 학생 역할을 하는 조교가 다음 문제에서 다시 틀린 대답을 내놓자, 지원자는 2번 버튼을 눌러 30볼트의 전기 충격을 가했습니다. 이런 식으로 전압이 올라가면 갈수록 "아야" 소리는 이제 비명 소리로 바뀝니다. 지원자들은 슬슬 걱정이 되었습니다. 전기 충격을 가하는 것을 망설였습니다.

"이거 눌러도 저 사람 괜찮아요?"

이때 교사 역할을 하는 지원자의 옆에 있던 흰색 가운을 입은 밀그램 교수가 나서서 말합니다.

"아무 문제없습니다. 계속 진행해도 됩니다."

실험을 시작하기 전, 밀그램 교수는 지원자들이 전압을 450볼트까지 올릴 것이라고는 생각하지 못했습니다. 아주 소수의 지원자들만이 기껏해야 300볼트 정도까지 올릴 것이라고 예상했죠. 300볼트도 굉장히 위험하고 사람이 죽을 수도 있기 때문입니다.

그런데 무려 65%의 지원자들이 전압을 450볼트까지 올렸습니다. 학생 역할을 하는 조교들이 고통스러운 비명을 질러댔음에도 불구하고(물론 거짓 비명이지만), 지원자들은 전압을 계속 올리면서 전기 충격을 가했습니다.

어떤 지원자들은 밀그램 교수에게 따지기도 했습니다. 도대체 왜 이렇게 위험한 실험을 하냐고요. 하지만 그런 사람은 극소수에 불과했습니다. 대부분의 지원자들은 아무런 의심 없이 전압을 치명적인 수준까지 올렸던 것입니다.

왜 그랬을까요? 왜 그토록 많은 사람들이 이런 위험한 일을 했을까요?

밀그램 교수는 그 이유에 대해 인간은 권위에 쉽게 복종하는 경향이 있기 때문이라고 설명합니다. 교사 역할을 하는 지원자의 옆에는 흰색 가운을 입은 밀그램 교수가 있었습니다. 그는 지원자에게 책임은 자신이 지겠다면서 당신은 그냥 전기 자극을 주기만 하면 된다고 안심시켰습니다.

"괜찮으니 계속 진행하라."

이 말 한마디에 지원자들은 아무 생각 없이 그냥 계속 버튼을 눌러댔습니다. 사람들은 권위자가 명령을 하면, 그것이 아주 위험한 일이라고 할지라도 아무 생각 없이 기꺼이 복종을 하는 것입니다.

**

이런 일이 실험실에서만 일어나는 것은 아닙니다. 대규모로 벌어지는 악의 배후에는 이러한 권위에 대한 복종이 작동하고 있는 경우가 많습니다. 대표적 예로 나치의 유대인 학살을 들 수 있습니다.

아돌프 아이히만은 나치 친위대 소속의 장교였습니다. 나치의 유대인 학살 작전의 책임자였죠. 아이히만은 처음에는 구덩이를 파고 유대인들을 몰아 넣은 후 총살을 시켰습니다. 그런데 총살을 실행한 나치 군인들이 외상후 스트레스 장애로 고통을 받았습니다. 게다가 '굳이 왜 총알을 낭비해야 하나'라는 생각이 들었습니다. 그는 유대인들을 죽이는 다른 방법을 생각해 냈는데, 그것이 바로 가스실에서 처형하는 것입니다. 학살당한 유대인 600

아돌프 아이히만은 나치의 유대인 학살 작전의 책임자였습니다. 전쟁이 끝나고 나치 독일이 패망하자 아르헨티나로 도망갔지만, 이스라엘의 정보기관 모사드가 찾아내어 법정에 세웠습니다. 그는 테러 등의 사고를 방지하기 위해 방탄유리로 만든 피고석에서 재판을 받았습니다. 아이히만은 자신은 권한이 거의 없는 '배달부'에 불과했다고 합니다. 그저 심부름꾼이었다는 것이죠. 1962년 5월 31일 23시 58분에 아이히만의 교수형이 집행되었습니다. 그리고 그의 시신은 화장로에서 소각되었습니다. 그의 홀로코스트 희생자들이 그랬듯이….

만 명은 대부분 포로수용소에 있는 가스실에서 죽임을 당했습니다.

2차 세계대전이 끝나고 독일이 패망하자, 아이히만은 아르헨티나로 도망을 갔습니다. 그곳에서 성형수술을 하고 '클레멘트'라는 가명으로 건설회사와 물류회사에서 일하면서 15년 동안 도피생활을 했죠. 하지만 이스라엘의 정보기관 모사드가 결국 찾아냅니다. 이스라엘 정부는 아르헨티나로 직항기를 띄워 몰래 본국으로 압송합니다. 이후 아르헨티나 땅에서 불법 납치를 한 것으로 두 나라 사이에 외교분쟁이 일어났으나, 이스라엘이 사과하는 것으로 해결이 되었죠.

이스라엘 검찰은 아이히만을 15개의 죄명으로 기소합니다. 아이히만에 대한 세기의 재판이 열리는데요. 나치의 유대인 학살을 피해 유럽에서 미국으로 도피해 살던 유대인 정치철학자 한나 아렌트는 이 재판을 보기 위해 예루살렘으로 날아가서 6개월 동안 참관하고 기록에 남겼습니다. 그 기록이 바로 『예루살렘의 아이히만』입니다.

1961년 12월 첫 재판이 열렸습니다. 그런데 아이히만을 처음 본 한나 아렌트는 깜짝 놀랐습니다. 왜냐하면 아이히만은 600만 명을 죽인 살인마라고 하기에는 너무나 평범하게 생긴 동네 아저씨였던 것입니다. 아이히만을 보기 전에는 사이코패스거나 미친 놈일 거라고 생각했는데, 머리 벗겨진 사람 좋게 생긴 아저씨였습니다. 더욱 놀라운 것은 아이히만은 맡은 일에 최선을 다하고 가족들에게 사랑받는 매우 성실하고 자상한 아버지였다는 것입니다.

아이히만은 자신의 무죄를 주장했습니다. 그는 군인으로서 상관의 명령을 성실하게 따랐을 뿐이라고 합니다. 아무런 권한이 없는 배달부에 불과했다는 것입니다. 군인으로서 상관의 명령을 따른 것이 무슨 죄가 되느냐는 것이죠. "인간적으로 양심의 가책을 느끼지 않느냐?"는 질문에는 오히려 "상부에서 시킨 일을 하지 않았을 때 양심의 가책을 느껴야지, 시킨 일을 열심히 했는데 왜 양심의 가책을 느껴야 하냐?"고 합니다.

아이히만의 정신이 이상한가 해서 재판을 하면서 정신감정을 받았지만, 아무런 문제가 없다는 소견이 나왔습니다. 그냥 정상적인 보통 사람이라는 것이죠. 이때 한나 아렌트는 깨달았습니다.

'아, 특별한 악인이 따로 있는 것이 아니구나. 누구나 어떤 상황으로 들어가면 악행을 할 수 있는 것이구나.' 한나 아렌트는 이것을 '악의 평범성(The Banality of Evil)'이라고 했습니다. 악은 그냥 평범함 속에 있다는 것이죠.

아이히만은 무죄일까요? 아니죠. 아이히만은 무죄가 될 수 없습니다. 한나 아렌트는 아이히만의 죄를 이렇게 말합니다.

"아이히만은 아주 근면한 인간이다. 근면성 자체는 결코 범죄가 아니다. 그러나 그가 유죄인 명백한 이유는 아무런 생각이 없었기 때문이다." '생각 없음(Thoughtlessness)', 그것이 바로 그가 유죄인 이유입니다.

*
**

비단 아이히만의 문제만은 아닙니다. 우리는 종종 아무 생각 없이 권력에 자발적으로 복종하면서 악행을 저지르기도 합니다. 도대체 왜 그럴까요? 여러 가지 이유가 있겠지만 대략 세 가지 이유를 꼽을 수 있습니다.

첫째, 그저 시키는 대로 했을 뿐이라고 변명할 수 있기 때문입니다. 나의 행위에 대해 온전히 책임을 지지 않아도 됩니다. 그래서 밀그램의 복종 실험에서 교사 역할을 하는 지원자는 "괜찮으니 계속 진행해도 된다"는 교수의 말 한마디에 아무 생각 없이 전압을 계속 올렸던 것입니다. 그리고 아이히만은 나치 독일의 종이 쪼가리 한 장에 아무 생각 없이 600만 명의 유대인을 학살했던 것입니다.

둘째, 권력은 자신이 지시하는 것이 악이 아닌 것처럼 포장하고 정당화하기 때문입니다. 나치는 유대인 대량 학살계획을 '최종 해결(Final Solution)'이라고 불렀고, 2차 세계대전 당시 미국은 히로시마에 떨어뜨린 원자폭탄에 '리틀 보이(Little Boy)'라는 이름을 붙였습니다. 학살이 학살이 아니고, 폭탄이 폭탄이 아닌 것처럼 언어를 순화한 것입니다.

이런 예는 아주 많이 있습니다. 회사에서 직원을 자르는 것을 '구조조정'이라고 하고, 전쟁에서 발생한 민간인 사상자를 '부수적 피해(Collateral Damage)'라고 하죠. 이렇게 권력은 악행을 정당하다고 포장합니다. 나치는 유대인들을 '그리스도를 죽인 야비한 민족'이라고 하면서 자신들의 악행을 정당화했고, 미국은 이라크 침공을 '이라크 자유작전(Operation Iraq Freedom)', 즉 이라크 국민에게 자유를 안겨주기 위한 전쟁이라고 했습니다.

셋째, 우리가 자신의 행위에 대해서 생각을 하지 못하기 때문입니다.

아이히만은 자신이 '무엇'을 해야 하는지 잘 알고 있었어요. 그것은 유럽 전역에 흩어져 있는 유대인들은 모아 기차에 태워서 아우슈비츠 수용소로 이송하는 것이었죠.

그리고 그 일을 '어떻게' 해야 하는지도 잘 알고 있었습니다. 당시에 독일군이 차지하고 있던 지역의 철도 길이는 무려 17만 킬로미터였고, 관련 철도 공무원이 50만 명, 철도 관련 노동자가 90만 명이었다고 합니다. 어마어마한 규모죠. 그러니 철도 시간표를 짜고 시간을 맞추어 환승시키는 것은 엄청 복잡한 일이었을 것입니다. 아이히만은 그 일을 너무나도 훌륭하게 수행했습니다.

문제는 아이히만은 자신이 '왜' 그 일을 해야 하는지는 몰랐다는 것입니다. 그 일을 하는 이유나 목적을 생각해 보지 않았습니다. 그 일이 자신에게 어떤 가치가 있는지 생각하지 않았습니다. 한마디로 자신이 '왜' 유대인을 학살해야 하는지에 대해 생각해 보지 않은 것입니다.

*
**

악은 도처에 있습니다. 힘센 아이가 주도하면, 아이들은 힘이 약한 아이를 아무 죄의식 없이 괴롭힙니다. 그리고 교수를 따르는 학생들은 조교에 대한 그 교수의 엽기적 가혹 행위를 보고도 못 본 척하거나 심지어 가담하기도 합니다.

권력이 있는 곳이라면 이러한 악은 더욱 심각해집니다. 악은 정치적 정파를 가리지 않습니다. 권력은 관료 조직으로부터 나오고, 관료 조직은 상명하복을 미덕으로 생각하며, 상명하복의 분위기에서 개인은 자신의 행위에 대해서 '왜'라고 묻지 못하기 때문입니다.

그런데 아이히만은 정말로 아무 생각이 없었을까요? 정말로 나치의 명령을 따르기만 한 것일까요?

그렇지 않을 수도 있습니다. 아이히만이 유대인 학살에 가담한 이유는 나치의 명령 때문이 아니라 자신의 신념 때문이었을 수도 있습니다.

이러한 주장을 뒷받침할 만한 몇 가지 증거들이 있습니다. 1945년에 나치 독일의 패색이 짙어지자, 아이히만의 상관이었던 힘러는 유대인 학살 중지 명령을 내립니다. 하지만 아이히만은 그것이 히틀러의 직접 명령이 아니라는 이유로 유대인 학살을 계속 했습니다.

또한 아이히만은 아르헨티나에서 도피생활을 하면서도 나치 잔당들과 계속 모임을 가졌고, 모임에서 자신이 유대인들을 학살한 것에 대해 후회하지 않는다고 말했습니다. 그리고 자신은 단순히 명령을 수행한 자가 아니었으며, 지구상에서 유대인들을 지워버리고 싶은 이상주의자였다고 했습니다. 그뿐만이 아닙니다. 그는 예루살렘에서 재판을 받으면서 이런 말을 했습니다.

"나는 내가 그 많은 유대인들을 죽였다는 사실에 대해 죄를 느꼈을 때, 내면에서 기묘한 만족감을 느끼게 되었고, 지금도 느끼고 있으며, 재판 중에는 장차 가장 위대한 대량 살인자로 칭송될 것이라는 생각에 웃음이 나왔다."

이러한 점들을 볼 때, 아이히만은 단지 나치의 명령을 수행한 것이 아니라 유대인 학살에 자발적이고 적극적으로 개입했다고 볼 수 있습니다. 아이히만은 재판 과정에서 무죄를 주장하기 위해서 자신은 아무 생각이 없었던 것처럼 사람들을 속인 것일 수도 있습니다. 그래서 어떤 사람들은 한나 아렌트가 사실은 아이히만에게 속았다고 비판합니다.

이런 비판은 분명히 일리가 있습니다. 아이히만이 한나 아렌트를 속인 것일 수도 있죠. 하지만 곰곰이 생각해보면 진짜로 속은 사람은 한나 아렌트가 아니라 아이히만 자신이었다는 것을 알 수 있습니다. 아이히만은 히틀러의 신념을 자신의 신념이라고 스스로를 속인 것입니다. 히틀러에 의해서 주입된 가짜 신념을 자신의 진짜 신념이라고 착각하게 된 것입니다.

왜 이런 착각을 하게 된 것일까요? 아이히만이 아무런 생각이 없었기 때문입니다. 자신의 생각에 대한 성찰 없이 히틀러의 생각을 자신의 것으로 받아들였기 때문입니다.

이런 관점에서 보면 한나 아렌트의 결론은 옳습니다. 아이히만이 유죄인 이유는 '생각 없음', 즉 아무런 생각이 없었기 때문입니다. 아이히만은 아무런 생각이 없었기 때문에 히틀러의 명령을 자신의 명령으로 내면화했습니다. 이것이 바로 '생각 없음'의 진짜 의미라고 할 수 있습니다.

죽음을 준비하는
정신의 절차탁마

(feat. 소크라테스, 에피쿠로스, 스토아, 「제7의 봉인」)

현대 영화의 최고 감독 중 한 명으로 꼽히는 스웨덴의 영화감독 잉마르 베리만의 1957년도 영화 「제7봉인」은 죽음을 다룬 영화입니다. 영화는 14세기 중엽 10년 동안의 십자군 원정을 마치고 고향으로 돌아가는 기사에게 어느 날 죽음의 사신이 찾아오면서 시작합니다. 기사는 사신에게 체스 게임을 하자고 제안하고, 체스가 진행되는 동안 자신의 죽음을 유예해 줄 것을 요청합니다. 죽음의 사신은 그 제안을 흔쾌히 받아들이죠.

죽음을 유예시켜 놓은 기사는 신이 존재하는지, 삶의 의미가 무엇인지, 죽음이 무엇인지를 알고 싶어합니다. 하지만 그 어디에서도 그에 대한 대답은 찾을 수 없었죠. 마을에서는 흑사병이 돌아 수많은 사람이 죽어나갔고, 흑사병을 신의 저주라고 생각한 사람들은 스스로를 채찍질하며 신에게 용서를 구하고자 했습니다. 동시에 마녀사냥이라는 집단적 광기가 마을 전체를 휩쓸고 있었습니다.

기사는 신의 모습을 보기 위해서 교회를 찾지만, 그에게 돌아온 것은 신의 침묵뿐이었습니다. 결국 기사는 신의 응답을 받지 못한 채 죽음의 사신과 마지막 체스를 둡니다. 그리고 죽음의 사신은 체크 메이트를 외치고 영화는 끝납니다.

인간은 죽습니다. 세상에 이것만큼 명백한 사실은 없죠. 인간은 죽기 때문에 자신의 삶의 의미를 묻습니다. 만약에 인간이 영원히 산다면 아마도 삶의 의미 따위는 묻지 않을 것입니다. 따라서 죽음이 없다면 철학도 없었을 것입니다. 인간은 죽기 때문에 삶의 의미를 묻는 것이고, 삶의 의미를 묻는 것이 바로 철학입니다.

수많은 철학자들이 죽음이 무엇인지에 대해서 이야기를 했고, 또 죽음을 어떻게 받아들여야 하는지 직접적으로 보여주었습니다. 죽음, 그것이 바로 이번 글의 주제입니다.

***

소크라테스는 아테네의 신을 믿지 않으며, 아테네 청년들을 타락시킨다는 이유로 재판에 회부되었습니다. 당시의 재판은 일반 시민이 재판 과정에 참여하는 배심원제였습니다.

먼저 고발인이 소크라테스가 왜 유죄인지 주장을 했고, 이후 소크라테스는 자신이 왜 무죄인지 변호를 했습니다. 그리고 500명의 배심원들이 1차

The Seventh Seal, 1957. ⓒ Svensk Filmindustri, Ingmar Bergman (director),
Gunnar Fischer(cinematographer).
http://www.channel4.com/film/reviews/film_gallery.jsp?id=108149&imageId
=0&pageId=1&section=gallery#reviewnav

영화 「제7봉인」은 14세기 중엽 십자군 원정을 마치고 고향으로 돌아가는 기사의 죽음에 관한 영화입니다. 영화는 기사가 요한계시록의 한 구절을 읊으면서 시작합니다. "하느님의 어린 양이 일곱 번째 봉인을 열자 하늘이 반 시간 정도 고요하더니 일곱 나팔을 가진 일곱 천사가 나팔 불기를 예비하더라."
이때 죽음의 사신이 나타나고 둘은 대화를 나눕니다.

　사신: 나는 죽음이라 하오!
　기사: 아, 죽음이시군요! 뭐, 당신이 날 따라다닌다는 것은 이미 알고 있었소.
　사신: 오, 그러면 이제 떠날 준비는 되었는가?
　기사: 잠깐만! 아직 마음의 준비가 안 되었는걸요.
　사신: 누구나 그렇게 말하지!

그러자 기사는 승부가 가려지기 전까지는 자신을 데려가지 않는다는 조건으로 체스를 두자고 제안합니다. 이렇게 해서 기사와 사신은 죽음을 건 체스를 두기 시작합니다.

투표를 해서 유죄인지 무죄인지를 가렸는데 280 대 220으로 유죄 판결이 났습니다. 이 정도면 생각보다 표 차이가 안 난 것입니다. 그나마 소크라테스가 변호를 잘해서 그런 것일 수도 있습니다.

2차 투표는 형량에 대한 투표인데, 고발인과 소크라테스가 각자 합당하다고 생각하는 형량을 제시하고 배심원들이 선택을 합니다. 먼저 고발인은 소크라테스를 사형시켜야 한다고 주장했습니다. 사실 여기에서 소크라테스는 유죄를 깔끔하게 인정하고 낮은 형량을 제시하면 될 상황이었어요. 1차 투표에서 근소하게 유죄 판결이 나온 것으로 보아 배심원들이 소크라테스의 죄를 그리 크게 보지는 않았다는 것을 알 수 있습니다.

그런데 소크라테스는 2차 변호에서 광역 도발을 시전합니다. 자신이 얼마나 위대한지 니들은 모른다는 둥, 사실 자신은 국가 유공자급으로 대우받아야 한다는 둥 이상한 말을 합니다. 그래도 뭐 벌금을 내라면 내겠다고 합니다. 읍소를 해도 시원찮을 판에 이런 식으로 도발을 하자 배심원들이 열받았습니다. 그래서 2차 투표에서 360 대 140의 압도적 차이로 사형이 선고됩니다. 1차 투표에서 무죄라고 생각했던 배심원이 220명이었는데 이 중에서 80명이 사형에 투표를 한 것입니다(제대로 열받은 것이죠). 소크라테스는 사형 선고를 받고 마지막 진술에서 이런 말을 합니다.

"이제 떠나야 할 시간이 되었습니다. 각자 자기의 길을 갑시다. 나는 죽기 위해서, 여러분은 살기 위해서. 어느 쪽이 더 좋은가는 오직 신만이 알 뿐입니다."

소크라테스는 감옥에서 사형 집행을 기다립니다. 친구인 크리톤이 탈옥을 권유합니다. 사실 당시에는 뇌물만 조금 쓰면 탈옥이 그다지 어렵지 않았습니다. 그런데 소크라테스는 탈옥을 거부하죠. 평생 아테네의 법률에 따라 살았는데, 조금 불리하다고 해서 법률을 어기는 것은 자신의 신념에 맞지 않는다는 이유였습니다.

이에 크리톤은 소크라테스가 탈옥하지 않으면, 사람들이 자기에게 돈 몇 푼 때문에 친구를 죽게 내버려 두었다고 비난할 것이라고 합니다. 그러니 제발 탈옥을 해달라는 거죠. 하지만 소크라테스는 결국 감옥에서 독배를 마시고 죽습니다. 사실 재판 과정에서 대충 타협하면 벌금형으로 막을 수도 있었고, 감옥에서 탈옥할 수도 있었는데, 어찌 보면 자발적으로 죽음을 선택한 것이라고 볼 수 있습니다.

18세기 프랑스 화가 자크 루이 다비드의 「소크라테스의 죽음」은 감옥에서 독배를 마시기 직전의 상황을 그린 것입니다. 소크라테스는 영혼의 불멸을 믿었습니다. 그래서 죽으면 육체를 벗어던지고 홀가분하게 영혼의 세계로 갈 수 있다고 생각했죠. 그는 죽으면 오르페우스, 헤시오도스, 호메로스를 만날 수 있어서 기대가 된다는 말도 합니다. 그 영혼의 세계가 바로 저기 위에 있다는 것입니다. 소크라테스는 "먼저 가 있을게"라고 하면서 손가락으로 하늘을 가리키고 있습니다. 영혼의 불멸을 믿었던 소크라테스에게 죽음은 더 이상 두려운 것이 아니었습니다.

어떤 사람들은 인간이 죽음의 공포에서 벗어나기 위해서 종교를 발명했다고 합니다. 죽음에 대한 공포가 인간으로 하여금 신이 존재하고, 영혼의 세계가 존재하며, 죽으면 환생을 한다는 믿음을 가지게 했다는 것이죠.

프랑스 화가 다비드의 「소크라테스의 죽음」 플라톤의 『파이돈』에 나오는 소크라테스가 죽음을 맞이하는 장면을 그린 것입니다. 소크라테스는 한 손에 독배를 들고 다른 손으로는 저 위의 세계를 가리키고 있습니다. 괴로워하는 친구들, 제자들과 달리, 그의 얼굴은 아주 편안해 보입니다.

플라톤은 침대 끝에 앉아 고개를 숙이고 있고, 뒤의 계단에는 남편의 죽음을 차마 보지 못하는 아내 크산티페가 뒤돌아보며 안타까운 표정을 짓고 있습니다.

그렇다면 사후 세계, 영혼의 세계, 환생을 믿지 않은 철학자들은 죽음에 대해 어떤 태도를 취했을까요? 대표적으로 두 가지 입장이 있습니다.

*
**

기원전 3세기 무렵 알렉산드로스 대왕이 헬레니즘 제국을 건설했을 때부터 기원 후 2세기 로마제국 시기까지의 철학을 '헬레니즘 철학'이라고 합니다. 헬레니즘 철학자들의 관심은 사변적 문제가 아니라 실천적 문제였습니다. 보편적 진리가 아니라 개인의 행복이나 삶의 태도와 관련된 것이었죠. 이들은 "어떻게 살 것인가?", "어떻게 죽을 것인가?"를 물었습니다. 사실 이 두 질문은 같은 질문입니다. 인간의 삶은 죽음으로 완성되고, 인간은 죽음이 있어야 삶의 의미를 묻기 때문입니다.

헬레니즘 철학의 두 기둥은 에피쿠로스 학파와 스토아 학파입니다. 죽음에 대한 이 두 학파의 태도는 소크라테스와 다릅니다. 이 두 학파 모두 유물론을 받아들였기 때문입니다. 이들에게 인간의 정신은 물질적인 것이었고, 따라서 죽으면 인간의 정신도 그냥 흩어져 없어져 버린다고 봤습니다. 그래서 인간이 죽으면 영혼이 저 세상으로 가니 마니 하는 것을 말할 필요조차 없었죠.

에피쿠로스 학파와 스토아 학파는 죽음을 어떻게 대했을까요?

에피쿠로스 학파 사람들은 인간의 감정에는 쾌락과 고통의 딱 두 가지 상태만이 있다고 보았습니다. 그래서 인간이 행복해지기 위해서는 쾌락을 추구해야 한다고 합니다. 그런데 문제는 과도한 쾌락은 고통이란 것이죠.

고로 이들은 행복해지기 위해서는 최소한의 쾌락을 추구해야 한다고 보았습니다. 에피쿠로스는 이렇게 말했습니다.

"물과 빵만 있으면 나는 신도 부럽지 않다." 물론 그때 치즈도 있었다고 합니다. 하지만 자주 먹지 않았어요. 치즈를 매일 먹으면 그 맛을 만끽할 수 없다는 이유에서였죠. 최소한의 쾌락을 가지고 최대한의 쾌락 효과를 얻겠다는 것이죠. 이들은 쾌락에 대한 관점을 달리 봄으로써 과도한 쾌락이 주는 고통의 문제를 해결하려고 했습니다.

에피쿠로스 학파 사람들의 이러한 태도는 죽음에 대한 태도에서도 똑같이 나타납니다. 이들은 우리가 죽음을 두려워할 필요가 없다고 합니다. 왜냐하면 살아있을 때 우리는 죽어 있지 않고, 죽어버리면 우리는 존재하지 않기 때문이라고 합니다(반박할 수 없는 놀라운 논리입니다). 그러니 죽음을 두려워할 이유가 없다는 것이죠.

예를 들어 나는 북극곰에게 잡아먹힐 걱정을 하지 않습니다. 왜냐하면 나는 북극에 갈 계획이 없기 때문입니다. 내가 겪지 않을 일을 걱정할 필요는 없죠. 죽음도 마찬가지라는 것입니다. 죽음은 우리가 경험하지 못하는 것이므로 걱정할 일이 아니라는 것이죠. 이처럼 에피쿠로스 학파 사람들은 죽음에 대한 관점을 달리 봄으로써 죽음에 대한 공포를 해결하려 한 것처럼 보입니다.

**

스토아 학파 사람들은 세계를 하나의 연극으로 보았습니다. 이 연극의 감독은 신이고, 시나리오는 로고스(logos)이며, 배우들이 바로 인간입니다. 내가 맡은 배역은 행운의 주인공 신데렐라일 수도 있고, 비극의 주인공 햄릿일 수도 있습니다. 하지만 대부분의 우리는 지나가는 행인이거나 전쟁터의 병사들, 아니면 그냥 시체들일 것입니다.

설령 그렇다손 치더라도, 내 배역이 정해진 이상 애드립을 치지 말고 시나리오대로 살다가 가라고 합니다. 배우가 시나리오를 바꾸는 것은 월권이죠. 배우는 자신의 시나리오, 즉 자신의 운명을 받아들여야 한다는 것입니다. 그래서 이들은 죽음을 묵묵하게 자신의 운명으로 받아들이는 태도를 취합니다.

스토아 학파의 창시자인 키티온의 제논은 독배를 마시고 죽음을 의연하게 맞이한 소크라테스를 매우 존경했습니다. 그리고 그도 스스로 목숨을 끊는 선택을 합니다. 전해져오는 이야기에 따르면, 제논은 계단에서 넘어져 발가락이 부러졌을 때, 그것을 대지로 돌아가야 한다는 징표로 받아들였습니다. 그리고 "죽음아, 무엇 때문에 나를 부르느냐, 내가 갈게"라고 하고는 스스로 목을 졸라 죽었다고 합니다.

네로 황제의 스승이었던 세네카는 역모를 꾀했다는 의심을 사게 됩니다. 네로 황제로부터 스스로 목숨을 끊으라는 명령을 받습니다. 세네카는 동맥을 끊었지만 피가 빨리 흘러나오지 않자, 피를 빨리 돌게 하기 위해 뜨거운 욕조 안에서 서서히 죽어갔습니다. 이때 세네카는 욕조의 물을 '주피터 신의 거룩한 물'이라고 했답니다. 명예롭게 죽고 싶었던 것이죠.

로마 원로원의 소(小) 카토는 카이사르 독재의 지배를 받느니 차라리 죽음을 택하겠다면서 연회를 열고 플라톤의 『파이돈』을 읽으며 스스로 배를 갈라 죽었다고 합니다. 나중에 단테는 『신곡』에 소 카토를 등장시킵니다. 『신곡』에서는 스스로 목숨을 끊은 사람들은 모두 지옥에 가 있었지만 소 카토는 지옥에 없었습니다. 단테는 그가 인간으로서의 존엄을 지키기 위해서 스스로 목숨을 끊었기에 죄를 지은 것이 아니라고 본 것입니다.

＊
＊＊

지금까지 우리는 죽음을 대하는 세 가지 태도를 보았습니다. 영혼의 세계를 믿었던 소크라테스는 기쁘게 죽을 수 있었고, 에피쿠로스 학파 사람들은 죽음에 대한 관점을 달리 함으로써 죽음을 두려워할 필요가 없다고 설파했습니다. 그리고 스토아 학파 사람들은 죽음을 운명이라고 보고 스스럼없이 받아들였죠.

죽음에 대한 이들의 생각을 모두 다르지만, 어쨌든 이들은 모두 죽음을 두려움의 대상으로 생각하지 않았고, 그래서 담담하게 받아들일 수 있었던 것 같습니다.

물론 그렇지 않은 경우도 있습니다. 프랑스의 철학자 장 폴 사르트르는 폐수종으로 병원에 입원해 있으면서 죽음에 대한 공포로 의사에게 병명을 묻지조차 못했다고 합니다. 그리고 죽음의 시간이 임박해 오자, 물건을 집어던지고 소리를 지르는 등 행패를 부리며 극도로 불안한 모습을 보였다고 합니다.

프랑스 언론들은 이를 두고, 사르트르가 왜 그토록 수치스럽게 죽었는지에 대한 기사를 쓰기도 했습니다. 그는 평소에 인간의 실존을 말하고, 인간이 죽음으로부터 자유로워야 한다고 누누이 강조해 왔습니다. 하지만 정작 자신의 죽음에 대해서는 그렇지 못했습니다. 그의 철학과 사상이 죽음 앞에서 초라하게 무너진 것입니다. 이 이야기는 사르트르의 무신론을 비난하는 사람들이 만들어낸 과장된 에피소드일 수도 있습니다. 하지만 죽음을 두려워하는 인간의 모습은 당연하고 자연스러운 것입니다.

*
*

인간은 죽습니다. 세상에 이것만큼 명백한 사실은 없죠. 인간은 죽기 때문에 삶의 의미를 찾으려 하고, 삶의 의미를 찾으려 하는 것이 바로 철학입니다. 그래서 철학을 공부한다는 것은 죽음을 잘 맞이하는 법을 배우는 것이라고도 할 수 있습니다.

죽음을 잘 맞이하기 위해서는 나의 정신이 죽음의 공포에 단련되어야 합니다. 물론 단련 방식에는 여러 가지가 있을 수 있습니다. 소크라테스처럼 영혼에 대한 믿음을 가지는 방식도 있고, 에피쿠로스 학파 사람들처럼 죽음에 대한 새로운 관점을 가지는 방식을 취할 수도 있습니다. 그리고 스토아 학파 사람들처럼 죽음을 운명으로 담담하게 받아들일 준비를 하는 방식도 있습니다.

어떤 방식을 선택하든 그것은 여러분의 몫입니다. 죽음은 단 한 번의 실전밖에 없습니다. 그 단 한 번의 실전으로 우리의 삶이 완성됩니다. 따라서 우리의 정신은 죽음의 공포에 단련되어 있어야 합니다. 그러기 위해서는 죽음이 무엇인지, 어떤 태도로 죽음을 맞이할지에 대한 확고한 생각을 가져야 합니다. 나는 이것을 죽음의 공포를 견디기 위한 정신의 절차탁마라고 생각 합니다. 그리고 어떤 점에서는 그것이 바로 철학의 본질이라고 할 수 있습 니다.

어떻게 세계를 볼 것인가?

언어는
생각의 감옥인가

(feat. 비트겐슈타인, 「컨택트」)

캐나다 출신의 영화감독 드니 빌뇌브의 2014
년 SF 영화 「컨택트」의 원래 영어 제목은 '어라이벌(Arrival)'입니다. 외계인이
도착했다는 의미인데요. 영화는 외계 비행물체 12개가 미국, 중국, 러시아
를 비롯한 세계 각지 상공에 등장하면서 시작합니다. 갑작스런 외계인의 출
현에 지구는 혼란에 빠집니다. 그리고 외계인들의 정체를 밝히기 위해 물리
학자와 언어학자를 선발하여 접촉을 시도합니다. 이들이 외계 비행 물체의
내부로 진입했을 때, 일곱 개의 다리를 가진 정체 모를 생명체와 마주칩니다.

외계인들은 다리에서 검은색 물질을 뿌려 어떤 문양을 만듭니다. 이 문
양이 바로 외계인의 문자입니다. 그들은 문자를 보여주며 인간과 대화를 시
도하죠. 하지만 사람들은 이들의 문자를 이해할 수 없었기에 무엇을 말하려
하는지 알 수 없었죠. 그러다가 뱅크스라는 언어학자가 드디어 외계인의 문

자를 해독하게 됩니다.

그런데 외계인의 문자를 이해하자마자 뱅크스에게 커다란 변화가 일어납니다. 세계를 바라보는 방식이 완전히 달라진 것입니다. 외계인의 언어를 터득하자마자 새로운 생각이 열렸습니다. 이것이 어떻게 가능한 것일까요?

*
**

언어가 생각을 제한한다는 가설이 있습니다. 언어가 '생각의 감옥'이라는 것이죠. 이러한 입장을 '언어결정론'이라고 하는데, 언어결정론을 주장하는 사람들은 이런 예시를 듭니다.

에스키모의 언어에는 눈을 지시하는 단어들이 매우 많습니다. 그들은 내리는 눈(falling snow), 바람에 휩쓸려 온 눈(wind-driven snow), 녹기 시작한 눈(slushy snow)을 전부 다른 단어로 부릅니다. 에스키모들의 눈(snow)에 대한 생각은 그냥 '눈(snow)'이라고 부르는 우리들의 생각보다 훨씬 구체적이고 풍부하죠. 언어의 폭이 넓어지면 생각도 풍부해집니다.

또 다른 사례는 무지개색에 관한 것입니다. 우리는 무지개를 빨/주/노/초/파/남/보의 일곱 가지 색으로 봅니다. 그런데 미국 사람들은 무지개를 빨/주/노/초/파/보의 여섯 가지 색으로 보고, 독일 사람들은 빨/노/파/검/회의 다섯 가지 색으로 봅니다. 언어마다 무지개색을 표현하는 방식이 다르기 때문에 똑같은 무지개에서 무지개색을 달리 봅니다. 우리는 이처럼 각자의 모국어가 그어놓은 선에 따라서 세계를 봅니다.

유럽의 많은 언어에서는 명사를 남성 명사와 여성 명사로 구분합니다.

영화 「컨택트」에서 일곱 개의 다리를 가진 외계인은 다리 끝에서 검은 물질을 뿌려 문자를 그립니다. 이 외계인 문자의 특징은 선형이 아니라 원형이라는 점입니다.

어느 날 한 언어학자가 드디어 이들의 문자를 이해하게 됩니다. 그러자 그녀에게 갑자기 미래가 보이기 시작합니다. 외계인들은 선형적 시간관이 아니라, 과거-현재-미래가 연결되어 있는 원형적 시간관을 가지고 있었고, 그것이 원형의 문자로 표현되고 있었던 것입니다. 그래서 언어학자가 그들의 문자를 이해하게 되자 미래를 볼 수 있게 된 것입니다.

예컨대 다리(bridge)라는 단어는 스페인어에서는 남성 명사이고, 독일어에서는 여성 명사입니다. 한 연구에서 미국 샌프란시스코의 유명한 금문교 사진을 보여주었더니, 흥미롭게도 스페인 사람들은 금문교를 '장엄하다, 멋있다, 웅장하다'라고 표현한 반면, 독일 사람들은 금문교를 '아름답다, 우아하다, 예쁘다'라고 표현하는 경향이 있었습니다. 이 모든 사례가 언어가 생각을 제한한다는 언어결정론에 대한 증거라고 할 수 있습니다.

조지 오웰의 소설 『1984년』에서는 특정 단어를 없앰으로써 생각을 제한할 수 있다는 이야기가 나옵니다. 예컨대 '자유'라는 단어를 없애버리면 사람들이 자유를 갈망하지 않게 되고, '사상 범죄'라는 단어를 없애버리면 사상 범죄자가 없어질 것이란 거죠. 이런 식으로 정치적으로 문제가 있는 말과 생각 자체를 못하게 합니다. 언어는 생각의 감옥이기 때문에 감옥의 크기를 줄여버림으로써 생각을 편협하게 만들 수 있다는 것입니다.

**

언어결정론에 반대하는 입장도 있습니다. 언어가 생각을 제한하는 것이 아니라며, 인간은 언어가 없어도 얼마든지 생각할 수 있다고 주장합니다.

우리는 가끔 떠오르는 생각을 말로 설명하기 힘든 경험을 합니다. 어떤 사람의 얼굴은 떠오르는데, 그 사람의 이름이 생각나지 않는 경우도 있습니다. 바로 이러한 상황이 언어가 없어도 생각을 하는 경우라는 것입니다.

실어증의 경우도 마찬가지입니다. 실어증에 걸린 사람이 모두 생각을 하지 못하는 것은 아닙니다. 어떤 실어증 환자는 말은 못하지만 생각하는 능력에는 아무런 이상이 없어요. 언어를 사용할 줄 아는 능력과 생각을 할 줄 아는 능력은 아무런 관련이 없다는 것입니다. 그러니 언어가 생각의 감옥이 아니라는 것이죠.

이러한 반론도 일리가 있어 보입니다. 눈을 감고 명상이라도 할라치면 수만 가지 상념이 들어왔다 나갑니다. 일 초에도 수십 가지 생각이 떠오르고 사라지죠. 우리는 이와 같은 의식의 흐름을 말로 다 설명할 수 없습니다. 그러므로 언어가 생각을 제한하는 것은 아니며, 우리는 자유롭게 생각하고, 그 생각을 언어로 표현하는 것뿐이라는 것입니다. 물론 언어가 생각을 정확하게 담아내지 못하기 때문에 언어로 표현되는 생각이 제한적일 수는 있지만, 그렇다고 해서 생각이 언어라는 감옥에 갇혀 있는 것은 아니라는 입장입니다.

**

우리는 앞에서 두 가지 입장에 대해서 살펴보았습니다. 하나는 언어는 생각의 감옥이라는 입장입니다. 이 경우 생각은 언어보다 클 수 없겠죠. 다른 하나는 생각은 언어로부터 자유롭다는 입장입니다. 이 경우 생각은 언어보다 클 수 있습니다. 여러분은 어떻게 생각하나요? 생각은 언어로부터 구속을 받는 것일까요? 아니면 생각은 언어의 구속을 받지 않는 자유로운 상태에 있을까요?

이 질문에 대한 나의 대답은 둘 다 틀렸다는 것입니다. 언어는 생각의 감옥은 아니지만, 그렇다고 해서 생각이 언어보다 클 수는 없다고 생각합니다. 왜냐하면 언어 자체가 곧 생각이기 때문입니다. 그래서 언어의 크기와 생각의 크기는 똑같습니다. 하지만 그것은 생각이 언어에 갇혀 있어서가 아니라, 언어와 생각이 같은 것이기 때문입니다. 그 이유를 설명해 보죠.

우리는 말을 합니다. 우리가 말을 하는 이유는 나의 생각을 다른 사람에게 전달하기 위해서입니다. 그래서 말을 하는 데에는 말을 듣는 상대가 필요합니다. 상대가 없이 계속 혼자서 주절대는 사람을 우리는 미친 사람이라고 하죠.

사실 혼잣말에도 상대가 있습니다. 혼잣말의 상대는 바로 나입니다. 내가 말하고 내가 듣는 것입니다. 내가 질문하고 내가 대답하고 있는 것이죠. 이처럼 내가 말하고 내가 듣는 것을 우리는 '생각'이라고 합니다.

무언가를 생각할 때 자신의 상태를 한 번 가만히 들여다보세요. 우리는 무언가를 생각할 때 계속 무슨 말을 만들고 있는 자신을 발견할 수 있습니다. 그냥 말 없이 생각만 하고 있는 것 같아도, 사실은 말하면서 동시에 듣고 있는 것입니다. 내가 말하고 내가 듣는 것, 이것이 바로 '생각'입니다. 언어가 곧 생각이었던 것입니다. 그래서 우리는 언어 없이는 생각을 할 수 없는 것입니다.

우리가 언어 없이는 생각을 할 수 없는 것처럼, 생각이 없이는 언어를 사용할 수 없습니다. 친구와 대화할 때는 그 대화에 대해서 생각을 해야 합니다. 집의 가스불을 잠그고 나왔는지 안 잠그고 나왔는지 골똘히 생각하면서 친구와 대화를 이어나갈 수는 없죠? 물론 이러면서도 친구와 대화를 할 수는 있겠지만, 그것은 그냥 생각 없이 내뱉는 말일 뿐 진지한 대화라고 할 수는 없죠. 만약 어떤 생각에 매몰되어 있다면 우리는 다른 말을 할 수 없습니다. 즉, 생각이 없이는 언어를 사용할 수 없습니다.

언어 없이는 생각을 할 수 없고, 생각 없이는 언어를 사용할 수 없다는 것은 언어가 곧 생각이고, 생각이 곧 언어라는 의미입니다. 따라서 생각이 언어라는 감옥에 갇혀 있는 것도 아니고, 그렇다고 해서 생각이 언어보다 큰 것도 아닙니다. 언어의 크기와 생각의 크기는 똑같습니다. 왜냐하면 언어가 곧 생각이고, 생각이 곧 언어이기 때문입니다.

*
**

뉴욕에서 유대인들이 주로 다니는 예시바 대학의 도서관에는 칸막이가 없고 머리를 처박고 공부하는 사람도 없습니다. 이 도서관은 학생들이 마주보도록 되어 있습니다. 학생들은 이곳에서 계속 상대를 바꾸어가며 대화를 이어갑니다. 그래서 이 도서관은 시장 바닥처럼 시끄럽습니다. 그렇습니다. 이들은 사실 대화를 하는 것이 아니라 생각을 하고 있는 것입니다.

마찬가지입니다. 영화 「컨택트」에서 언어학자는 외계인의 문자를 이해하자마자 세계를 바라보는 생각 자체가 달라집니다. 왜냐하면 언어 자체가 바로 생각이기 때문입니다. 그래서 언어를 배운다는 것은 곧 생각을 배운다는 것과 같습니다.

*
**

언어 자체가 바로 생각이라는 주장은 20세기의 위대한 언어철학자 비트겐슈타인의 주장과 맞닿는 부분이 있습니다. 비트겐슈타인은 '언어와 세계가 일대일로 대응한다'고 보았습니다. 여기서 세계를 '생각의 대상'이라고 보면, 비트겐슈타인의 주장은 언어 자체가 생각이라는 주장과 연결되는 지점이 있습니다.

언어와 세계가 어떻게 일대일 대응을 할까요? 이제 이 점에 대해서 설명해 보죠. 고흐의 그림 「아를의 침실」에서는 침실이 하나의 세계입니다. 이 세계에는 여러 대상들이 있고, 이 대상들에는 각각 액자, 사각형, 벽, 파란색이라는 이름이 있습니다.

이 대상들의 관계가 바로 '사태'입니다. 고흐의 「아를의 침실」이라는 세계에는 '사각형 액자', '파란색 벽' 같은 사태가 있습니다. 이러한 사태에 대응하는 것이 바로 요소 명제입니다. 여기에는 '액자는 사각형이다', '벽은 파랗다' 같은 요소 명제가 대응합니다.

이제 사태들을 연결하면 '사실'이 됩니다. 고흐의 「아를의 침실」이라는 세계에는 '벽에 걸린 액자' 같은 사실이 있죠. 이러한 사실에 대응하는 것이 바로 복합 명제입니다. 여기에는 '사각형 액자가 파란색 벽에 걸려 있다' 같은 복합 명제가 대응합니다. 이러한 사실들의 총체가 바로 '세계'이고, 그 세계에 대응하는 것이 바로 언어입니다. 그래서 비트겐슈타인은 언어가 세계를 그림처럼 보여준다고 말합니다. 이를 비트겐슈타인의 '그림이론'이라고 합니다.

따라서 「아를의 침실」이라는 세계는 이렇게 말할 수 있습니다. "침실에는 침대가 하나 놓여 있고, 파란색 벽에 다섯 개의 사각형 액자가 걸려 있

프랑스 파리의 오르세 미술관에는 빈센트 반 고흐의 방이 있습니다. 고흐의 방에 있는 대표적 그림 중 하나가 「아를의 침실」입니다. 고흐가 남프랑스의 작고 아름다운 도시 아를에 있을 때 자신의 방을 그린 것입니다. 고흐는 따뜻한 색깔과 부드러운 선으로 침실을 그렸지만, 그림 속 액자, 침대, 의자 등 일상의 물건들이 왠지 쓸쓸해 보입니다.

다. 그리고 두 개의 의자가 있고, 창문이 하나 있다."

그런데 고흐의 이 그림이 위 문장으로 다 설명된 것 같나요? 아니죠? 뭔가 중요한 게 빠져 있습니다. 그것은 바로 「아를의 침실」 그림이 가진 아름다움입니다. 아름다움은 언어로 설명되는 것이 아닙니다. 말로는 설명할 수 없는 언어 이상의 것, 생각을 넘어서는 것입니다. 그래서 비트겐슈타인은 이렇게 말했습니다.

"우리는 말할 수 없는 것에 대해서는 침묵해야만 한다."

비트겐슈타인의 핵심 주장 두 개는 이것입니다. "언어와 세계는 일대일 대응한다", 그리고 "우리는 말할 수 없는 것에 대해서는 침묵해야만 한다."

나는 이 말을 다음과 같이 해석할 수 있다고 봅니다.

"언어와 생각은 같은 것이다. 따라서 우리가 언어를 사용한다는 것은 곧 생각을 한다는 것이다. 그런데 고흐의 작품이 지닌 아름다움 같은 것은 우리가 말할 수 없는 것, 생각할 수 없는 것이다. 그러한 아름다움은 언어의 세계, 생각의 세계의 너머에 있는 것이기 때문이다."

못 봐서 아쉬운 「시녀들」과
보아서 실망한 성당

(feat. 푸코, 라캉, 벨라스케스, 가우디)

얼마 전 스페인 바르셀로나에서 하는 오페라를 볼 기회가 있었습니다. 평소 오페라에 관심이 없었고, 또 관광지에서 공연하는 오페라라서 별 볼 일 없겠다고 생각한 나는 앞뒤 좌우로 꽉 찬 좌석을 벗어나서 가장자리의 가장 뒤쪽 자리로 옮겼습니다. 잠이나 자려고요…. 그 줄에는 아무도 없었기 때문입니다.

그런데 오페라가 시작된 순간, 나는 깜짝 놀랐습니다. 음악이 너무 좋았기 때문입니다. 고개를 빼꼼히 내밀면 무대를 볼 수 있었지만, 나는 보지 않았습니다. 음악만으로 충분했기 때문입니다.

너무나 행복한 순간이었습니다. 변태같이 들리겠지만, 나는 행복한 순간에는 항상 글을 읽습니다. 그 순간을 만끽하는 데에는 글을 읽는 것만 한 것이 없기 때문입니다. 아이패드를 꺼내어 라캉에 관한 논문을 읽기 시작했습니다. 집중이 잘되었기 때문인지 난공불락이었던 라캉을 조금은 이해할 수 있었습니다. 그 꿈같은 순간에 읽었던 라캉에 대한 이야기를 할까 합니다.

*
**

1985년 미술 평론가들은 역사상 가장 위대한 미술 작품으로 벨라스케스의 「시녀들」이라는 작품을 선정했습니다. 17세기 스페인의 궁정화가 벨라스케스가 마르가리타 공주와 주변 인물들을 마치 스냅 사진 찍듯이 그린 집단 초상화입니다.

「시녀들」에 등장하는 인물들은 총 열한 명인데, 먼저 가운데 마르가리타 공주가 있고, 양쪽에 두 명의 시녀가 있습니다. 오른쪽에 난쟁이 두 명과 시종으로 보이는 두 명이 있습니다. 맨 위에 어떤 사람이 서 있고요. 왼쪽에는 벨라스케스 화가가 자신을 그려넣었군요. 지금까지 아홉 명이죠? 거울 속에 두 사람이 더 있습니다. 바로 왕과 왕비입니다. 이렇게 해서 열한 명이 이 그림 속에 들어가 있습니다.

「시녀들」의 구도에 대한 여러 설명이 있지만, 화가 벨라스케스가 왕과 왕비를 그리고 있는데 공주와 시녀들이 놀러온 상황이라는 설명이 가장 유력합니다. 공주가 왕과 왕비를 방해하지 않도록 시녀들이 달래고 있는 중이라는 것이죠.

이렇게 보면 「시녀들」에는 두 개의 공간이 있다는 것을 알 수 있습니다. 바로 마르가리타 공주와 시녀들이 있는 공간, 그리고 그 앞에 왕과 왕비가

스페인의 프라도 미술관에 있는 벨라스케스의 「시녀들」 마르가리타 공주와 시녀들, 그리고 벨라스케스 자신 등 총 열한 명이 그려져 있습니다. 이 그림은 묘한 구석이 있습니다. 아무리 들여다보아도 그림의 주인공이 누구인지 알 수 없습니다. 공주가 주인공인지, 왕과 왕비가 주인공인지, 그림을 그리는 화가 자신이 주인공인지, 뫼비우스의 띠처럼 시선이 허공을 맴돌게 됩니다. 이 그림에 매료된 푸코, 라캉 등 많은 철학자들이 철학적 해석을 내놓았습니다.

있는 공간입니다. 보통의 그림은 입체감을 살리기 위해서 여러 기교들을 부리지만, 그래 봤자 그림 속의 입체감일 뿐입니다. 그런데 「시녀들」은 거울을 배치함으로써 공간을 그림의 앞쪽까지 확대했습니다. 비유하자면 일본 공포영화 「링」에서 귀신이 TV 속에서 나오면서 영화의 공간이 TV 밖까지 확대되는 것과 마찬가지입니다.

＊＊

「시녀들」그림에 대한 푸코의 설명을 봅시다. 이 그림의 중심은 얼핏 마르가리타 공주인 것처럼 보입니다. 마르가리타 공주가 그림의 가운데에 있고, 그녀의 좌우에 여러 사람들이 배치되어 있기 때문이죠.

하지만 가만히 보면, 이 그림의 중심은 마르가리타 공주가 아니라 왕과 왕비임을 알 수 있습니다. 그들이 권위가 있어서가 아닙니다. 마르가리타 공주와 화가 벨라스케스가 왕과 왕비를 바라보고 있기 때문입니다. 이들의 시선이 왕과 왕비를 이 그림의 주인공으로 만듭니다. 결국 이 그림은 왕과 왕비의 눈에 비친 장면을 그린 것입니다.

그런데 왕과 왕비의 위치는 화가 벨라스케스의 위치이기도 합니다. 벨라스케스가 왕과 왕비의 관점에서 그들의 눈에 비친 장면을 그렸기 때문입니다. 또한 왕과 왕비의 위치는 바로 이 그림을 보는 관람객의 위치이기도 합니다. 관람객은 지금 왕과 왕비가 서 있는 자리에서 이 그림을 봅니다. 「시녀들」은 왕과 왕비, 화가 벨라스케스, 관람객이 주인공의 자리에 서서 보고 있는 장면을 그린 것입니다.

그런데 주인공은 눈에 보이지 않습니다. 왕과 왕비는 기껏해야 거울 속에 희미하게 그려져 있을 뿐이고, 화가 벨라스케스는 그림 속에 들어가버려서, 이 그림을 보고 있는 벨라스케스는 보이지 않습니다. 그리고 이 그림을 보는 관람객은 조금 있으면 집에 가버릴 것입니다. 「시녀들」의 주인공은 왕과 왕비, 화가 벨라스케스, 관람객이지만 이들은 보이지 않습니다. 보이는 것은 주인공들의 눈에 비친 장면일 뿐입니다.

푸코는 여기에서 주인공을 '주체'라고 하고, 주인공이 보는 장면을 '표상'이라고 합니다. 그러고 보면 주체는 사라지고 표상만 남았죠. 푸코는 이처럼 주체가 사라져야 표상이 나타난다고 합니다. 그래서 벨라스케스의 「시녀들」에 대해 한마디로 '주체가 배제된 순수한 표상'이라고 합니다.

푸코는 왜 이런 해석을 내놓았을까요? 푸코는 각 시대의 지식을 구성하는 무의식적 인식체계, 즉 에피스테메가 있다고 주장합니다. 사람들은 에피스테메의 창으로 세상을 보죠. 예컨대 유럽의 17세기에는 '표상'이라는 에피스테메로 세상을 보았고, 19세기부터는 '주체'라는 에피스테메로 세상을 보았습니다.

현재 우리는 인간이라는 '주체'가 있다고 생각합니다. 이성을 가진 인간이 세계를 주체적으로 인식하고, 세계의 역사를 주체적으로 만들어간다고 생각하죠. 그렇게 생각하는 것은 당연합니다. 우리는 '주체'라는 에피스테메로 된 창을 통해서 세상을 보며, 따라서 주체 철학으로 구성된 지식을 당연한 것으로 받아들이기 때문이죠.

하지만 푸코는 당연한 것이 당연한 것이 아니라고 합니다. 인간이 주체라는 생각이 나타난 것은 고작 200년밖에 되지 않았고, 이러한 주체 철학은 현재 사라지고 있다는 것입니다.

푸코는 인간이 '주체'라는 생각이 등장하기 이전의 17세기에는 '표상'이라는 에피스테메로 세상을 보았다고 합니다. 그것을 보여주는 것이 바로 17세기 스페인의 궁정화가 벨라스케스의「시녀들」이라고 합니다. 이 그림에는 '주체'는 사라지고 '표상'만 남아 있기 때문이죠.

*

라캉은 푸코의 해석에 반대합니다. 벨라스케스의「시녀들」에서는 주체가 사라진 것이 아니라 오히려 깊이 새겨져 있다고 봅니다. 그런데 그 주체가 의식적 주체와 무의식적 주체로 분열되어 있다는 것이죠. 여기에서 의식적 주체란 데카르트가 말하는 '생각하는 주체'이고, 무의식적 주체란 라캉이 말하는 '언어에 의해서 생각을 당하는 주체'라고 할 수 있습니다.

「시녀들」에서 의식적 주체는 어디에 있고, 무의식적 주체는 어디에 있을까요? 그것을 설명하기 위해서는 먼저 소실점에 대해 이야기해야 합니다. 그림을 그릴 때 우리는 공간의 깊이(원근법)를 표현하기 위해서 평행선을 사선으로 그립니다. 이때 평행한 두 선이 만나는 지점을 '소실점'이라고 하죠.

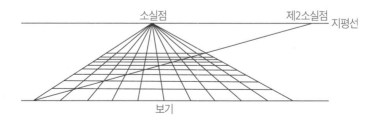

그런데 라캉은 이러한 소실점 말고 제2의 소실점이 있다고 합니다. 제2의 소실점이란 지평선을 연장한 선과, 지평면에 원근법으로 그려진 사각형의 대각선이 만나는 점을 말합니다.

「시녀들」에서 소실점은 어디에 있을까요? 맨 뒤에 서 있는 사람에게 있습니다. 그는 벨라스케스의 친척인 니에토 벨라스케스입니다. 성이 같죠? 화가 벨라스케스의 도플갱어라고 보면 됩니다. 따라서 니에토 벨라스케스와 같은 높이에 있는 화가 벨라스케스가 제2의 소실점이 됩니다. 이렇게 되면 니에토 벨라스케스는 의식적 주체가 되고, 화가 벨라스케스는 무의식적 주체가 됩니다.

라캉은 주체의 분열을 눈(eye)과 응시(gaze)의 분열로 설명합니다. 이때 눈이 대상을 바라보는 주체의 시선이라면, 응시는 주체를 바라보는 타자의 시선입니다.

예컨대 내가 열쇠구멍으로 몰래 여자 탈의실을 훔쳐보고 있다고 합시다. 이때 나의 눈은 여자의 나체에 꽂혀 있겠죠. 그런데 뒤에서 발자국 소리가 들립니다. 나는 소스라치게 놀라겠죠. 이 발자국 소리가 바로 응시입니다. 나의 은밀한 욕망을 충족시키는 시선이 눈이라면, 그러한 나를 부끄럽게 만드는 시선이 응시인 셈이죠.

따라서 소실점에 위치한 도플갱어 니에토 벨라스케스가 대상을 바라보는 '눈'의 시선이라면, 제2의 소실점에 위치한 화가 벨라스케스는 '응시'의 시선인 셈입니다.

그런데 「시녀들」 그림 속의 화가 벨라스케스는 캔버스 앞에 서서 무언가를 그리고 있습니다. 캔버스가 뒤로 돌려져 있기에, 관람객은 벨라스케스가 캔버스에 무엇을 그려 놓았는지 알 수 없습니다. 그리고 벨라스케스가 무엇을 그리고 있는지 알고 싶다는 욕망에 사로잡힙니다. 즉, 「시녀들」 그림 속의 무의식적 주체인 화가 벨라스케스는 관람객에게 응시의 욕망을 불러일으키고 있습니다. 「시녀들」에는 '응시의 함정'이 있습니다. 그래서 수백 년 동안 사람들이 이 함정에 빠져서 이 그림에 매료되었다는 것입니다.

**

스페인 여행의 마지막 날, 바르셀로나의 사그라다 파밀리아 성당을 보았습니다. 스페인 건축가 가우디가 설계했다고 해서 가우디 성당으로 불리기도 하죠. 가우디 성당을 본 순간, 솔직히 짜증이 살짝 올라왔습니다. 콘셉트도 없고 맥락도 없는 수많은 조각상과 액세서리만 덕지덕지 붙어 있는 부담스러운 건물이었습니다. 솔직히 나에겐 비트겐슈타인이 누이를 위해 설계한 건물이 훨씬 좋아 보였습니다.

굳이 비유하자면, 가우디 성당은 20세기 클래식 음악의 거장으로 꼽히는 쇤베르크의 무조 음악(조성적 중심이 없는 음악)이었고, 비트겐슈타인이 설계한 건물은 바흐의 '평균율'이었습니다. 나는 복잡한 쇤베르크보다 단순한 바흐가 좋습니다.

다음날 식사 자리에서 한마디 했습니다. "나는 가우디 성당이 왜 그렇게 유명한지 모르겠던데요." 그러자 옆에 있던 룸메이트가 이렇게 말했습니다. "다 우연의 결과겠죠." 가우디 성당이 유명해진 것은 성당 자체에 미적 가치

가우디의 성당은 화려한 치장과 상징물로 가득한 건물인 반면, 비트겐슈타인이 여동생을 위해 설계한 건물은 단순미와 기능성만을 고려한 건물입니다.

가 있어서가 아니라 우연히 그렇게 된 것일 뿐이라는 것입니다.

15세기 이탈리아의 탐험가 콜럼버스가 스페인의 지원을 받아 남미를 발견한 것도 우연이고, 스페인이 남미를 착취하면서 강대국이 된 것도 우연이고, 막대한 부를 축적한 구엘 가문이 가우디를 발견한 것도 우연이고, 가우디가 성당의 설계를 맡게 된 것도 우연이라는 것입니다. 사실은 세상에 벌어지는 대부분의 사건들은 우연일 뿐이라는 것이죠.

돌아오는 비행기에서 가우디가 어떤 방식으로 설계를 했고, 어떻게 죽었으며, 가우디 성당이 왜 140년이 지난 지금까지도 건설 중인지에 대한 여러 가지 이야기를 들었습니다. 순간, 가우디 성당이 유명해진 이유는 스토리 때문이라는 생각이 들었습니다. 우연한 사건들이 스토리가 되고, 그 스토리가 힘이 되어 후대 사람들이 여러 해석들을 내놓으면서 위대하다는 평가를 받게 된 것일 수도 있겠다고 생각했습니다.

벨라스케스의 「시녀들」 또한 마찬가지입니다. 사실 벨라스케스는 별 생각 없이 이 그림을 그렸을 수도 있습니다. 그저 왕의 시선에서 보이는 장면을 그렸을 수도 있죠. 왕은 「시녀들」을 집무실에 걸어놓고 자신이 본 그날의 장면을 회상하며 재미있어 했을 것입니다.

앞에서 소개했듯이 「시녀들」에는 재미있는 스토리가 있습니다. 벨라스케스가 왕과 왕비의 초상화를 그리고 있는데, 마르가리타 공주와 일행이 등장하고, 또 시녀들이 칭얼대는 공주를 달래는 재미있는 장면이 연출된 것입니다. 그 스토리가 힘이 되어 철학자들이 거기에다가 '주체가 없는 표상'이니 '응시의 함정'이니 하는 뜬금없는 해석을 붙이면서 세계적인 명화가 된 것일 수도 있습니다.

중요한 것은 해석에는 끝이 없다는 것입니다. 벨라스케스의 「시녀들」에 대한 다양한 철학적 해석이 계속 나타날 것이고, 가우디의 성당에 대한 다양한 평가도 계속될 것입니다. 그러고 보면 결국 남는 것은 의미에 대한 해석일 뿐, 원래 작가의 의도는 아닐 수 있습니다.

나는 이 여행에서 벨라스케스의 「시녀들」과 가우디의 성당을 볼 계획이었습니다. 그런데 비행기 연착으로 「시녀들」은 보지 못하고 가우디의 성당만 볼 수 있었습니다. 벨라스케스의 「시녀들」은 보지 못해서 아쉬웠고, 가우디 성당은 보아서 실망했습니다.

그런데 돌이켜 생각해 보면, 벨라스케스의 「시녀들」을 보지 못한 것이 다행이라는 생각이 들었습니다. 그림을 보면 나는 어떤 방식으로든 해석을 하게 될 것이고, 그러면 다른 다양한 해석에 대한 가능성을 닫아버리게 될 것이기 때문입니다. 차라리 벨라스케스의 「시녀들」에 대한 해석을 열어두게 된 것이 오히려 잘된 일이라는 생각도 들었습니다. 이렇게라도 이 그림을 못 본 나를 위로해야 마음이 편할 것 같습니다.

내가 배틀그라운드에
빠져 있는 이유

(feat. 플라톤, 니체, 보드리야르)

오랜만에 동창회에 가는 아내가 옷장을 열면서 한마디 합니다. "입을 옷이 하나도 없어." 옆에서 그것을 보고 있던 남편은 이해가 안 됩니다. 옷장에 옷이 한가득인데 왜 입을 옷이 없다고 하는 것일까요? 혼자 궁금해하면 되는데 눈치 없는 남편이 대꾸를 합니다. "저건 옷 아냐?" 해서는 안 될 말을 한 것이죠. 그러자 아내의 날카로운 시선이 남편에게 떨어집니다. 그제서야 남편은 무언가 잘못되었다는 것을 깨닫습니다.

그런데 왜 이런 일이 벌어진 것일까요? 그것은 남편이 프랑스 철학자 장 보드리야르의 시뮬라크르 개념을 몰랐기 때문입니다. 아마 남편이 시뮬라크르 개념을 알았다면, 옷장 속에 저 많은 옷들이 왜 못 입는 옷인지를 알았을 것입니다. 이번에는 이런 눈치 없는 사람들을 위한 이야기입니다.

**

플라톤의 『국가』에 이런 이야기가 나옵니다. 죄수들이 동굴 안에 갇혀 있습니다. 죄수들은 사지가 묶여서 뒤를 돌아볼 수조차 없는데요. 죄수들의 뒤에는 횃불이 있고 그 앞에는 높은 담이 있습니다. 담 뒤에는 사물이나 동물의 모형이 있습니다. 묶여 있는 죄수들은 횃불에 의해서 생긴 모형의 그림자만 볼 수 있습니다. 태어날 때부터 이 동굴 안에 묶여 있었기 때문에 자신들이 보는 것이 그림자인 줄도 모릅니다.

그러던 어느 날 죄수 한 명이 사슬에서 풀려나서 동굴 밖으로 나갑니다. 동굴 밖으로 난생처음 나간 죄수는 처음엔 눈이 부셔서 아무것도 볼 수 없었어요. 나중에 차츰 빛에 익숙해지면서 사물들을 직접 볼 수 있게 됩니다. 이제 이 죄수는 여태까지 자신이 동굴 속에서 본 것들은 진짜 사물과 동물이 아니라는 것을 깨닫게 됩니다.

플라톤에 따르면 동굴 안은 현실세계이고, 동굴 밖은 이데아의 세계입니다. 동굴 안은 인간의 감각으로 경험하는 가시계(visible world)이고, 동굴 밖은 인간의 이성으로 인지하는 가지계(intelligible world)입니다. 플라톤은 감각으로 경험하는 현실세계는 가짜이고, 이성으로 인지하는 이데아의 세계가 진짜라고 합니다. 이것이 바로 플라톤의 이원론입니다.

**

플라톤의 이원론은 중세에 들어와 기독교 세계관과 딱 맞아떨어집니다. 이제 이데아의 세계는 하느님의 나라가 되고, 현실세계는 인간의 나라가 됩니

플라톤의 『국가』에는 동굴의 비유가 나옵니다. 동굴 속의 죄수들은 손발이 묶여 뒤도 돌아보지 못하고 앞에 있는 그림자만 보고 삽니다. 우리가 바로 죄수들이고, 우리가 보는 세계는 그림자의 세계에 불과하다는 것입니다. 어느 날 죄수 한 명이 동굴 밖으로 나와 밝은 세계를 봅니다. 그리고 다시 동굴로 들어가 다른 죄수들에게 밝은 세계에 대해서 말하죠. 하지만 다른 죄수들은 "그런 게 어디 있냐?"며 비웃을 뿐이에요. 그 밝은 세계를 본 사람이 바로 플라톤의 스승인 소크라테스입니다.

다. 하느님의 나라가 진짜이고, 인간의 나라는 가짜라는 말이죠. 그래서 어떤 사람들은 플라톤의 '좋음'의 이데아, 즉 GOOD의 이데아를 기독교에서 O를 하나 빼고 GOD이라고 부른 것이라고 농담처럼 말하기도 합니다.

플라톤에게 현실세계는 중요하지 않습니다. 현실세계는 가짜이기 때문이죠. 현실세계는 잠시 거쳐가는 간이역일 뿐, 최종 종착역은 이데아의 세계, 하느님의 나라입니다. 하느님의 나라로 갈 생각을 하면서 이 현실세계에서 고통을 참아낼 수 있게 됩니다.

니체는 이것이 마음에 들지 않았습니다. 니체에게 중요한 것은 바로 이 현실세계였습니다. 그래서 이데아의 세계를 없애기로 마음을 먹습니다. 그러기 위해서 니체는 신을 죽이기로 결심합니다. 니체는 차라투스트라의 입을 빌려 이렇게 말합니다.

"신은 어디에 있지?"
그는 부르짖었다.
나 너희에게 말하고 싶다!
우리가 신을 죽여버렸다. 너희와 내가!
우리 모두는 신을 죽인 자들이다!
그러나 우리는 어떻게 이러한 일을 해내었단 말인가?
어떻게 우리가 바닷물을 다 마셔버릴 수 있었단 말인가?
누가 우리에게 지평선 전체를 닦아버릴 수 있는 스펀지를 주었단 말인가?

··· 신은 죽었다.

신은 죽어 있다!

니체는 신을 죽이는 것을 지평선을 지워버리는 것에 비유하고 있습니다. 지평선은 하늘과 땅의 경계, 하느님의 나라와 인간 나라의 경계, 이데아의 세계와 현실세계의 경계, 진짜와 가짜의 경계를 말합니다. 이렇게 해서 니체는 현대 철학의 문을 활짝 열었습니다.

**

이데아의 세계를 없애버리자, 이제 현실의 세계만 남게 되었습니다. 현실세계가 진짜 세계가 된 것입니다. 그런데 이렇게 되자 현실세계에서 또다시 가짜 세계가 생겨납니다. 그 가짜 세계는 바로 이미지의 세계입니다. 이렇게 생겨난 이미지는 현실을 왜곡하기 시작합니다.

예를 들어 우리는 많은 정치인을 알고 있습니다. 하지만 사실 우리가 알고 있는 정치인은 진짜 그 사람이 아닙니다. 우리는 그 정치인이 어떤 사람인지 알지 못합니다. 우리가 아는 것은 정치인의 이미지일 뿐입니다. 정치인뿐만이 아니죠. 우리가 안다고 생각하는 연예인이나 스포츠 스타, 사실우리가 아는 것은 그 사람의 이미지이지 그 사람 자체는 아닙니다. 우리는이미지를 그 사람으로 착각하고 있습니다.

사람뿐만이 아닙니다. 우리는 디즈니랜드에 대한 이미지를 가지고 있습니다. 하지만 실제로 디즈니랜드에는 아무것도 없습니다. 거기에는 피터팬도 없고, 미키마우스도 없고, 잠자는 숲속의 공주 오로라도 없습니다. 피터 팬과 미키마우스와 오로라 공주를 코스프레를 하고 있는 직원들이 있을 뿐입니다. 디즈니랜드에는 디즈니랜드의 이미지만 있는 것입니다.

우리가 보는 전쟁도 마찬가지입니다. 우리가 보는 우크라이나 전쟁은 진짜 전쟁이 아닙니다. 우리에게 우크라이나 전쟁은 화면 속의 시뮬레이션 게임일 뿐입니다. 현실에서 전쟁은 피가 튀고 살점이 날리는 참혹한 사건이지만, 화면에 보이는 이미지는 승패가 걸린 게임일 뿐입니다.

이미지는 이처럼 현실을 왜곡하다가 나중에는 현실을 부정하기 시작합니다. 현실을 지워버리기 시작하는 것이죠. 정치인, 연예인, 스포츠 스타는 자신의 진짜 모습을 감추기 시작합니다.

정치인은 표를 더 얻기 위해서, 연예인은 광고 수입을 올리기 위해서, 스포츠 스타는 몸값을 올리기 위해서 이미지를 관리하고 자신의 진짜 모습을 감춥니다. 디즈니랜드는 기업가치를 올리기 위해서 재무구조를 감추고 이미지만을 부각합니다. 언론은 우크라이나 전쟁터의 공포와 비애보다는 지대함 미사일에 침몰되는 러시아 함대를 보여줍니다. 이미지가 현실을 왜곡하다가 급기야는 현실을 부정하기 시작합니다.

이것은 마치 동창생 영희가 성형수술을 하면서 현실을 왜곡하다가, 급기야는 자기가 동창생 영희가 아니라고 부정하는 것과 같습니다. 이미지가 원본을 지우고, 이제는 자기가 원본이라고 우깁니다. 가짜가 진짜 행세를 하기 시작합니다. 이제 진짜는 필요없습니다. 동창생 영희는 필요없습니다. 성형수술을 하고 예뻐진 영희만 있으면 됩니다. 왜냐하면 이미지가 현실보다 더 현실 같기 때문입니다.

**

이제 이미지는 하나의 기호가 됩니다. 디즈니랜드는 환상의 기호가 되고, 할리우드는 화려함의 기호가 되고, 마릴린 먼로는 섹시의 기호가 되고, 스타벅스는 세련됨의 기호가 되고, 나이키는 도전의 기호가 됩니다. 그리고 5분 뚝딱 철학은 철학의 기호가 됩니다(나의 바람입니다).

　이제 자본주의는 기호가 돈이 된다는 것을 깨닫습니다. 그리고 기호에다가 엄청난 가격을 매기기 시작합니다. 예전에는 상품의 가격은 생산하는 데 투입한 노동량에 따라 결정된다거나, 수요곡선과 공급곡선이 균형을 이루면서 결정된다고 했지만, 이제 그런 이론은 헛소리가 되었습니다. 상품의 가격을 기호적 가치가 결정하게 되었습니다. 사람들이 소비하는 것은 상품이 아니라 기호이기 때문입니다. 그래서 사람들이 수백만 원짜리 가방을 들고, 수천만 원짜리 시계를 차며, 수억 원짜리 차를 타고 다니는 것입니다. 그것들이 부를 나타내는 기호이기 때문입니다.

　부자들은 부자임을 보여주기 위해서 루이비통이라는 기호를 사고, 가난한 사람들은 가난함을 숨기기 위해서 또 루이비통이라는 기호를 삽니다. 개나 소나 루이비통이라는 기호를 들고 다니자, 부자들은 이제 더 비싼 에르메스라는 기호를 사고, 가난한 사람들은 가난함을 숨기기 위해서 에르메스라는 기호를 사려고 아등바등합니다. 끝없는 기호 경쟁, 이것이 바로 자본주의를 굴러가게 만드는 동력입니다.

시뮬라크르는 원본을 복사한 이미지를 의미합니다. 그런데 현대 사회에서는 이미지가 원본보다 더 진짜가 되어 버렸습니다. 그래서 시뮬라크르는 한마디로 진짜보다 더 진짜 같은 가짜라는 말입니다. 보드리야르는 현대 사회가 시뮬라크르의 세계라고 합니다. 현대 사회에서 사람들은 상품이 아닌 상품의 이미지, 상품의 기호를 소비하기 때문입니다. 플라톤의 동굴의 비유를 예로 든다면, 현대 사회에서는 동굴 속 그림자의 세계가 동굴 밖의 밝은 세계보다 더 진짜 같은 세계가 되어버린 것입니다.

이제 남편은 깨닫습니다. 왜 아내가 옷장에 옷이 하나도 없다고 말하는지 알아챕니다. 그 많은 옷들이 옷으로서의 기능은 충분하지만, 기호 가치가 없는 것이라는 말이었습니다. 현대에는 기호가 바로 자신의 정체성을 규정하기 때문입니다.

데카르트는 "나는 생각한다. 고로 존재한다"라고 했습니다. 생각이 나의 정체성을 규정한다는 말이죠. 하지만 보드리야르는 이렇게 말합니다. "나는 소비한다. 고로 존재한다(I shop. Therefore I am)." 무엇을 사느냐가 나의 정체성을 규정한다는 것입니다. 아내는 자신의 옷장에서 자신의 정체성을 찾을 수 없었던 것입니다.

＊＊

이미지와 기호는 현실을 왜곡하고 현실을 부정합니다. 나중에는 현실이 없어지고 이미지와 기호만이 남게 되죠. 그러면 이미지와 기호는 현실보다 더 현실적인 것이 됩니다. 보드리야르는 이러한 이미지와 기호를 '시뮬라크르'라고 합니다. 영화 「매트릭스」에서 주인공 네오(키아누 리브스)가 들고 있는 책이 바로 보드리야르의 『시뮬라크르와 시뮬라시옹』입니다.

시뮬라크르의 세계는 매트릭스의 세계와 닮았습니다. 매트릭스의 세계가 가짜이지만 진짜처럼 보이는 것처럼, 시뮬라크르 세계도 가짜이지만 진짜처럼 보입니다. 그런 의미에서 시뮬라크르 세계는 가상의 세계라고 할 수 있습니다.

*
**

오늘도 나는 온라인 멀티플레이어 전투 로얄 게임인 배틀그라운드에 접속합니다. 이번에는 리빅으로 갈 것입니다. 리빅은 52명의 전사들이 자유 낙하를 하여 한 명이 남을 때까지 싸워야 하는 전쟁터입니다.

체력이 약한 나는 접전 지역이 아닌 아이스버그라는 외곽에 있는 성당으로 떨어집니다. 떨어지자마자 빨리 총을 잡아야 합니다. 언제 적이 나타날지 모르기 때문이죠. 내가 좋아하는 총으로는 DP가 있습니다. 묵직하고 장전도 많이 되어 장거리 교전을 할 때 좋습니다. 나는 근접전에서는 P90을 사용합니다. 드디어 나는 모든 적을 죽이고 혼자 살아남았습니다. 오늘밤 최고의 전사가 된 것입니다.

보드리야르는 배틀그라운드를 하는 나에게 이렇게 물을 수 있습니다. 왜 현실세계를 도외시하고, 그런 가상의 세계에서 시간을 낭비하냐고 말입니다. 그러면 나는 보드리야르에게 이런 이야기를 들려줄 것입니다.

20세기 미국의 분석철학자 힐러리 퍼트넘은 이런 사고실험을 제시했습니다. 우리가 사실은 통 속의 뇌일 뿐이고, 이 세계는 통 속의 뇌에 연결된 컴퓨터가 주는 신호로 만들어진 가상의 세계일 수 있다는 것입니다. 이것이 바로 그 유명한 '통 속의 뇌(Brain in a Vat)' 사고실험입니다.

통 속의 뇌 사고실험에 대해서 호주의 철학자 데이비드 차머스는 이렇게 말합니다. "우리가 살고 있는 이 세계가 가상세계일 수 있다. 그래서 뭐 어쩌라고?" 세계가 가상의 세계라고 해도 달라지는 것은 아무것도 없다는 거죠. 생각해 보세요. 영화 「매트릭스」의 주인공 네오가 "이것은 손이다"라고 주장했다고 합시다. 그런데 이 주장이 틀렸나요? 아니죠. 이때 네오의 "이것은 손이다"라는 주장은 매트릭스 속의 손이라는 말이에요. 그러니 틀린 말은 아닙니다.

그래서 나는 보드리야르에게 이렇게 말할 것입니다. "오늘밤 내가 리빅에서 최고의 전사가 되었다는 것은 틀림없는 사실이다. 리빅이 가상의 세계라고? 상관없다. 그래서 어쩌라고?" 설령 가상의 세계라고 해도 내가 최고의 전사가 되었다는 사실에는 변함이 없다고 말이죠. 왜냐하면 우리가 살고 있는 세계는 어차피 기호의 세계, 가상의 세계이니까요.

세상을 놀이터로 본 보모

(feat. 발터 벤야민, 비비안 마이어)

2007년 존 말루프라는 청년이 경매장에서 필름과 사진이 든 박스를 400달러에 샀습니다. 그리고 그 박스를 창고에 처박아 두었죠. 그렇게 2년 가까이 잊고 있다가 어느 날, 사진을 한 장 꺼내 보니까 꽤 괜찮아 보였습니다. 말루프는 사진 몇 장을 자신의 블로그에 올렸습니다. 그런데 이 사진들에 대한 반응이 굉장했습니다. 그때서야 존 말루프는 부랴부랴 그 사진들을 찍은 비비안 마이어가 누구인지 찾아보았습니다. 하지만 비비안 마이어는 전문적인 사진작가가 아니었기에 그녀가 누구인지 알 수 없었죠.

그러던 어느 날 존 말루프는 신문에서 비비안 마이어의 부고를 발견합니다. 그녀가 살았던 집을 찾아가고, 그녀가 찍은 사진들을 모으기 시작했습니다. 그리고 시카고에서 비비안 마이어의 사진전을 열었죠. 이 사진전은 대단한 관심과 인기를 끌었고, 언론은 이 무명작가에게 찬사를 보냈습니다. 베일에 쌓여 있던 비비안 마이어의 삶이 조금씩 드러나기 시작했습니다.

비비안 마이어는 1926년 뉴욕에서 태어났습니다. 그녀는 결혼을 하지 않았고 가족도 없었고 친구도 없었습니다. 평생 보모 일을 하며 혼자 살았습니다.

비비안 마이어는 병적으로 물건을 모았습니다. 그녀가 찍은 필름과 사진들은 몇 박스나 되었고, 티켓, 신문, 병따개, 옷 등 별의별 물건들을 수집했습니다. 수집한 물건들이 많아지자 창고를 임대하여 쌓아 놓았는데, 생활고로 임대료를 내지 못하자 경매로 나왔던 것이죠.

비비안 마이어는 보모로 일하면서 시간이 생기면 뉴욕과 시카고의 거리를 돌아다니며 사진을 찍었습니다. 그녀가 사용한 카메라는 독일제 롤라이플렉스입니다. 깡통 모양의 이 카메라를 목에 걸고, 위에서 내려다보며 사진을 찍었습니다. 거의 100년 전 카메라인데 지금 봐도 상당히 세련되고 멋있어 보입니다. 카메라를 매고 걸어 다니는 비비안 마이어에게 거리는 아름다운 장면들의 보고였을 것입니다. 아름다운 장면이 눈에 들어오면 그 순간을 포착해서 사진을 찍었습니다.

비비안 마이어는 말이 없고 무뚝뚝하며 냉소적인 사람이었습니다. 사람들과도 별로 가까이 하지 않았죠. 그런 그녀가 누구에게 보여주기 위해서 사진을 찍은 것 같지는 않습니다. 물론 사진을 공개할 생각도 했지만 주저하다가 포기했습니다.

말년에는 거의 노숙자로 살았습니다. 창고 임대료를 낼 수 없었죠. 그

비비안 마이어는 카메라를 든 메리 포핀스입니다. 평생 보모로 일하며 틈이 날 때마다 카메라를 들고 거리로 나섰습니다. 아름다운 장면이 포착되면 카메라의 셔터를 눌렀습니다. 그렇게 15만 장의 사진을 찍었습니다. 하지만 자신의 사진을 누구에게도 보여주지 않았습니다.

2022년 그녀의 사진을 볼 기회가 있었습니다. 서울에서 비비안 마이어의 사진전이 열린 것입니다. 나는 사진 찍기를 좋아하지는 않지만, 그날만큼은 비비안 마이어의 사진 속에 제 얼굴을 넣고 싶었습니다. 그래서 가운데 거울 앞에서 한 장 찰칵 했습니다.

래서 창고가 통째로 경매에 나오고 존 말루프가 헐값에 사게 된 것입니다. 2009년 비비안 마이어는 생전에 자신이 찍은 사진을 보지도 못한 채 쓸쓸히 생을 마감했습니다.

비비안 마이어는 일생 동안 15만 장의 사진을 찍었습니다. 15만 장을 찍으려면 매일 100장씩 40년 이상을 찍어야 합니다. 필름 값이 비쌌기 때문에, 요즘 디지털 카메라로 찍는 것처럼 마구잡이로 찍을 수 없었습니다. 한 장면을 찍고 나면 다음 장소로 이동을 해야 했죠.

그녀는 사진을 찍기 위해서 사람들에게 어떤 포즈를 요구하지도 않았습니다. 그냥 자신이 원하는 순간이 포착되면 바로 찍었습니다. 비비안 마이어는 셀카의 원조입니다. 거울 앞에서 자신을 찍거나 자신의 그림자를 찍기도 했습니다. 하지만 그 사진의 주인공은 비비안 마이어가 아닙니다. 그녀는 자신의 작품 속 일종의 소품이었을 뿐입니다.

비비안 마이어는 왜 그토록 사진에 집착했을까요? 그녀에게 사진은 어떤 의미가 있었을까요?

＊
＊＊

사진 철학에 대한 이야기를 하기 전에 먼저 발터 벤야민에 대해서 봅시다. 벤야민은 20세기에 활동한 독일의 철학자이자 문예비평가입니다. 부유한 집안에서 태어났지만 평생을 가난과 질병에 시달려야 했죠. 유대인이었던 벤야민은 나치의 박해를 피해 파리로 망명했는데, 파리마저 나치에게 점령당하자 도피를 하다가 포르투갈에서 자살로 생애를 마감했습니다.

벤야민의 「기술복제시대의 예술작품」이라는 논문은 현대 미학에 결정적 영향을 미쳤습니다. 그에 동의하든 동의하지 않든 간에, 어쨌든 벤야민을 말하지 않고서는 현대 미학을 말할 수 없습니다. 벤야민은 이 논문에서 아우라에 대해 이야기를 합니다.

아우라, 많이 들어본 말이죠? 아우라(Aura)의 어원은 고대 그리스어의 '호흡, 숨결(αὔρα)'이라는 말에서 유래했습니다. 우리는 어떤 사람이나 물건에 영적 분위기, 신비스러운 분위기, 범접할 수 없는 분위기가 있을 때 아우라가 있다고 합니다.

고대인들에게 최초의 아우라적 경험은 신전의 경험이었을 것입니다. 신전에 신을 형상화한 우상을 만들어 놓고 그 앞에서 제식을 했습니다.

고대 신전의 아우라는 중세에 들어 기독교 하느님의 아우라로 건너오게 됩니다. 고대인들의 신전에서 풍기던 아우라가 기독교 성당에서 재현된 것이죠. 이제 사람들은 웅장한 성당과 성스러운 그림에서 하느님의 아우라적 경험을 했을 것입니다.

그런데 근대로 오면서 신은 죽습니다. 이제 신전과 성당에는 아우라가 없습니다. 그렇다고 해서 아우라 자체가 사라진 것은 아닙니다. 아우라는 예술작품으로 건너오게 됩니다. 이제 사람들은 레오나르도 다빈치의 「모나리자」의 미소에서, 미켈란젤로의 「피에타」에서, 가우디의 사그라다 파밀리아 대성당에서 아우라적 경험을 합니다.

우리는 왜 이런 아우라적 경험을 할까요? 벤야민은 아우라를 경험하는 세 가지 조건에 대해 이렇게 말합니다.

첫째, 물질성입니다. 대상이 물질로 있어야 사람들이 아우라적 경험을 하게 됩니다. 고대의 신전, 중세의 교회, 근대의 예술작품들은 추상적인 개념이 아니고 물질로 이루어진 것들이죠.

둘째, 유일무이한 원본성입니다. 유일무이한 원본이 있어야 사람들이 아우라적 경험을 하게 됩니다. 레오나르도 다빈치의 「모나리자」는 전 세계에 하나밖에 없고, 미켈란젤로의 조각 「피에타」도 하나밖에 없으며, 가우디의 사그라다 파밀리아 대성당도 하나밖에 없습니다. 사람들은 세상에 단 하나밖에 없는 원본을 보면서 아우라적 경험을 합니다.

셋째, 시간-공간적 일회성입니다. 우리가 경험하는 아우라는 바로 지금-여기에서만 경험하는 단 한 번의 것입니다. 지금-여기의 아우라적 경험은 결코 다른 시간, 다른 장소에서 경험될 수 없는 것입니다.

그런데 19세기에 아우라적 경험의 세 가지 조건인 물질성, 원본성, 시간-공간적 일회성을 모두 파괴하는 매체가 등장했습니다. 그것은 바로 사진입니다.

첫째, 사진에는 물질성이 없습니다. 사진은 물질을 찍지만 남는 것은 이미지일 뿐 그 물질 자체는 아닙니다. 루브르 박물관에 있는 「모나리자」는 물질이지만 그것을 찍은 사진은 이미지일 뿐이죠. 사진은 물질성을 없앰으로써 예술작품의 아우라를 파괴해 버린 것입니다.

둘째, 사진에는 원본도 없습니다. 사진은 한 번 찍으면 수십 장을 인화할 수 있고, 디지털 사진의 경우에는 수없이 복제할 수 있습니다.

셋째, 사진에는 시간-공간적 일회성이 없습니다. 파리의 루브르 박물관에 가서 「모나리자」를 감상한다면, 그때의 아우라적 경험은 그때 거기에서만 경험할 수 있는 것입니다. 하지만 사진에는 그러한 시간-공간적 일회성이 없습니다. 사진은 언제 어디서나 꺼내볼 수 있으니까요.

결론적으로 벤야민은 「기술복제시대의 예술작품」이라는 논문에서 사진기술이 등장함으로써 예술작품이 가지는 아우라가 파괴되었다고 합니다.

✳✳

회화를 볼 때의 아우라적 경험과 사진을 볼 때의 경험은 다릅니다. 두 가지점에서 대비할 수 있는데요.

첫 번째 대비되는 점은 심리적 거리의 문제입니다. 회화를 볼 때, 우리는 그것이 아무리 가까이 있어도 멀리 있는 것 같은 경험을 합니다. 루브르박물관에 가서 「모나리자」를 눈앞에서 본다고 하더라도 심리적으로는 감히 가까이 갈 수 없습니다.

하지만 사진을 볼 때에는 그 반대입니다. 사진을 볼 때, 우리는 그것이 아무리 멀리 있어도 가까이 있는 것 같은 경험을 합니다. 남아프리카의 사진기자 케빈 카터가 1993년 찍은 「수단의 굶주린 소녀」라는 사진은 수단 내전으로 인한 굶주림과 기근을 보여주는 것으로, 그해 『뉴욕타임스』 등 세계 각지의 매체에 실렸으며 이듬해 퓰리처상을 수상했습니다.

사진을 보면, 뼈가 앙상한 어린아이가 굶주림에 지쳐 엎드린 채 죽어가고 있고, 몇 미터 옆에 독수리가 날개를 접은 채 앉아 어린 소녀가 죽기를 기다리고 있습니다.

사진의 특징은 물리적으로 아무리 멀리 있어도 가깝게 느껴진다는 것입니다. 우리는 얼른 달려가서 독수리를 쫓아내고 어린 소녀를 구하고 싶은 생각이 듭니다. 사진을 보는 경험은 심리적으로 아주 가까운 경험이기 때문입니다. 이런 말도 있습니다. "회화는 사람들로 하여금 꿈을 꾸게 만들지만, 사진은 사람이 그 꿈에서 깨어나게 만든다."

회화를 볼 때의 아우라적 경험과 사진을 볼 때의 경험이 대비되는 두 번째 이유는 시각의 문제입니다. 고대 신전에 있는 우상은 사람들이 보라고 만든 것이 아닙니다. 그 반대이죠. 신이 우상을 통해서 사람들을 보라고 만든 것입니다. 그래서 사람들은 우상을 통해서 자신이 신에게 보여진다고 생각했습니다. 눈으로는 우상을 보지만, 심리적으로는 우상으로부터 보여진다는 것입니다.

만화 애니메이션 「플랜더스의 개」는 주인공 소년 네로와 그의 개 파트라슈의 이야기입니다. 네로는 어머니가 돌아가시고 할아버지와 가난하지만 행복하게 살고 있었는데, 버려진 개 파트라슈를 데려와 같이 살게 됩니다. 할아버지가 돌아가시고, 네로와 파트라슈는 극심한 가난에 시달리게 됩니다. 네로는 그림 그리기를 좋아하지만 억울하게 미술대회에서도 떨어집니다. 또한 성당에 있는 그림을 보고 싶었지만 볼 수 없었습니다. 성당에 들어가기 위해서는 돈을 내야 했기 때문이죠.

네로는 눈보라치던 크리스마스이브 날 밤, 문이 열린 성당 안에 들어가게 됩니다. 그리고 꿈에 그리던 그 그림을 보게 됩니다. 그림을 보고 감동한 네로는 이제는 죽어도 좋다는 생각을 합니다. 네로는 파트라슈를 끌어안은 채 밤새 있다가 추위와 배고픔에 죽게 됩니다.

이때 네로가 들어간 성당은 벨기에에 있는 안트베르펜 대성당이고, 네로가 본 그림은 루벤스의 「성모승천」입니다. 소년 네로가 경험한 것이 바로 아우라적 경험입니다.

루벤스의 「성모승천」

이때 네로는 루벤스의 그림을 본 것이 아닙니다. 아니, 물리적으로는 보았지만 심리적으로는 보여진 것입니다. 네로가 루벤스의 그림을 본 것이 아니라, 신이 루벤스의 그림을 통해서 네로를 본 것입니다. 그래서 네로는 신의 은총을 받았다고 생각하고, 이제는 죽어도 좋다고 생각했던 것입니다.

하지만 사진은 그 반대입니다. 우리는 「수단의 굶주린 소녀」 같은 사진들을 심리적으로 진짜로 봅니다. 그래서 사진 속에서 벌어지는 사건이 지금 여기에서 벌어지고 있는 것처럼 느끼는 것입니다.

＊
＊＊

사진은 예술인가, 기술인가에 대한 논란이 있습니다. 이에 대해 미국의 사진작가 피터 갈라시는 이렇게 말합니다. "사진은 과학이 미술의 문 앞에 버리고 간 사생아가 아니라 회화의 친자식이다." 사진이 회화 예술의 명맥을 이어받았다는 것이죠.

어떤 사진작가들은 사진을 회화처럼 찍습니다. 아름다운 장소를 찾아다니고, 사진이 찍히는 대상에게 다양한 포즈를 요구하며, 수십 장의 사진을 찍어대고, 그 중의 하나를 골라 뽀샵과 후보정을 통해서 몽환적 분위기를 만들어 냅니다. 그렇게 함으로써 회화 작품이 가진 아우라를 흉내내는 것입니다.

하지만 비비안 마이어는 그냥 길거리에서 사진을 찍을 수밖에 없었습니다. 사진이 찍히는 대상에게 포즈를 요구할 수 없었습니다. 한 장소에서 여러 장을 찍을 수도 없었죠. 필름 값이 부담스러웠으니까요. 뽀샵이나 후보정 같은 것도 없습니다. 당시에는 그런 기술이 가능하지도 않았죠.

한편, 비비안 마이어는 대상에게 포즈를 요구할 마음도 없었고, 한 장소에서 여러 장을 찍을 필요도 없었으며, 뽀샵이나 후보정도 필요하지 않았을 것 같습니다. 그녀는 사진을 누군가에게 보여주기 위해서 찍은 것이 아니기 때문입니다.

비비안 마이어가 사진을 찍은 이유는 그때-거기에서 펼쳐진 그 장면을 보았기 때문입니다. 아름다운 장면, 인상적인 장면, 생생한 장면을 보았기 때문에 그것을 기록으로 남기고 싶었던 것입니다.

비비안 마이어는 지금의 시각으로 보면 일종의 저장 강박증 환자였을 수도 있습니다. 철 지난 신문, 티켓, 병따개를 버리지 못하고 모았다는 것을 통해서 추측해 볼 수 있습니다.

비비안 마이어가 저장하고자 했던 것은 그때-거기의 자신이 본 바로 그 장면이었습니다. 왜냐하면 그녀는 자신의 눈앞에 펼쳐진 그 장면이 얼마나 아름답고 인상적인지 보였기 때문입니다. 그 장면을 버릴 수 없었던 것입니다.

벤야민은 사진을 "시간과 공간의 별난 직조물"이라고 합니다. 딱 한 순간 바로 그 장소에서 생겨난 것이라는 말입니다. 비비안 마이어는 1950년 대 바로 그 시간에서, 뉴욕의 거리 바로 그 장소에서 벌어진 아름다운 순간을 포착한 것입니다.

*
**

나는 젊었을 때 스쿠버 다이빙을 한 적이 있습니다. 주로 필리핀 카빌라오 섬에서 했습니다. 지금은 모르겠지만, 예전의 카빌라오 리조트는 말만 리조트이지, 밤에는 물도 잘 안 나오고, 수시로 정전이 되는 거의 열악한 필리핀 민박 수준이었습니다. 여기에서 하루에 4깡, 5깡씩 거의 전지훈련을 하듯이 다이빙을 했습니다.

그런데 어느 날 『내셔널 지오그래픽』 사진작가와 함께 야간 다이빙을 할 기회가 있었습니다. 다이빙을 마치고 그 작가가 보여준 사진들은 놀랍기 그지없었습니다. 희안한 열대어들은 물론이고, 문어가 게를 사냥하는 모습까지 카메라에 담겨 있었습니다. 야간 다이빙이라 나는 기껏해야 산호만 보고 나왔을 뿐인데, 그는 바닷속에서 펼쳐지는 온갖 진기한 장면들을 보았던 것입니다.

비비안 마이어도 마찬가지였을 것입니다. 그녀는 뉴욕과 시카고의 거리에서 보통 사람들이 보지 못하는 진기한 장면들을 보았습니다. 우리는 거리를 거닐면서 필요한 것만 봅니다. 배고픈 사람에게는 식당만 보이고, 명품을 좋아하는 사람에게는 가방만 보이죠. 그래서 우리는 거리를 걸으면서 아름다운 순간, 절묘한 순간을 보지 못합니다.

미국 거리 사진의 거장 게리 위노그랜드는 "나는 가끔 세상이, 거리가 내가 티켓을 사서 들어온 곳 같다. 카메라가 없었다면 일어나지 않았을 것 같은 세상은 내게 큰 공연이다"라고 말했습니다. 비비안 마이어에게 거리는 아름다운 장면으로 가득한 하나의 커다란 공연장이었던 것입니다.

어떤 사람들은 누군가에게 보여주기 위해서 사진을 찍습니다. 내가 얼마나 럭셔리한 휴양지에 왔는지, 얼마나 맛있는 음식을 먹는지, 내 차가 얼마나 비싼지 보여주려고 하죠. 이때 사람들은 타자의 시선을 의식합니다. 내가 보는 장면을 찍는 것이 아니라 타자가 볼 장면을 찍기 때문입니다. 마치 「플랜더스의 개」의 주인공 소년 네로가 신의 시선, 타자의 시선을 의식한 것처럼, 타자의 시선으로 세상을 보는 것입니다.

비비안 마이어는 타자의 시선이 아니라 자신의 시선으로 세상을 보았습니다. 그래서 그녀의 사진을 보면, 내가 마치 1950년대 뉴욕의 거리, 시카고의 거리에 서 있는 것 같은 착각을 하게 됩니다. 그러고 보면 비비안 마이어에게 세상은 티켓을 끊고 들어온 놀이터였던 것입니다.

무엇이든 괜찮다,
과학이든 무속이든

(feat. 핸슨, 토머스 쿤, 파이어아벤트)

21세기는 과학의 시대입니다. 예전에는 철학자들이 다루던 많은 문제들을 이제는 과학자들이 다루고 있습니다. 예컨대 고대 철학자들이 말하던 아르케(Arche)를 찾기 위해서 현대의 과학자들은 입자 가속기를 돌리고, 근대 철학자들이 말하던 정신을 규명하기 위해서 현대의 과학자들은 뇌 CT를 찍습니다. 이제 과학에게 많은 영역을 빼앗긴 철학이 할 일은 이전처럼 많지 않습니다. 그러자 철학은 새로운 임무를 자임하며 돌파구를 찾습니다. 그것은 전통적인 철학적 문제에 천착하는 것이 아니라 과학적 지식 자체를 문제삼는 것입니다.

이제 철학은 묻습니다. '과학적 방법론은 진리를 찾는 데 적합한가?' 간단히 말해서 '과학적 지식은 믿을 만한가?' 이 질문에 대한 두 가지 입장이 있습니다.

먼저 과학적 지식은 객관적이고 절대적이라는 과학주의적 입장입니다. 슐리크, 카르납과 같은 논리실증주의자들과 칼 포퍼가 이러한 입장입니다. 반면에 과학적 지식은 주관적이고 상대적이라는 반과학주의적 입장이 있습니다. 핸슨, 토머스 쿤, 파이어아벤트가 이러한 입장입니다.

*
**

미국의 과학철학자 노우드 러셀 핸슨의 이야기를 하기 전에 그림을 한 장 보죠. 이 그림이 무엇을 그린 것 같나요? 오리 같기도 하고 토끼 같기도 하죠. 이 그림은 보는 방향에 따라 달리 보여요. 이것이 오른쪽을 보고 있다고 생각하면 토끼로 보이고, 왼쪽을 보고 있다고 생각하면 오리로 보입니다. 어느 방향을 보고 있다고 생각하느냐에 따라서 달리 보이는 것입니다.

우리가 자연현상을 관찰할 때에도 마찬가지입니다. 진화론자들은 어떤 자연현상을 보고 그것이 진화론의 증거라고 말하고, 창조론자들은 똑같은 자연현상을 보고 그것이 창조론의 증거라고 합니다. 정치현상, 사회현상 모두 마찬가지입니다.

핸슨은 과학도 마찬가지라고 합니다. 과학자들은 하나의 가설을 세우고 실험과 관찰을 합니다. 그런 후 그 가설이 반증되면 폐기하고, 입증되면 이론으로 만들죠. 그런데 핸슨은 과학자들의 실험과 관찰이 객관적이지 않다고 합니다. 과학자들은 자신이 믿고 싶어하는 이론이 있고, 그 이론이 입증

될 수 있도록 실험과 관찰을 왜곡한다는 것입니다.

교통사고 영상을 10명의 실험 참가자들에게 보여준 후 "추돌사고에서 자동차의 속도는 얼마였던 것 같나요?"라고 물었습니다. 사람들은 대략 시속 50킬로미터 정도였던 것 같다고 대답했습니다.

이번에는 같은 영상을 또 다른 10명에게 보여주고는 "운전자가 사망한 이 추돌사고에서 자동차의 속도는 얼마였던 것 같나요?"라고 물었습니다. 그랬더니 대략 시속 60킬로미터 정도였던 것 같다고 대답했습니다. 즉, 운전자가 죽었다는 정보를 들은 사람들은 자신이 본 영상 속의 차량 속도가 더 높았던 것으로 관찰한 것입니다. 이것을 '관찰의 이론 의존성'이라고 합니다.

과학자가 입증하고 싶어하는 이론이 있고 그 이론에 맞추어 관찰을 한다는 것이죠. 조금 과장해서 말하면 인간은 자기가 보고 싶은 것만 봅니다. 과학자들도 예외가 아니죠. 이렇게 보면 과학적 지식은 주관적이고 상대적이라고 할 수 있습니다.

* *

물리학자였던 토머스 쿤은 과학사 강의를 준비하면서 아리스토텔레스의 자연철학 책을 읽었는데, 도저히 이해가 안 되는 점이 있었습니다.

아리스토텔레스의 철학은 2,500년이 지난 지금 보아도 놀라울 정도로 탁월한데, 그의 자연철학은 도저히 납득이 안 될 정도로 유치했습니다. 예컨대 아리스토텔레스는 물질은 물, 불, 흙, 공기의 사원소로 이루어져 있다고 보았는데요. 불과 공기의 고향은 하늘이고, 물과 흙의 고향은 땅이라고 합니다. 돌이 땅에 떨어지는 이유는 구성 성분인 물과 흙의 고향이 땅이기 때문이라고 합니다. 돌이 고향으로 가고 싶어하기 때문에 땅에 떨어진다는 것이죠. 어이없죠? 그런데 이러한 아리스토텔레스의 설명은 2천여 년 이상을 버텼어요. 사람들은 왜 이렇게 어이없는 설명을 그 오랜 시간 동안 믿었을까요?

쿤이 좀더 연구를 해 보니 왜 그런지 이해가 되었습니다. 쿤은 패러다임 개념을 제시합니다. 패러다임이란 한 시대의 과학자들이 공통적으로 받아들이는 인식, 이론, 가치관 등을 말합니다. 간단히 말해서 과학자들이 자연 현상을 바라보는 관점이라는 것이죠.

아리스토텔레스 시대의 패러다임에서 보면, 돌이 고향으로 가기 위해서 땅에 떨어진다는 설명이 그럴듯해 보입니다. 생각해 보세요. 돌이 고향에 가고 싶어한다는 표현은 물질이 원래 속해 있었던 자리로 가려는 성질이 있다는 말이잖아요. 다른 말로 하면 물질이 물질을 잡아당긴다는 말입니다. 이게 바로 뉴턴이 말하는 중력이랑 뭐가 달라요?

쿤에 따르면, 아리스토텔레스의 설명이 유치해 보이는 이유는 우리가 그 시대의 패러다임 속에 있지 않기 때문입니다. 패러다임은 이처럼 시대에 따라 달라져 왔습니다. 아리스토텔레스의 패러다임에서 뉴턴의 패러다임으로, 다시 아인슈타인의 패러다임으로 변모해 온 것이죠. 그리고 우리는 지금 양자역학의 패러다임 속에 살고 있습니다.

그런데 기존의 패러다임은 어떤 이유로 새로운 패러다임으로 전환되는

1927년 벨기에 솔베이에서 열린 물리학 컨퍼런스 사진입니다. 앞줄 왼쪽 세 번째부터 퀴리 부인, 로렌츠, 아인슈타인 등 원로 물리학자들이 앉아 있습니다. 뒷줄에는 신진 물리학자들이 서 있습니다.

뒷줄 오른쪽의 세 번째 사람이 하이젠베르크입니다. 당시 컨퍼런스에서 아인슈타인과 하이젠베르크가 양자역학에 관한 치열한 논쟁을 벌였습니다. 아인슈타인은 양자역학에 반대했습니다. 당시에 하이젠베르크는 힘과 권위를 가진 아인슈타인을 이길 수 없었습니다. 하지만 세월이 지나서 패러다임이 바뀌었습니다. 지금은 하이젠베르크의 양자역학 패러다임의 시대라고 할 수 있습니다.

것일까요?

쿤에 따르면, 패러다임이 전환되는 이유는 새로운 패러다임이 더 합리적이기 때문이 아닙니다. 패러다임의 전환은 과학자들의 정치적, 심리적, 주관적 요인의 영향을 받습니다. 새로운 유행이 나타나는 데에 어떤 합리적 이유가 없는 것처럼, 새로운 패러다임이 등장하는 데에도 합리적 이유가 없습니다. 과학이나 패션이나 똑같다는 것입니다. 이렇게 보면 과학적 지식은 주관적이고 상대적이라고 할 수 있습니다.

**

이번에는 오스트리아의 과학철학자 파울 파이어아벤트의 입장을 봅시다. 아리스토텔레스 이후에 2천여 년 동안 사람들은 태양이 지구를 중심으로 돈다는 천동설을 믿었습니다. 지구가 우주의 중심이라는 것이죠. 그런데 1610년 갈릴레오가 망원경으로 목성을 돌고 있는 네 개의 위성을 발견합니다. '잠깐, 우주의 중심이 지구가 아니었나? 저 위성들의 중심은 지구가 아니라 목성이네.' 그러고 보니 우주의 중심이 지구가 아닐 수 있겠다는 생각을 하게 됩니다. 갈릴레오는 지구가 태양을 중심으로 돈다는 지동설을 주장합니다.

지금 우리는 지동설이 옳다는 것을 압니다. 하지만 파이어아벤트에 따르면, 당시에는 지동설이 옳다는 것을 입증할 만한 관찰 자료들은 거의 없었고, 천동설이 옳다는 것을 입증할 만한 관찰 자료들은 엄청 쌓여 있었습니다. 당연하죠. 2천여 년 동안 천동설을 믿어왔으니 그럴 수밖에 없었습니다. 따라서 당시의 관점에서 보면 천동설이 합리적 이론이고, 지동설이 비합리적 이론이었다는 것입니다.

그런데 갈릴레오는 자신의 지동설을 관철시키기 위해서 다소 전략적 행보를 보입니다. 목성의 위성을 발견하고 거기에다가 '메디치의 별'이라는 이름을 붙였어요. 당시 최고 권력을 가졌던 메디치 가의 환심을 사기 위해서였죠. 그리고 당시의 학술서들은 대부분 라틴어로 쓰였음에도, 갈릴레오는 자신의 이론을 이탈리아어로 편찬해서 대중들에게 읽히도록 했습니다. 지금식으로 말하면 지동설에 대한 반발을 일종의 여론전으로 극복하려고 한 것 같습니다. 결국 지동설이 승리했죠.

파이어아벤트의 주장은 이렇습니다. 갈릴레오의 사례에서 알 수 있듯이, 우리는 과학을 어떤 합리성의 기준에 가두어서는 안 됩니다. 합리성이라는 틀로 제한해서는 안 됩니다. 새롭게 등장한 이론이 비합리적이라는 이유로 배척해서는 안 되며, 그 이론이 탄탄해질 때까지 충분한 시간을 줘야 합니다.

파이어아벤트는 여기에서 한 발 더 나아갑니다. 과학이나 점성술이나 신화나 무속이나 다 똑같은 것이라고 합니다. 과학적 지식이나 다른 종류의 지식이나 별반 다를 바가 없다고 주장합니다. 과학적 사고는 인간이 사고하는 여러 형태 중의 하나일 뿐이며, 진리를 찾는 데 가장 적합한 사고형식이 아니라고 봅니다. 즉, 과학은 세계를 파악하는 한 가지 관점에 불과하다는 것이죠.

우리는 물이 무엇인지 알기 위해서 마셔볼 수도 있고, 현미경으로 관찰해 볼 수도 있고, 끓여 볼 수도 있고, 무언가를 섞어 볼 수도 있습니다. 마찬 가지로 우리는 세계를 알기 위해서 과학을 연구할 수도 있고, 점성술을 연 구할 수도, 신화를 믿을 수도, 무속에 기댈 수도 있습니다. 간단히 말해서 과학이 만학의 왕이 아니라는 것이죠. 그래서 그는 이렇게 말합니다. "Anything goes(무엇이든 괜찮다)".

* * *

지금까지 우리는 핸슨, 쿤, 파이어아벤트의 입장을 살펴보았습니다. 핸슨과 쿤의 주장은 과학자들도 선입견을 가질 수 있고, 시대의 패러다임 속에 갇 힐 수 있다는 것입니다. 그러므로 과학적 지식은 객관적이고 절대적인 지식 이 아니라 주관적이고 상대적인 지식일 수 있다는 것이죠.

여러분은 어떻게 생각하세요? 이들의 입장에 동의하나요? 나는 핸슨과 쿤의 주장에 어느 정도 동의합니다. 하지만 과학이나 점성술이나 신화나 무 속이나 다 똑같은 거라는 파이어아벤트의 입장에는 동의하기 어렵죠. 과학 이 절대적이라고 말할 수는 없지만, 그렇다고 점성술이나 신화와 동급으로 볼 수는 없습니다.

하지만 과학에 대한 맹신을 경계해야 한다는 파이어아벤트의 주장은 새 겨 들을 만합니다. 그는 과학자들이 자신들만이 진리를 추구한다는 독단론 에 빠져 있다고 지적합니다.

독단에 빠져 있는 사람들은 자기가 독단에 빠져 있는 줄 모릅니다. 자신 이 독단에 빠져 있다는 것을 안다면 독단에 빠져 있지는 않겠죠. 중세의 수도사는 기독교가 얼마나 독단적인지 깨닫지 못했고, 히틀러의 청소년단이었던 유겐트는 나치가 얼마나 광기에 사로잡혀 있는지를 몰랐습니다. 현대인들은 모든 것을 돈으로 환산하는 자본주의가 얼마나 비정상적인 것인지 눈치채지 못하고, 미국인들은 만 18세 이상만 되면 아무나 다연발 기관소총을 살 수 있도록 만든 법이 얼마나 미친 법인지 모릅니다.

원래 사람들은 자신들의 믿음체계가 얼마나 이상한 것인지 깨닫지 못합니다. 파이어아벤트의 주장은 과학도 그런 것일 수 있다는 것입니다. 과학자들만이 진리를 추구하고 과학적 방법론만이 적절한 진리를 찾는 방법론이라고 생각하지만, 그러한 믿음은 이상한 믿음일 수도 있습니다. 파이어아벤트는 그것을 한 번 의심해 보라고 말하고 있는 것입니다.

살아있는 존재에
대하여

(feat. 스피노자, 헤겔, 러브록, 린 마굴리스)

다람쥐 한 마리가 나무 위로 올라가고 있습니다. 나무와 다람쥐는 살아있는 생물이고 계곡물과 돌덩어리들은 살아있는 것이 아니죠. 하지만 전체로 놓고 보면 자연은 살아있는 것 같습니다. 그래서 아마존 밀림을 보면 죽어 있다고 말하기 어렵고, 갈라파고스의 섬들을 전체로 놓고 보면 꼭 하나의 생명체 같습니다. 사이즈를 더 키워서 지구를 전체로 놓고 봐도 살아있다는 느낌이 듭니다.

그렇다면 우주는 어떨까요? 우주는 살아있는 것일까요, 죽어 있는 것일까요? 살아있다는 것의 의미는 무엇일까요? 생명체라는 것을 어떻게 정의할 수 있을까요?

생명체를 정의하는 많은 방법 중 하나는 물질대사를 하고 외부자극에 반응하며 생식 기능이 있는 것을 생명체로 보는 것입니다. 이러한 정의를 받아들이면 최초의 생명체는 약 35억 년 전 등장한 단세포 생물입니다. 단세포 생물은 세포막과 세포질 그리고 DNA로 이루어진 원핵세포입니다. 간단히 말해서 세균, 즉 박테리아를 말합니다. 이후 15억 년 동안 지구는 이 박테리아들의 먹고 먹히는 전쟁터였습니다.

그러다가 약 20억 년 전 아메바와 짚신벌레 같은 진핵생물이 등장합니다. 진핵생물에는 핵, 미토콘드리아, 엽록체 같은 소기관이 있습니다. 진핵생물은 미토콘드리아가 있어서 산소 호흡을 할 수 있고, 엽록체가 있어서 광합성 작용으로 에너지를 만들 수 있습니다. 박테리아보다는 좀더 그럴듯한 생명체가 된 것입니다.

그런데 1960년에 놀라운 사실이 발견됩니다. 미토콘드리아에는 진핵생물과는 또 다른 독자적인 DNA가 있습니다. 아니 진핵생물에 DNA가 있으면 됐지, 왜 미토콘드리아에 또 다른 DNA가 있을까요?

생물학자들 사이에 논쟁이 벌어졌습니다. 이 문제를 해결한 사람이 바로 린 마굴리스라는 생물학자입니다. 그녀는 우리가 잘 아는 칼 세이건의 부인이었죠. 칼 세이건은『코스모스』를 썼고, 린 마굴리스는『마이크로코스모스』를 썼습니다.

린 마굴리스는 이런 주장을 합니다. 미토콘드리아나 엽록체는 원래 다른 박테리아였습니다. 15억 년 동안의 박테리아 전쟁에서 큰 박테리아한테 잡아먹혔는데, 소화가 안 되고 그 안에서 그냥 눌러살게 되었습니다. 말하자면 동거를 하기 시작했습니다.

그런데 맨입으로 남의 집에 얹혀살 수는 없죠. 뭔가 역할을 해야 합니다. 그래서 어떤 박테리아는 산소 호흡을 하는 역할을 하고, 어떤 박테리아는 광합성 작용을 하는 역할을 합니다. 이것이 각각 미토콘드리아와 엽록체가 됩니다. 이렇게 해서 진핵생물이 탄생하게 됩니다. 즉, 아메바와 짚신벌레는 엄밀히 따지면 단세포 생물이 아니라 박테리아들의 공생 연합체라는 것입니다.

지금으로부터 10억 년 전, 이번에는 진핵생물들의 공생 연합체가 생겨납니다. 이것이 바로 우리가 아는 동물과 식물입니다. 그리고 공생 연합체가 진화를 거듭하며 사람이라는 동물까지 생겨나죠. 사람의 신체는 60조 개의 세포로 이루어져 있습니다. 여기에 200조 개의 미생물들이 함께 살고 있죠. 이들은 해로운 미생물의 침입을 막기도 하고 장에서 음식을 소화시키는 역할도 합니다. 즉, 인간은 260조 개의 생명체들의 공생 연합체인 셈입니다.

공생 연합체에는 지켜야 할 규칙이 있습니다. 자신의 역할을 제대로 해야 하고, 제멋대로 자기 세력을 키워서는 안 됩니다. 하지만 어떤 조직에서든 문제아들은 있죠. 역할도 없으면서 제멋대로 세력을 키우는 놈들이 있습니다. 그것이 바로 암세포입니다. 모든 세포는 때가 되면 죽는데 암세포는 절대로 죽지 않습니다. 이놈들은 죽지도 않고 계속 증식하면서 다른 세포들을 잡아먹습니다.

생명체에 대한 또 다른 정의가 있습니다. 내부와 외부의 조건이 바뀌더라도 어떤 일정한 상태를 유지하는 것이 생명체라는 것입니다. 즉, 항상성을 유지하는 것을 생명체로 보자는 것이죠. 예컨대 사람의 체온은 36.5도로 일정하고, 혈당과 혈압은 웬만하면 정상 범위를 유지합니다.

그런데 이렇게 보면 지구도 하나의 생명체라고 할 수 있습니다. 지구도 항상성을 유지하기 때문이죠. 지구의 평균 온도는 약 15도를 유지하고, 대기 중의 산소 농도는 약 21%를 유지하며, 바닷물의 염분 농도는 약 3.4%를 유지합니다.

사실 이것은 매우 놀라운 것입니다. 왜냐하면 태양으로부터 에너지가 끊임없이 유입되므로 지구의 온도는 계속 올라가야 하고, 산소는 다른 원소와 쉽게 반응하므로 대기 중의 산소 농도는 계속 낮아져야 하며, 강물이 바다에 유입되기 때문에 염도는 계속 낮아지는 것이 정상이기 때문입니다.

그런데 지구는 어떻게 일정한 상태를 유지할까요? 지구의 생물과 무생물이 상호작용을 하기 때문입니다. 인체가 항상성을 유지하기 위해서 신진대사를 하는 것처럼, 지구는 항상성을 유지하기 위해서 여러 작용을 합니다. 예컨대 열대우림은 수증기를 발산하고 구름을 형성하며 비를 내리게 하여 대기의 온도를 낮춥니다. 나무들은 이산화탄소를 흡수하고 산소를 내뿜음으로써 대기 중의 산소 농도를 일정하게 유지시키죠. 그리고 미생물은 탄소, 질소, 황을 섭취하면서 영양분을 만들어내고, 동물은 식물을 먹음으로써 이것들을 순환시킵니다. 즉, 지구는 동물, 식물, 무생물의 상호 피드백

메커니즘이 있었기에 이렇게 항상성을 유지할 수 있습니다.

지구가 이처럼 항상성을 유지하고 있기 때문에 생명체들이 살 수 있습니다. 예컨대 지구의 온도가 조금만 올라가도 지구상에는 생명체가 살 수 없으며, 대기 중의 산소 농도가 조금만 더 올라가도 자연적인 화재로 생명체가 살 수 없습니다. 바닷물의 염분 농도가 조금만 올라가도 해양 생물들은 살 수 없죠. 즉, 지구는 항상성을 유지함으로써 생명체가 살 수 있도록 하고, 또 그 생명체들이 있기 때문에 지구가 항상성을 유지할 수 있습니다. 이처럼 지구와 생명체들은 서로에게 영향을 주는 순환구조 속에 있습니다.

영국의 20세기 과학자 제임스 러브록은 지구라는 행성을 살아있는 하나의 생명체로 보자고 제안합니다. 이것을 고대 그리스 신화에 나오는 대지의 여신의 이름을 따서 '가이아(Gaia) 이론'이라고 합니다. 지구는 단순히 여러 생명체들이 살고 있는 돌덩어리 서식지가 아니라 그 자체가 하나의 생명체라는 것입니다. 마치 한 그루의 고목나무가 표면의 살아있는 세포와 안쪽의 죽은 세포들로 구성되어 있는 것과 마찬가지입니다. 린 마굴리스가 사람을 260조 개의 공생 연합체로 본 것처럼, 러브록은 지구를 생물과 무생물들의 공생 연합체로 본 것입니다.

앞에서 사람이라는 공생 연합체에서 별 역할도 없이 제멋대로 세력을 키우는 놈들을 암세포라고 했습니다. 모든 세포는 때가 되면 죽는데, 이놈들은 죽지도 않고 계속 증식하면서 다른 세포들을 잡아먹습니다. 그런데 지구의 관점에서 보면 인간이 바로 암세포입니다. 이놈들은 잘 죽지도 않고 계속 증식하고 환경을 파괴함으로써 다른 생명체들을 못살게 굽니다. 인간

그리스 신화에 나오는 가이아는 만물의 여신입니다. 세상의 모든 것들은 가이아로부터 창조된 것입니다. 러브록은 이 지구가 하나의 생명체인 가이아라는 가설을 내놓았습니다. 지구는 세포 조직으로 이루어진 하나의 생명체처럼 유기적으로 연결되어 있다는 것입니다. 러브록은 가이아를 거대한 나무에 비유했습니다. 나무 안쪽의 많은 세포들은 죽어 있지만 그래도 나무 전체를 하나의 생명체로 보아야 하는 것처럼, 지구의 많은 부분은 죽어 있지만 그래도 지구 전체를 하나의 생명체로 보아야 한다는 것입니다.

은 가이아의 입장에서 보면 문자 그대로 암적 존재인 셈이죠.

영화 「매트릭스」의 마지막 부분에서 스미스 요원은 주인공 네오에게 이런 말을 합니다. "인간은 질환이고, 지구에 뿌리내린 암세포야. 즉, 너는 역병이고, 우리(로봇)가 그것에 대한 치료약이지."

**

생명체에 대한 세 번째 정의는 다른 것에 의존하지 않고 독자적으로 존재할 수 있는 것을 생명이라고 봅니다. 이러한 입장을 받아들이면, 지구는 하나의 생명체라고 할 수 없죠. 태양이 없으면 지구는 지금의 모습으로 존재할 수 없으니까요. 그래서 이 경우 태양계 시스템의 물리적·화학적 환경 전체를 하나의 생명체로 보아야 합니다. 지구의 생명체들은 태양으로부터 오는 에너지에 의존하기 때문이죠. 이것을 '온생명 이론'이라고 합니다.

그런데 이런 의문이 듭니다. 태양계 시스템은 정말로 독자적으로 존재할 수 있을까요? 불교의 화엄사상에서는 우주를 씨줄과 날줄로 연결된 하나의 그물망으로 봅니다. 개별자들은 이 그물코에 매달려 있는 구슬이라는 것이죠. 이 개별자들은 서로가 서로를 비추며 관계를 맺으면서 존재합니다. 즉, 개별자들은 다른 개별자에 의존하면서 전체가 되고, 그 전체 속에 포함되어 있습니다. 다시 말해 부분이 전체이고, 전체가 부분이라는 것입니다.

비유하면 이렇습니다. 미토콘드리아, 엽록체 같은 박테리아들이 관계를 맺음으로써 진핵세포가 되었고, 이러한 진핵세포들이 관계를 맺음으로써 동물이 되었으며, 동물과 식물들이 관계를 맺음으로써 지구가 되었고, 지구

같은 행성들이 관계를 맺음으로써 태양계가 되었고, 태양계 같은 행성계들이 관계를 맺음으로써 은하계가 되었고….

이처럼 존재하는 모든 것은 부분이면서 동시에 전체가 됩니다. 그런데 존재의 계단을 이처럼 계속 올라가면, 그 끝에는 어떤 것의 부분은 아니면서 전체인 무언가가 있을 것입니다. 그것이 바로 세계 전체라고 할 수 있습니다. 결국 생명체를 다른 것에 의존하지 않고 독자적으로 존재할 수 있는 것이라고 정의한다면, 진짜 생명체는 세계 전체, 우주 전체라고 할 수 있습니다.

많은 서양 철학자들이 세계 전체를 하나의 생명체라고 생각했습니다. 대표적인 두 사람이 바로 스피노자와 헤겔입니다.

스피노자가 가진 문제의식의 출발점은 실체입니다. 실체란 다른 어떤 것에 의존하지 않고 스스로 존재하는 것입니다. 데카르트는 실체를 신과 신이 만들어낸 물질과 정신이라고 보았지만, 스피노자는 그러면 실체가 너무 많아진다고 생각했습니다. 그래서 그는 창조주와 피조물의 구분을 없애버리고, 그것을 '자연'이라고 합니다. 여러 해석이 있지만, 내가 보기에 스피노자의 자연은 세계 전체를 말하며, 스피노자는 세계 전체를 하나의 생명체로 봤다고 할 수 있습니다.

세계 전체가 하나의 생명체라고 생각한 또 다른 철학자는 바로 헤겔입니다. 헤겔은 세계 전체가 7단계를 거치면서 성장한다고 봅니다. 감각의 단계, 지각의 단계, 오성의 단계, 자기의식의 단계, 이성의 단계, 정신의 단계를 거치면서 절대정신으로 완성된다는 것이죠. 그리고 각 발전의 단계마다

한계와 결핍, 모순을 겪으면서 새로운 단계로 나아간다고 봅니다. 이때 세계 전체의 개별자는 세계 전체의 목적을 실현하기 위한 도구일 뿐입니다. 따라서 주인공은 세계 전체이지, 그 안에 살고 있는 개별자가 아닙니다. 절대정신으로 완성된 세계 전체에서 물질과 정신, 주관과 객관, 인식과 존재, 유한자와 무한자, 현실과 이상을 구분하는 것은 의미가 없어집니다. 이렇게 보면, 헤겔이 말하는 절대정신은 성장해가는 하나의 생명체로 해석할 수도 있을 것입니다.

＊
＊＊

지금까지 우리는 생명체에 대한 세 가지 정의를 보았습니다. 첫 번째는 생명체를 물질대사를 하고 외부자극에 반응하며 생식 기능이 있는 것으로 정의합니다. 이러한 정의를 받아들이면 박테리아, 아메바, 짚신벌레 같은 단세포 생물, 그리고 동물과 식물 같은 다세포 생물을 생명체라고 할 수 있습니다.

생명체에 대한 두 번째 정의는 내부와 외부 조건이 변하더라도 일정한 상태를 유지할 수 있는 능력을 가진 것입니다. 이러한 정의를 받아들이면 지구 자체를 하나의 생명체라고 할 수 있죠. 지구의 평균 온도, 대기 중의 산소 농도, 바닷물의 염분 농도가 일정하게 유지되기 때문입니다.

생명체에 대한 마지막 정의는 다른 것에 의존하지 않고 독자적으로 존재할 수 있는 것입니다. 이러한 정의를 받아들이면 세계 자체를 하나의 생명체라고 할 수 있습니다. 세계는 인과관계를 맺고 있는 하나의 그물망이고, 세계의 그 어떤 개별자도 독자적으로 존재할 수 없기 때문입니다.

나는 이것을 스피노자의 자연 개념과 헤겔의 절대정신 개념으로 해석했습니다. 물론 이 해석에 반대하는 분들도 있을 것입니다. 하지만 나는 스피노자와 헤겔이 개별자들을 뜯어보는 것이 아니라 세계 전체를 통째로 놓고 보고 있다는 점에서, 이들이 세계 전체를 하나의 생명체로 보고 있다고 해석합니다. 사실 조금 무모해 보이기는 하지만 크게 문제될 것은 없다고 생각합니다.

세계 너머에는 무엇이 있을까?

우연처럼 보이는 필연

이해할 수도 없고 어찌할 수도 없는

우주는 왜 존재하는가?

신화를 이해하는 방식에 대하여

아인슈타인이 2,500년 만에 해결한 정신 나간 문제

우연처럼 보이는
필연

(feat. 프로이트, 칼 융, 데이비드 봄, 화엄사상)

우리는 일상생활에서 가끔 뭐라고 설명하기
어려운 이상한 경험을 합니다. 태어나서 처음 간 장소인데 왠지 이전에 한
번 온 것 같다는 느낌이 들거나, 하루 종일 옛날 노래를 흥얼거렸는데 라디
오에서 갑자기 그 노래가 나오거나, 어느 날 꿈속에서 할아버지를 봤는데
아침에 일어나 보니 돌아가셨다거나 하는 이상한 일들을 경험한 적이 있을
것입니다.

보통 이런 이상한 일을 경험하면 '그냥 우연이겠거니' 생각하지, 거기에
무슨 의미가 있을 것이라고는 생각하지 않죠. 과학을 연구하는 사람들은 더
더욱 그럴 것입니다.

그런데 19세기 정신의학자 칼 융은 이런 이상한 현상에 주목하고 '동시
성 현상(Synchronicity)'이라고 불렀는데요. 융은 동시성 현상은 그냥 우연히

생기는 것이 아니라, 우리가 모르는 어떤 작용이 있기 때문에 발생한다고 생각합니다.

어떤 사람들은 동시성 현상을 심리학적으로 논의하고 과학적으로 분석합니다. 혹은 종교적 계시라고 믿는 사람도 있죠. 반면 어떤 사람들은 이것은 심리학도 아니고, 과학도 아니며, 더군다나 종교도 아니라고 합니다. 그저 우연한 사건에다가 뜬금없는 의미를 갖다붙인 사이비 이론이라는 것이죠.

나는 여기서 동시성 현상을 옹호하지 않고, 그렇다고 반박하지도 않을 것입니다. 다만 동시성 현상에 대한 심리학자 칼 융, 물리학자 데이비드 봄, 그리고 불교 화엄사상의 관점을 설명하고자 합니다. 동시성 현상을 우연으로 받아들일지, 아니면 어떤 의미가 있는 것으로 받아들일지는 독자 여러분이 판단하시기 바랍니다.

*
**

정신의학자 칼 융이 어느 날 진료실에서 환자의 꿈 이야기를 듣고 있었습니다. 환자는 꿈속에서 누군가로부터 황금색 풍뎅이 모양의 보석을 선물로 받았다고 합니다. 그런데 바로 그때 진료실 창문으로 황금색 풍뎅이가 들어왔습니다. 융이 그것을 잡아다가 환자에게 주었습니다. 즉, 환자가 꿈에서처럼 황금색 풍뎅이를 선물 받은 것이죠.

두 번째 사례입니다. 어느 날 융은 갑작스런 두통에 잠을 이루지 못하고 있었습니다. 새벽 2시에 밖에서 인기척이 나서 나가 보니 아무도 없었습니다. 결국 융은 약을 먹었고 두통이 멈췄습니다. 그런데 다음날 융은 자신의 환자가 새벽 2시에 권총으로 머리를 쏴 자살했다는 소식을 들었습니다. 총알이 그 환자의 두개골 속에 남아 있었다고 합니다. 융이 환자의 고통을 동시에 느꼈던 것이죠.

세 번째 사례는 18세기 스웨덴의 과학자이자 신학자인 스베덴보리의 이야기입니다. 스베덴보리는 당시에 천국에 올라가 봤고, 영혼들과 대화를 나누며, 천리 밖을 볼 수 있는 능력을 가졌다고 알려진 사람입니다. 1759년 7월 19일 스베덴보리가 스웨덴의 겟텐보그에서 열린 만찬에 참석하고 있었는데, 거기서 400킬로미터나 떨어져 있는 스톡홀름에서 발생한 대화재를 천리안으로 생생하게 보면서 얘기했습니다. 나중에 알고 보니 그가 설명한 것이 다 맞았다고 합니다. 이처럼 아무런 인과관계가 없는 것처럼 보이는 두 사건이 마치 밀접한 관계가 있는 것처럼 벌어지는 것을 '동시성 현상'이라고 합니다.

**

동시성 현상에 대한 칼 융의 심리학적 설명에 대해 생각해 보죠. 우리는 3차원 공간과 1차원 시간 속에 살고 있습니다. 공간적으로는 앞뒤, 좌우, 위아래로 이동할 수 있고, 시간적으로는 과거에서 현재로, 현재에서 미래로 나아가죠. 그런데 아인슈

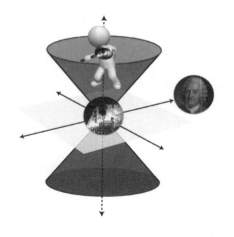

타인은 시간 차원과 공간 차원을 독립적인 차원이 아니라 4차원 시공간 차원으로 봅니다. 이 것을 '민코프스키 시공간'이라고 합니다.

편의상 3차원 공간을 평면으로, 시간을 공간 평면에 수직한 화살표로 표시해 봅시다. 옆의 그림에서 중간 점이 바로 '지금—여기'입니다. 만약 내가 지금—여기에 가만히 앉아 있으면, 시간이 흐르면서 나의 시공간 경로는 위쪽으로 향합니다. 만약 내가 우주선을 타고 오른쪽으로 이동하면, 나의 시공간 경로는 오른쪽 방향의 사선으로 위를 향하겠죠. 그리고 만약 내가 빛을 오른쪽 45° 각도로 위로 쏘면, 빛의 시공간 경로는 그에 따를 것입니다.

하지만 아인슈타인의 상대성 이론에 따르면 그 어떤 것도 빛보다 빠를 수는 없습니다. 따라서 그 어떤 것도 이러한 시공간 경로를 가질 수 없어요. 그래서 지금—여기에서 벌어지는 사건을 원인으로 하는 결과 사건은 반드시 이 원 뿔 안에 있어야 합니다.

1759년 7월 19일 스톡홀름에서 난 화재가 지금—여기에서 일어났다고 합시다. 그러면 오직 이 원뿔 안쪽에 있는 사람만이 스톡홀름에서 대화재가 났다는 것을 알 수 있습니다. 그런데 스베덴보리는 400킬로미터 떨어진 괴 덴보그에서 스톡홀름 대화재를 본 것입니다. 시간적·공간적 제약을 벗어나서 봤다는 것이죠. 이것이 어떻게 가능할까요? 융은 이러한 동시성 현상은 의식으로는 알 수 없는 무의식적 작용의 결과라고 주장합니다.

프로이트는 무의식을 사람들마다 가지고 있는 개별적인 것이라고 보았지만, 융은 이러한 개별적인 무의식 아래에 집단 무의식이 있다고 보았습니다. 집단 무의식은 인류 전체가 영속하면서 겪은 과거의 경험이 누적된 무의식입니다.

집단 무의식은 꿈, 환상, 신화 속에서 반복해서 나타납니다. 모든 개별자들은 집단 무의식을 통해서 시간과 공간을 초월해서 다 연결되어 있습니다. 「5분 뚝딱 철학」 영상을 만들고 있는 나와 그 영상을 보고 있는 여러분은 개별적 존재자이지만, 집단 무의식의 관점에서 보면 하나의 커다란 공동 존재자라는 것입니다.

바다 위에서 보면 섬들이 따로따로 있는 것 같죠. 하지만 바다 깊숙이 들어가서 보면 하나의 커다란 대륙으로 연결되어 있습니다. 마찬가지로 의식적 관점으로 보면 사람들이 개별적으로 존재하는 것 같지만, 집단 무의식의 관점으로 들어가서 보면 하나의 커다란 공동 존재자가 있습니다.

동시성 현상을 이처럼 집단 무의식으로도 설명할 수 있습니다. 전혀 연관이 없는 것처럼 보이는 사건도, 알고 보면 집단 무의식으로 연결되어 있어서 발생한다는 것이죠.

**

이번에는 동시성 현상에 대한 미국의 물리학자 데이비드 봄의 양자역학적 설명을 보죠. 두 개의 구멍에 구슬 같은 입자를 통과시키면, 뒤에 있는 스크린에는 두 줄 무늬가 생깁니다. 각각의 입자가 하나의 구멍을 통과하기 때문이죠.

그런데 두 개의 구멍에 입자가 아닌 파동을 통과시키면, 뒤에 있는 스크린에 간섭 무늬가 생깁니다. 파동은 두 개의 구멍을 동시에 통과하면서 서로 간섭하기 때문입니다.

따라서 스크린에 만들어진 모양을 보면, 구멍을 통과한 것이 입자인지 파동인지 알 수 있습니다. 두 줄 무늬가 생기면 입자가 통과한 것이고, 간섭 무늬가 생기면 파동이 통과한 것이죠.

그러면 두 개의 구멍에 전자를 통과시키면 어떤 무늬가 생길까요? 그림에서 보듯이 간섭 무늬가 생깁니다. 잠깐, 전자는 입자 아닌가요? 그런데 왜 간섭 무늬가 생기죠? 간섭 무늬가 생긴다는 것은 하나의 전자가 두 개의 구멍을 통과했다는 말인데, 이것은 말이 안 되죠?

이번에는 구멍 앞에 감지기를 설치했더니 두 줄 무늬가 생겼습니다. 전자가 마치 입자처럼 한 개의 구멍을 통과한 것입니다. 즉, 감지기가 설치되

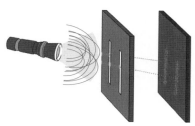

전자가 마치 파동처럼 두 구멍을 동시에 통과해 간섭 무늬가 생깁니다.

감지기를 설치하면 두 줄 무늬가 생깁니다. 전자가 마치 입자처럼 한 개의 구멍을 통과한 것입니다.

어 있지 않다면 전자는 마치 파동처럼 두 구멍을 동시에 통과하고, 감지기가 설치되어 있으면 마치 입자처럼 하나의 구멍을 통과하는 것입니다.

말이 안 되는 것 같지만, 실제로 그래요. 물리학자들은 이런 결론을 내렸습니다. 전자는 자신이 관찰되지 않을 때에는 파동처럼 행동하지만, 관찰될 때에는 입자처럼 행동합니다. 즉, 전자는 관찰되지 않을 때에는 어느 구멍을 통과할지 결정되어 있지 않고, 관찰될 때 비로소 어느 구멍을 통과할지 결정됩니다.

전자가 어느 구멍을 통과할지 결정되지 않은 상태를 '중첩 상태'라고 합니다. 오른쪽 구멍을 통과하는 사건과 왼쪽 구멍을 통과하는 사건이 확률적으로 겹쳐진 상태입니다. 그런데 이 중첩 상태 개념을 받아들이면 말도 안 되는 일이 벌어집니다.

하나의 입자가 붕괴되어 입자 A와 입자 B로 나누어졌다고 합시다. 이때 입자 A와 입자 B는 자체적으로 회전을 합니다. 시계 반대 방향으로 회전하는 것을 '업스핀'이라고 하고, 시계 방향으로 회전하는 것을 '다운스핀'이라고 합니다. 그런데 입자 A와 입자 B의 회전 방향은 반대 방향이어야 해요. 한 쪽이 업스핀이면 다른 쪽은 다운스핀이어야 하고, 한쪽이 다운스핀이면 다른 쪽이 업스핀이어야 합니다.

그런데 양자역학을 받아들이면, 아무도 입자를 관찰하지 않을 경우 입자의 회전 방향은 결정되지 않습니다. 업스핀으로 회전할지 다운스핀으로 회전할지 결정되지 않은 중첩 상태에 있습니다.

자, 중첩 상태에서 두 입자가 서로 반대 방향으로 날아갔고, 둘 사이의 거리가 100만 광년이 되었다고 합시다. 이때 내가 입자 A를 관찰하면 입자 A의 회전 방향이 결정되겠죠. 만약에 업스핀으로 결정되었다면 동시에 입자 B는 다운스핀으로 결정됩니다. 반면 입자 A가 다운스핀으로 결정되면 입자 B는 업스핀으로 결정되겠죠.

그런데 이상하죠? 만약에 입자 A의 회전 방향이 업스핀으로 결정되면, 그 결정된 정보가 입자 B에 가야 회전 방향이 다운스핀으로 결정되잖아요. 근데 두 입자의 거리가 100만 광년이니, 입자 A의 회전 방향이 결정되고 100만 년 후에 입자 B의 회전 방향이 결정되어야 하는데, 두 입자의 회전 방향이 어떻게 동시에 결정될까요?

20세기 미국의 물리학자 데이비드 봄에 따르면, 입자 A와 입자 B는 시간과 공간 차원을 넘어서 있습니다. 시간적·공간적으로는 100만 광년이나 떨어져 있지만, 다른 차원에서 보면 둘은 서로 연결되어 있다는 것입니다.

입자들만 그럴까요? 아니에요. 우주에 존재하는 모든 것들이 이처럼 서로 다 연결되어 있다는 것입니다. 그래서 우주에 존재하는 모든 것들을 하나하나 떼어내서 볼 수 없다는 것이죠.

바다를 위에서 보면, 수많은 파동들이 서로 중첩되어 간섭하는 것을 볼 수 있습니다. 여기에서 파동 하나만 딱 떼어내서 볼 수 있나요? 그것은 불가능해요. 파동들은 모두 복잡하게 연결되어 있어서 하나하나를 따로 떼어낼 수 없습니다. 그래서 우주의 각 부분들이 모두 우주 전체를 담고 있다는 것입니다. 부분이 전체이고, 전체가 바로 부분이라는 것이죠. 이것이 바로 데이비드 봄의 '홀로그램 우주론'입니다.

우주의 각 부분들은 아무렇게나 연결되어 있는 것이 아닙니다. 우리가 알 수는 없지만 어떤 질서를 가지고 연결되어 있습니다. 데이비드 봄은 이 것을 '숨겨진 질서(Implicate Order)'라고 합니다. 숨겨진 질서를 비유적으로 설명해 보죠.

유리통에 글리세린을 채워놓고 그 안에 실린더를 넣습니다. 그리고 글리세린 속에 잉크 방울을 떨어뜨리고 실린더를 돌려 봅시다. 그러면 잉크가 섞이겠죠. 이때 이 잉크 모양에는 아무런 질서도 패턴도 없는 것 같습니다.

그런데 실린더를 다시 반대 방향으로 돌리면 원래의 잉크 모양으로 나타납니다. 이것이 가능한 이유는 아까 뒤섞인 잉크 분자들 사이에 어떤 질서, 패턴이 있었기 때문입니다. 질서와 패턴이 없었다면 다시 원래 상태로 되돌아올 수 없었을 것입니다. 이것이 바로 숨겨진 질서에 대한 데이비드 봄의 설명입니다.

동시성 현상을 이처럼 숨겨진 질서로 설명할 수도 있습니다. 전혀 연관이 없는 것처럼 보이는 사건도 알고 보면 다 연결되어 있으며, 거기에는 어떤 숨겨진 질서가 있다는 것이죠.

*
**

미국의 물리학자 빅터 맨스필드에 따르면, 양자역학적 세계관과 불교의 세계관은 둘 다 우주에 존재하는 모든 것은 독립적으로 존재하는 것이 아니라 상호 의존적으로 존재한다고 봅니다. 우주의 모든 물질은 촘촘하게 그물처럼 연결되어 있고, 서로가 서로에게 영향을 미치고 있다는 것이죠.

산스크리트어로 인드라얄라(indrjala)는 인드라망, 인드라의 그물을 말합니다. 불교의 연기사상에서는 인다라망 경계문(因陀羅網境界門)이라고 하여 부처가 온 세상의 모든 곳에 있다는 의미로 보고 있습니다. 인드라망의 무한한 그물코에는 구슬들이 있는데, 그 구슬들은 서로가 서로를 비추고 있습니다. 이 세계에 존재하는 모든 것들이 이러한 구슬과 같은 것입니다. 인간이라는 개별자는 세계에 던져져 독자적으로 살아가는 존재가 아니라, 서로가 서로를 비추고 관계를 맺으며 영향을 주고받는다는 것입니다.

우주의 삼라만상이 촘촘한 그물망처럼 연결되어 있다는 생각은 불교의 화엄사상에 잘 나타나 있습니다. 인도의 수많은 신들 중 인드라라는 신은 하얀 코끼리를 타고 다니며 날씨와 전쟁을 관장합니다. 중국 불교에서는 인드라를 석가모니의 수호신인 제석천이라고 합니다. 제석천의 궁전에는 커다란 그물이 있는데, 이것을 '인드라망'이라고 합니다. 인드라망에는 그물눈마다 투명한 구슬이 박혀 있습니다.

화엄사상에서는 우주가 바로 이런 인드라망 같다고 합니다. 우주에 존재하는 모든 것들은 인드라망의 그물눈에 걸려 있는 구슬처럼 서로 연결되어 있습니다. 모든 구슬이 얽혀서 서로 인과관계를 가지며, 서로가 서로를 비추고 있습니다.

하나의 구슬은 다른 모든 구슬에 비추어지고, 그렇게 비추어진 다른 구슬이 다시 그 하나의 구슬에 비추어지고, 또 하나의 구슬이 다른 구슬에 비추어지고…, 이렇게 서로가 서로를 무한하게 비추고 있다는 것이죠. 이것은 마치 사방이 거울로 되어 있는 공간의 사물이 사방팔방으로 무한히 비추어지는 것과 같습니다.

서로가 서로를 이렇게 무한히 비추면, 결국 하나의 구슬이 비추는 것은 우주 전체일 것입니다. 우주의 삼라만상이 하나의 구슬 속에 들어간 것입니다. 이것은 우주의 각 부분들이 우주 전체를 담고 있다는 데이비드 봄의 홀로그램 우주론과 비슷합니다.

인드라망에서 하나의 구슬을 떼어낼 수 없습니다. 구슬은 인드라망 속에서 우주 삼라만상과 관계를 맺고 서로를 비추면서 존재하기 때문입니다.

이처럼 인드라망에 걸려 있는 구슬들이 서로를 무한히 비추며 전체를 반영하는 것을 '중중무진(重重無盡)'이라고 합니다.

화엄사상을 받아들이면, '나'라는 개인은 물론이고, 나무 한 그루, 풀 한 포기, 개미 한 마리도 독립적으로 존재하는 것이 아닙니다. 이 모든 것이 서로 관계를 맺고 서로에게 영향을 미치면서 우주의 삼라만상을 담고 있습니다. 하나가 전체이고, 전체가 하나인 것입니다.

동시성 현상을 이처럼 화엄사상으로도 설명할 수 있습니다. 전혀 연관 없는 것처럼 보이는 사건도 알고 보면 인드라망 속에서 서로를 비추고 있기 때문에 발생한다는 것입니다.

*
**

자, 정리해 보죠. 우리는 아무런 관련이 없는 두 사건이 서로 연결되는 것처럼 동시에 일어나는 이상한 현상을 간혹 경험합니다. 이것을 '동시성 현상'이라고 하는데, 이에 대한 세 가지 설명을 소개했습니다.

칼 융은 동시성 현상은 우연히 일어나는 것이 아니라고 합니다. 의식적 차원에서 보면 우연히 일어나는 것처럼 보이지만, 무의식 차원에서 보면 이러한 사건들은 서로 연결되어 있다고 합니다.

데이비드 봄은 동시성 현상을 양자역학으로 설명합니다. 두 사건이 시간적·공간적으로 떨어져 있지만, 다른 차원에서 보면 숨겨진 질서를 가지고 서로 연결되어 있다는 것이죠.

마지막으로 불교의 화엄사상은 우주 삼라만상은 인드라망에 맺혀 있는 구슬과 같아서 서로 연결되어 있고 서로를 비추고 있다고 합니다. 따라서 우연처럼 보이는 사건도 사실은 필연이라는 것이죠.

동시성 현상 이야기에 대한 호불호는 뚜렷하게 갈립니다. 어떤 사람은 동시성 현상을 무의식, 양자역학, 화엄사상으로 설명하는 것에 동의할 것입니다.

물론 융의 무의식과 데이비드 봄의 숨겨진 질서, 화엄사상의 인드라망이 구체적으로 같은 의미는 아닙니다. 심리학과 물리학과 불교에서 사용하는 언어가 다르므로 당연히 같은 의미로 볼 수는 없죠. 하지만 큰 맥락에서 보면, 우주의 삼라만상이 하나로 연결되어 있다고 본다는 점에서 비슷한 세계관이라고 할 수 있습니다.

하지만 어떤 사람들은 동시성 현상이니 뭐니, 이런 것은 다 사이비 과학이라고 합니다. 특히 과학을 하는 분들 중에는 양자역학과 불교를 연결하는 것에 대해 질색하는 경우가 많습니다.

사실 내가 이 주제에 관심을 가졌던 것은 한 40년 전, 물리학자 프리초프 카프라의 책을 읽고 나서였습니다. 당시에 꽤나 흥미롭게 읽었지만, 양자역학과 불교를 연결하는 것은 조금 어색하다고 생각했습니다. 지금도 물론 마찬가지고요.

하지만 이런 생각도 해 봅니다. 20세기 과학철학자인 파이어아벤트는 과학을 합리성의 어떤 기준에 가두어서는 안 된다고 합니다. 과학적 지식이나 다른 종류의 지식이나 별반 다를 바가 없다는 것입니다. 과학적 사고는 인간이 사고하는 여러 형태 중 하나일 뿐이며, 따라서 진리를 찾는 데 가장 적합한 사고 형태는 아니라는 것이죠. 과학은 세계를 파악하는 한 가지 관점에 불과하므로 맹신하지 말라는 것입니다.

나는 파이어아벤트의 이런 주장은 새겨들을 만하다고 봅니다. 동시성 현상이 과학으로 포착되지 않는다고 해서 배제해서는 안 됩니다. 그렇게 하는 것도 일종의 독단이라고 생각합니다.

물론 앞에서 이야기했듯이, 나는 동시성 현상에 대해 전적으로 긍정하지도 부정하지도 않습니다. 하지만 적어도 열린 마음으로 좀더 지켜볼 필요는 있다고 생각합니다. 여러분의 생각은 어떠세요? 동시성 현상에 어떤 의미를 부여할 수 있다고 생각하나요? 아니면 그냥 사기꾼들이 만들어낸 사이비 이론이라고 생각하나요?

이해할 수도 없고
어찌할 수도 없는

(feat. 라플라스, 카오스, 프랙털)

고대 그리스의 철학자 아낙사고라스는 이런 말을 했습니다. "시초에는 모든 것이 뒤섞여 있었다. 그때 지성이 나왔고 질서가 창조되었다." 여기에서 모든 것이 뒤섞여 있는 것이 바로 무질서, 즉 카오스이고, 질서가 세워진 것이 바로 코스모스입니다. 무질서에서 질서가 창조되고, 카오스에서 코스모스가 창조되었다는 것이죠. 그렇다면 무질서한 것에 질서를 부여하는 것은 무엇일까요?

*
**

당구공의 운동에는 질서가 있습니다. 그래서 당구공의 운동을 예측할 수 있습니다. 노란 공에 왼쪽 시내루(비틀다는 뜻의 일본어)를 주고, 빨간 공의 오른쪽을 맞추면, 공이 어떻게 움직일지 궤도를 알 수 있죠. 그러한 질서를 수학적으로 집대성한 것이 뉴턴의 역학입니다. 그래서 19세기 프랑스의 철학자 라플라스는 "세계의 모든 물질의 위치와 운동량을 아는 존재자는 미래를 예측할 수 있을 것"이라고 합니다. 그리고 바로 그러한 존재자를 '라플라스의 악마'라고 합니다.

하지만 세상은 당구공처럼 움직이지 않습니다. 바람에 낙엽이 떨어지는 패턴, 담배 연기가 흩어지는 패턴, 시냇물이 흘러가는 패턴, 바람에 깃발이 흔들리는 패턴, 수도꼭지에서 물이 떨어지는 패턴, 이런 것들의 패턴들을 예측하는 것은 거의 불가능합니다. 수백억 원짜리 슈퍼컴퓨터를 돌려도 내일 날씨를 정확하게 예측할 수 없고, 수많은 주식 프로그램을 돌려도 한 시간 후의 주가를 알 수 없습니다. 돌발 변수로 요동치는 선거철 여론 동향을 예측하는 것도 불가능해 보입니다. 왜 그럴까요? 왜 이런 것들을 예측하는 것이 불가능할까요?

*
**

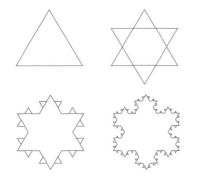

하나의 직선을 삼등분해서 가운데의 선분을 구부려 올려서 선을 만들어 봅시다. 그리고 또 다시 한 변을 삼등분해서 가운데의 선분을 구부려 올려서 새로운 선을 만들어 봅시다. 이런 작업을 무한히 반복할 수 있습니다. 이렇게 해서 나온 것이 바로 '코흐 곡선'입니다. 스웨덴의 19세기 수학자 코흐의 이름을 딴 도형이죠.

코흐 곡선은 자기 닮음의 구조를 가지고 있습니다. 부분은 전체와 같고, 그 부분의 부분은 그 부분과 같고, 그 부분의 부분의 부분은 그 부분의 부분과 같고…. 부분이 곧 전체이고, 그 전체가 부분입니다. 이처럼 부분이 전체이고, 전체가 부분인 도형을 '프랙털 도형'이라고 합니다.

또 다른 프랙털 도형을 봅시다. 20세기 수학자 브누아 망델브로는 단순한 방정식을 하나 제시합니다. $f(z)=Z^2+C$. 복소수 Z를 제곱하고, 여기에 C를 더해 새로운 복소수를 만드는 과정을 반복하는 방정식입니다. 이때 복소수가 발산하지 않게 하는 C의 집합을 '망델브로 집합'이라고 합니다. 말이 어려운데 이해하려고 애쓸 필요 없습니다. 간단히 말해서 단순한 방정식에서 어떤 조건을 만족시키는 복소수 집합이라고 보면 됩니다.

망델브로 집합을 평면 위에 표시한 것이 바로 다음의 도형입니다. 그런데 이 도형을 확대하면 끝없이 똑같은 이미지가 나옵니다. 부분은 전체와 같고, 그 부분의 부분은 그 부분과 같고, 그 부분의 부분의 부분은 그 부분의 부분과 같고…. 즉, 부분이 곧 전체이고, 전체가 부분입니다. 망델브로 집합도 코흐 곡선과 마찬가지로 자기 닮음의 구조를 가진 프랙털 구조입니다.

자연에는 이렇듯 많은 프랙털 구조가 있습니다. 강의 지류를 확대해서 보면 프랙털 구조가 보이고, 해안선을 확대해서 봐도 프랙털 구조가 숨어 있습니다. 번개의 패턴도 프랙털 구조이고, 브로콜리의 모양도 프랙털 구조입니다. 뇌 주름의 패턴도 프랙털 구조이고, 주가의 등락 그래프도 프랙털 구조입니다. 주식시장을 짧게 보나 길게 보나 마찬가지입니다.

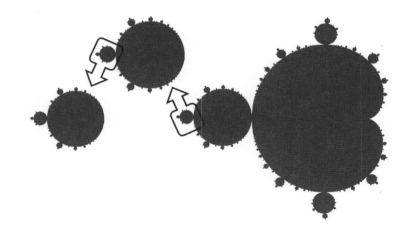

프랙털 기하학의 창시자인 망델브로는 방정식의 특수한 조건을 만족하는 복소수 집합을 제시했습니다. 그것을 망델브로 집합이라고 합니다. 망델브로 집합을 도형 위에 표시하고 이를 확대하면 끝없이 똑같은 이미지가 나옵니다. 망델브로 집합은 부분이 전체이고, 전체가 부분인 자기 닮음의 구조를 가지고 있기 때문입니다.

프랙털 도형을 만드는 방법은 간단합니다. 코흐 라인은 한 변을 삼등분해서 꺾어 놓은 것일 뿐이고, 망델브로 집합은 복소수 방정식이 발산하지 않도록 하는 복소수 집합일 뿐입니다. 하지만 그렇게 해서 나타난 것은 굉장히 복잡한 구조입니다. 시작은 단순했으나 그 끝은 굉장히 복잡합니다. 왜 그럴까요?

*
**

하늘이 무너지고 땅이 꺼질까 봐 걱정하는 것을 '기우(杞憂)'라고 합니다. 어떤 기(杞)나라 사람이 이런 걱정을 했기 때문에 생긴 말입니다. 19세기 스웨덴의 국왕 오스카르 2세도 이런 쓸데없는 걱정을 했던 모양입니다. 그는 태양계가 안정된 시스템인지, 아니면 불안정해서 언제라도 붕괴할 수 있는 시스템인지가 궁금했습니다. 이 문제를 풀어내라고 상금을 걸었죠.

사람들은 뉴턴의 역학을 적용하면 이 문제가 금방 풀릴 것이라고 생각했습니다. 그런데 수많은 수학자와 천문학자들이 도전했지만, 문제 풀이가 생각보다 간단하지 않았습니다. 태양과 지구 같은 두 물체 사이에 생기는 중력은 뉴턴 역학으로 간단하게 계산할 수 있지만, 물체가 세 개만 되어도 계산이 복잡해졌습니다. 비유하자면, 남녀 둘의 관계만 보면 금방 계산이 되는데, 삼각관계가 되면 문제가 복잡하게 꼬이는 것과 비슷합니다. 그래서 이러한 문제를 '푸앙카레의 삼체 문제'라고 합니다.

이 문제가 얼마나 어려운지 이미지로 보죠. 세 개의 물체가 타원 운동을 한다고 합시다. 그런데 이 세 물체 사이에 인력이 작용하기 때문에 금방 균

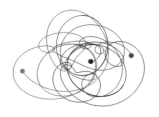

형이 깨져 버립니다. 그렇다면 이 세 물체는 어떤 방식의 운동을 할까요? 여기에서는 어떤 규칙을 찾아볼 수 없습니다.

또 다른 예를 들어보죠. 두 개의 관절을 가진 세 개의 막대가 회전운동을 한다고 합시다. 처음에는 세 막대가 똑같이 운동을 합니다. 그런데 바람이 한 차례 살짝 불어 셋 사이에 0.1도의 미세한 차이가 생겼다고 합시다. 사실 0.1도 차이는 별것 아니기 때문에 처음엔 세 막대가 똑같은 궤적을 그리는 듯합니다. 그런데 0.1도 차이가 누적되면 나중에는 세 막대의 운동이 완전히 달라집니다. 혼돈 그 자체죠. 그래서 이러한 운동을 카오스 운동이라고 하는 것입니다.

그렇다면 왜 이런 카오스가 생겨날까요? 아주 조그마한 차이가 원인이 되어 좀더 큰 차이가 생기고, 그 차이가 원인이 되어 더 큰 차이가 생기고, 다시 그 차이가 원인이 되어 더 큰 차이가 생기기 때문입니다. 작은 차이지만, 그것이 발생하는 과정을 무한 반복하면서 아주 큰 차이가 생깁니다. 초기 조건이 아주 조금만 달라져도 그것이 증폭되어 결과값이 엄청나게 달라지는 것입니다. 그래서 카오스 이론을 설명할 때 "베이징에서 나비 한 마리가 날개를 펄럭이면 뉴욕에 허리케인이 생긴다"는 비유를 듭니다. 이것을 '나비효과'라고 합니다.

모든 결과 사건에는 어떤 원인 사건이 있습니다. 그리고 그 원인 사건을 일으킨 또 다른 원인 사건이 있죠. 이렇듯 원인의 원인의 원인을 찾아 올라가다 보면, 그 어떤 것의 결과는 아니면서 모든 것의 원인이 되는 사건이 있을 것입니다. 아리스토텔레스는 이것을 '부동의 원동자(Unmoved Mover)', 즉 그 자체로는 움직이지 않으면서 다른 모든 것을 움직이게 하는 원인이라고 보았습니다. 그리고 그는 그것을 '신'이라고 했습니다.

E의 원인은 D이고, D의 원인은 C이고, C의 원인은 B이고, B의 원인은 A라는 식이죠. 이처럼 최초의 원인을 찾아 거슬러 올라가는 것을 '인과론'이라고 합니다.

한편, 최초의 원인을 찾아가는 것이 아니라 최후의 결과에 주목할 수도 있습니다. A라는 원인이 있는 이유는 B라는 결과를 위해서이고, B라는 원인이 있는 이유는 C라는 결과를 위해서이고, C는 D, D는 E라는 결과를 위해서 있다는 것이죠. 모든 사건이 일어난 데에는 어떤 목적이 있다는 것입니다. 이러한 입장을 '목적론'이라고 합니다.

인과론과 목적론은 바라보는 방향은 반대지만, 기본적으로 인과관계에 대한 입장은 같습니다. 원인이 결과에 일방적이고 기계론적으로 영향을 미친다는 것입니다. 이러한 입장을 크게 보면 '기계론적 인과관계'라고 할 수 있습니다.

프랙털 도형과 카오스 운동에서 보이는 복잡성은 이러한 기계론적 인과관계로는 설명할 수 없습니다. 이러한 복잡성은 원인과 결과가 서로 영향을 주기 때문에 발생합니다. 어떤 사건이 원인이 되어 결과가 나타나기도 하지만, 그 결과가 다시 원인에 영향을 주기 때문에 복잡성이 나타납니다. 이러한 구조를 '되먹임 구조'라고 합니다. 즉, B가 C에 영향을 주기도 하고, C가 B에 영향을 주기도 하고, C가 D에 영향을 주기도 하고, D가 C에 영향을 주기도 합니다.

$$\cdots\cdots\cdots\ A \leftrightarrow B \leftrightarrow C \leftrightarrow D\ \cdots\cdots\cdots$$

기계적 인과관계에서는 원인이 일방적으로 결과를 만들지만, 되먹임 구조에서는 A, B, C, D, E 모두 서로가 서로에게 영향을 미치는 원인이면서 결과입니다. 이들이 상호관계를 맺으면서 모두가 복잡하게 그물처럼 연결되어 있습니다. 따라서 A 속에 B, C, D, E가 들어 있고, E 속에도 A, B, C, D 모두 들어 있습니다. 즉, 부분이 전체이고 전체가 부분입니다. 앞에서도 말했듯이 이를 불교에서는 '인드라망'이라고 하죠.

원인과 결과의 되먹임 구조는 모든 존재가 독립적으로 존재하는 것이 아니라 서로 얽혀 있는 존재라는 점에서 불교에서는 '중중무진'이라고 합니다. 따라서 카오스에서 나타나는 복잡계를 '중중무진 법계(重重無盡法界)'라고 할 수 있습니다.

**

『장자』의 「응제왕」 편에 이런 이야기가 나옵니다.

어느 날 남쪽 바다의 신인 '숙'과 북쪽 바다의 신인 '홀'이 중앙 바다의 신인 '혼돈'으로부터 융숭한 대접을 받았습니다. 숙과 홀은 혼돈에게 고마운 마음을 표시하고 싶었습니다.

혼돈은 날개가 넷, 다리는 여섯이나 있지만 눈, 코, 입, 귀가 없었습니다. 숙과 홀은 이렇게 생각했습니다. '사람들은 일곱 구멍이 있어 보고 듣고 먹을 수 있는데, 혼돈은 그런 구멍이 없으니 얼마나 답답할까?' 숙과 홀은 날마다 혼돈의 몸에 하나씩 구멍을 뚫어 주기로 했습니다. 그런데 일곱 개의 구멍이 뚫리자, 혼돈은 그만 죽고 말았습니다.

이 이야기에 대한 해석이 여럿 있지만, 한 가지 해석을 보태볼게요. 혼돈을 그냥 혼돈의 상태로 내버려두어야 한다는 것입니다. 숙과 홀은 자신들이 세상을 보고 듣는 방식으로 혼돈도 세상을 이해하길 바랐지만, 혼돈에게는 그런 질서를 부여할 수 없었습니다.

**

세상에는 수많은 이해할 수 없는 일들이 일어납니다. 도대체 왜 그런 일이 일어나는지 가늠할 수조차 없는 일들이 생깁니다. 하긴 우리가 이해할 수 없는 것은 당연한 것일 수 있습니다. 세상의 모든 것은 그물처럼 연결되어 있는 복잡계이기 때문이죠. 프랙털 도형과 카오스 운동에서 보이는 복잡성을 기계론적 인과관계로 설명할 수 없는 것처럼, 세상에 일어나는 일들을 설명하는 것은 불가능합니다.

또한 우리는 한 발 더 나아가서 세상일이 내 마음대로 될 것이라고 생각하는 경우도 있습니다. 어림도 없는 일이죠. 세상은 내가 이해할 수 있는 것도 아니고, 내 맘대로 되는 것은 더더욱 아닙니다.

그렇다고 해서 손놓고 그냥 가만히 있자는 말은 아닙니다. 무언가를 하긴 해야죠. 세상 돌아가는 것을 이해할 수 없다고, 세상이 내 맘대로 되지 않는다고 낙담할 필요는 없습니다.

진부하게 들릴지도 모르지만, 이럴 때 생각나는 옛말이 있습니다. "진인사 대천명(盡人事待天命)", 자신의 할 일에 그냥 최선을 다하고 하늘의 명(命)을 기다린다는 말입니다. 어떤 사람들은 진인사 대천명을 "하늘은 스스로 돕는 자를 돕는다(Heaven helps those who help themselves)"라는 서양 격언과 비슷하다고 합니다.

하지만 내가 보기에 이 두 격언의 의미는 다릅니다. "진인사 대천명"은 어떤 일의 결과는 하늘에 달려 있는 것이므로 우리가 어떤 노력을 한다고 해서 그 결과가 달라지는 것은 아니지만, 그럼에도 불구하고 우리는 최선의 노력을 다해야 한다는 의미입니다. 반면 "하늘은 스스로 돕는 자를 돕는다"는 말은 우리가 최선을 다하면 하늘이 도와서 좋은 결과를 만들어낼 수 있다는 말이죠.

이렇게 보면 "진인사 대천명"은 논리적으로 보면 일종의 오류입니다. '진인사'는 '우리는 최선을 다해야 한다'는 당위의 명제이고, '대천명'은 '최선을 다해 봤자 어차피 그 결과는 하늘에 달려 있다'는 사실의 명제입니다. 당위의 명제와 사실의 명제를 연결하면 일종의 논리적 오류가 발생합니다. 예컨대 '남녀를 차별하면 안 된다. 따라서 여자도 군대에 가야 한다'처럼 당위의 명제로부터 사실의 명제를 도출하는 것을 '도덕주의적 오류'라고 하고, '동성애는 자연스러운 감정이 아니다. 따라서 동성애를 금지해야 한다'처럼 사실의 명제로부터 당위의 명제를 도출하는 것을 '자연주의적 오류'라고 합니다.

몸과 마음이 여러 가지로 힘든 어수선한 시기에 살고 있습니다. 이해할 수도 없고, 어찌할 수도 없는 일들이 도처에서 벌어지고 있죠. 힘들고 어수선한 시기에 우리가 할 수 있는 것이라고는 최선을 다하고 그 결과를 담담하게 기다리는 것밖에는 없습니다. 그래서 그런지 "진인사 대천명"이란 말은 논리적으로는 오류이지만, 그럼에도 불구하고 우리들에게 큰 울림을 주는 것 같습니다.

우주는
왜 존재하는가?

(feat. 라이프니츠, 브랜든 카터, 김한승)

미국의 저널리스트이자 최고의 대중 과학 작가인 짐 홀트가 TED 강연에서 이런 질문을 합니다. "우주는 도대체 왜 존재할까요?" 그러자 강연장에 있던 많은 관객들이 낄낄 웃기 시작합니다. 우주가 왜 존재하냐니, 웃긴 질문이죠. 이런 질문은 우리가 살면서 한 번도 해본 적도 받아본 적도 없는 질문이기 때문이겠죠.

그런데 모든 것을 내려놓고 한 번 진지하게 생각해 봅시다. 정말로 이상하지 않나요? 무언가가 존재한다는 것이 이상하지 않나요? 아무것도 존재하지 않는 것이 훨씬 더 자연스러운 상태잖아요. 그런데 왜 우주가 존재할까요? 왜 무언가가 존재할까요? 생각해 보면 이런 놀라운 물음으로부터 철학의 존재론이라는 것이 생겨났습니다.

그런데 물리학자들이 발견한 사실들은 우리를 더욱 놀라게 합니다. 진공의 에너지 밀도는 0.00000000000000000000000000000000000000 000000000000000111056입니다. 그런데 진공의 에너지 밀도가 이 값보다 0.0000000000⋯1%만 컸다면 우주는 진작에 대함몰(Big Crunch)로 수축되어 버렸을 것이고, 이 값보다 0.0000000000⋯1%만 작았다면 산산이 흩어져버렸을 것이라고 합니다. 그러니 우주가 존재한다는 것 자체가 기적이라고 할 수 있습니다.

그뿐만이 아닙니다. 태양에서 지구까지의 거리는 약 1억 5,000만 킬로미터인데, 조금만 더 가까웠으면 너무 뜨거워서 지구에 생명체가 존재할 수 없었을 것입니다. 조금만 더 멀었다면 너무 차가워서 생명체가 존재할 수 없었을 것이고요. 그러니 지구에 생명체가 존재하게 된 것이 기적이죠.

또한 우리 모두는 5,000만 개의 정자들의 경쟁에서 1등을 해서 태어난 존재입니다. 로또에서 1등 당첨 확률이 800만 분의 1인데, 인간이 태어날 확률은 5,000만 분의 1입니다. 이것도 기적이죠. 그러니 내가 존재한다는 것 자체가 기적인 셈입니다.

이제 다시 물어볼게요. 우주는 도대체 왜 존재할까요? 나는 도대체 왜 존재할까요? 왜 이런 기적 같은 일이 일어난 것일까요? 기적은 일어나지 않는 것이 정상인데, 왜 이런 기적 같은 일이 자꾸 일어날까요?

*
**

우주가 왜 존재하는지, 내가 왜 존재하는지에 대한 첫 번째 대답은 신이 이 모든 것을 창조했다는 것입니다. 신이 진공의 에너지 밀도를 0.000000000

00000000000000000000000000000000000000000000111056으로 정확히 맞추어 만들었고, 태양과 지구 사이의 거리를 정확하게 1억 5,000만 킬로미터가 되도록 설계했으며, 5,000만 마리의 정자 중에서 태어날 수 있도록 우리에게 가장 빠른 꼬리를 달아주었다는 것입니다. 이 우주가 존재하고, 지구가 존재하고, 내가 지구에 태어난 것은 신이 우주를 아주 정교하게 설계해서 만들었기 때문이라는 것입니다.

17세기 독일 철학자 라이프니츠의 철학이 이와 같은 입장입니다. 라이프니츠의 충족 이유율에 따르면, 존재하는 모든 것에는 그것이 존재하는 이유가 있으며, 모든 사건에는 그 사건이 그렇게 벌어질 만한 이유가 있습니다. 그 어떤 것도 이유 없이 존재하지 않으며, 그 어떤 사건도 이유 없이 벌어지지 않습니다.

따라서 푸틴이 존재하는 데에도 이유가 있고, 푸틴이 러시아 대통령이 된 데에도 이유가 있으며, 푸틴이 장기집권을 하는 데에도 이유가 있고, 푸틴이 우크라이나를 침공하게 된 데에도 다 이유가 있다는 것입니다. 이 모든 것이 다 신의 계획 속에 있다는 것이죠.

그렇다면 신은 왜 전쟁을 자신의 계획 속에 집어넣었을까요? 전쟁으로 수많은 사람들이 죽고 고통을 받는데, 왜 신은 푸틴으로 하여금 전쟁을 일으키도록 했을까요? 신은 선한 존재자인데, 왜 전쟁과 같은 악을 자신의 계획 속에 집어넣은 걸까요?

라이프니츠는 다 이유가 있다고 합니다. 인간이 보기에 전쟁 같은 악은 존재할 이유가 없는 것 같지만, 신의 관점에서 보면 이런 악들이 있어야 한

하이데거의 『형이상학 입문』의 첫 문단은 이렇게 시작됩니다. "세계는 왜 무가 아니고 유인가?"
우리는 이런 질문을 받으면 어안이 벙벙해집니다. 한 번도 이런 질문을 받아본 적이 없으니까요.
하지만 나는 이 질문이야말로 가장 위대한 철학적 질문이라고 생각합니다. 많은 철학자, 과학자,
신학자들이 이 질문에 대한 대답을 내놓았지만, 이 존재의 수수께끼는 영원한 수수께끼로 남게
될 것으로 보입니다.

다는 것입니다. 이런 개별적 악들이 있어야 전체적으로 조화를 이루면서 최고로 선한 세계가 실현되기 때문이라고 합니다. 신은 개별적 악들의 시리즈를 통해서 최고로 선한 세계를 창조했다는 것이죠.

라이프니츠에 따르면, 이것이 바로 우주가 존재하고, 푸틴이 존재하고, 내가 존재하는 이유입니다. 신은 최고로 선한 세계를 만들기 위해서 나라는 존재를 만들었다는 것이죠.

**

우주가 왜 존재하고, 내가 왜 존재하는지에 대한 두 번째 대답은 호주의 물리학자 브랜든 카터가 제시한 '인류원리(Anthropic Principle)'입니다. 인류원리는 아주 약한 것부터 아주 강한 것까지 약 30가지 버전이 있습니다.

약한 인류원리에 따르면, 우주가 존재하고 내가 존재하는 것으로 관찰되는 이유는 그것을 관찰하는 내가 존재하기 때문입니다. 뭔 헛소리인가 싶죠? 헛소리 아니에요. 쉽게 비유를 하나 들어볼게요.

어떤 나라에서 죄수를 공개적으로 총살시킨다고 합시다. 누구의 총에 맞아서 죽는지 모르게 하기 위해서 여섯 명이 동시에 총을 쏜다고 하죠. 그런데 총이 오래되어 가끔 고장이 납니다. 총 한 자루가 고장날 확률은 0.1%라고 해요. 천 자루 중에 한 자루가 고장난다는 얘기죠. 따라서 총 여섯 자루가 동시에 고장날 확률은 0.000001%예요. 그야말로 희박하죠.

어느 날 총 여섯 자루가 모두 고장나서 사형수가 죽지 않았다고 가정해보죠. 사형수는 너무나 기뻐서 이렇게 말했습니다. "이것은 기적이야. 하느님이 나를 살리라고 계시를 내린 거라고."

그러면 간수는 뭐라고 할까요? "그것은 기적이 아니야. 그것을 기적이라고 생각하는 이유는 네가 살아있기 때문이야. 내가 수십 년 동안 사형 집행을 해왔는데, 여태까지는 사형수들이 다 죽었어. 이제 확률상 운 좋게 살아남을 놈이 하나 나올 때가 되었는데, 그게 너일 뿐이야."

간수의 말이 맞죠? 앞에서 약한 인류원리는 우주가 존재하고, 내가 존재하는 것으로 관찰되는 이유는 그것을 관찰하는 내가 존재하기 때문이라고 했죠? 사형수가 존재하는 것이 관찰되는 이유는 사형수가 존재하기 때문이라는 말과 마찬가지입니다.

이번에는 아주 강한 버전의 인류원리를 봅시다. 강한 인류원리에 따르면, 우주가 존재하기 위해서는 그것을 관찰하는 내가 존재해야 합니다. 즉, 나라는 관찰자가 없으면 우주는 존재하지 않는다는 것이죠.

김한승 교수는 『나는 아무개지만 아무나는 아니다』에서 강한 인류원리를 18세기 영국 경험론 철학자 조지 버클리와 양자역학을 비유로 설명합니다. 버클리는 이렇게 말했죠. "존재하는 것은 지각되는 것이다." 이 말을 뒤집어서 보면 '지각되지 않는 것은 존재하지 않는다'는 말입니다. 즉, 내가 지각하지 않으면 우주는 존재하지 않는다는 것이죠. 이것이 바로 강한 인류원리입니다.

양자역학은 지각을 관찰로 바꿉니다. 양자역학에 따르면, 이중 슬릿을 통과하는 전자는 관찰을 하지 않을 때에는 두 개의 슬릿을 파동처럼 동시에 통과하다가, 감지기로 관찰하면 입자처럼 하나의 슬릿을 통과합니다. 즉,

입자가 존재하기 위해서는 감지기가 존재해야 합니다. 감지기가 관찰하지 않으면 입자는 존재하지 않는다는 것이죠.

　다소 맥락이 다르긴 하지만 강한 인류원리, 버클리의 이론, 양자역학의 결론은 이것입니다. "나는 존재한다. 고로 우주는 존재한다."

＊＊

인류원리에 대한 평가는 엇갈립니다. 어떤 사람들은 인류원리를 철학적으로 아주 훌륭한 사고방식이라고 합니다. 하지만 어떤 사람들은 말장난이라고 합니다. '우주가 존재하고 내가 존재하는 이유는 내가 우주에 존재하기 때문'이라는 주장은 그냥 동어반복일 뿐이라는 것이죠. 특히 과학자들은 인류원리에 대해서 회의적이며 의미 없는 주장이라고 봅니다.

　인류원리를 직관적으로 이해할 수 있는 비유를 하나 들어볼게요.

　로또에 당첨된 사람들의 가족들이 모여 사는 로또 마을이 있다고 합시다. 민수는 아버지가 로또에 당첨되어 로또 마을로 이사를 했는데, 마을 사람들이 어떻게 로또에 당첨되었는지 궁금했습니다.

　민수는 마을 사람들을 만날 때마다 이렇게 물었습니다. "아저씨는 어떻게 로또에 당첨되었어요?" 민수가 기대한 대답은 "돼지꿈을 꿔서"라든지, "로또를 많이 샀기 때문에"라든지, "운이 좋았겠지" 같은 것이었습니다. 그런데 마을 사람들은 하나같이 이렇게 대답했습니다. "여기가 로또 마을이니까."

　인류원리에 반대하는 사람들은 "여기가 로또 마을이니까"라는 식의 대답은 적절한 답이 아니라고 말합니다. 민수가 알고 싶은 것은 그게 아니라

로또에 당첨될 수 있었던 비법, 즉, 원인이었으니까요.

이에 반해 인류원리에 찬성하는 사람들은 "여기가 로또 마을이니까"라는 식의 대답이 적절하다고 할 것입니다.

여러분은 인류원리에 대해서 어떻게 생각하나요? 의미 있는 주장인 것 같나요? 아니면 그냥 말장난 같나요? 나는 잘 모르겠지만 분명한 것은 이것입니다.

로또 맞은 사람들은 로또 마을에서 그냥 평범한 사람들입니다. 로또 마을이니까요. 하지만 로또를 맞은 사람은 기적의 확률로 선택받은 비범한 사람들이기도 합니다. 즉, 로또 마을의 사람들은 모두가 '평범하지만 비범한 사람들'인 것입니다. 평범과 비범은 반대말이 아니라는 것이죠.

우리도 또한 마찬가지입니다. 이 세계에 존재하는 우리 모두는 그냥 평범한 존재들입니다. 하지만 우리 모두는 기적의 확률로 선택받은 비범한 존재들이기도 합니다. 우주는 0.00000…1%의 확률을 뚫고 존재하게 되었고, 우주에 생명체는 0.00000…1%의 확률을 뚫고 존재하게 되었으며, 우리 모두는 또 0.00000…1%의 확률을 뚫고 존재하게 된 존재입니다. 우리는 엄청 평범한 존재이면서 동시에 엄청 비범한 존재입니다.

우리 모두는 이처럼 '평범하게 비범한 존재'입니다. 우리는 모두 평범하기에 타자와 차별 없이 동일한 대우를 받아야 하고, 동시에 우리는 모두 비범하기에 타자와 차이를 통해서 자신의 정체성을 지켜야 합니다. 우리는 모두 평범하게 비범한 존재이므로, 이처럼 타자와 동일성과 차이성 사이에서 절묘한 균형을 잡을 수 있는 것입니다.

신화를 이해하는 방식에 대하여

(feat. 슐라이어마허, 불트만, 「라이프 오브 파이」)

1884년 영국에서 호주로 향하던 미뇨네트호가 폭풍우를 만나 난파를 당합니다. 배에 타고 있던 네 사람이 구명정에 올라타는데, 선장, 항해사, 선원 그리고 보조 선원인 리처드 파커입니다. 이들은 몇 개 남은 통조림과 빗물로 며칠을 버텼지만 곧 먹을 것과 마실 것이 바닥이 났죠.

보조 선원인 리처드 파커는 갈증을 참지 못하고 바닷물을 마셨고, 탈수증으로 고통을 받으며 죽어가고 있었죠. 그러자 선장과 항해사가 리처드 파커를 살해합니다. 이들은 식인을 하면서 며칠을 더 버티다가 근처를 지나가던 배에 의해서 구조됩니다.

영국에 도착한 후, 선장은 살인과 식인을 했다는 사실을 털어놓았고, 이들은 기소되어 살인죄로 교수형을 선고받게 됩니다. 하지만 이들의 살인이 살기 위한 최후의 수단이었다는 우호적 여론에 힘입어 6개월 만에 석방됩니다.

이 사건을 모티브로 캐나다의 소설가 얀 마텔이 『파이 이야기』라는 소설을 씁니다. 이 소설은 태평양 한복판에서 227일 동안 표류하면서 살아남은 인도 소년에 대한 이야기입니다. 얀 마텔은 이 소설로 2002년에 맨부커상을 수상했습니다. 2013년 이안 감독은 이 소설을 모티브로 하여 「라이프 오브 파이(Life of Pi)」라는 영화를 만들었습니다. 이 영화는 아카데미에서 감독상 등 4개 부문을 수상했습니다.

이번에 할 이야기는 영화 「라이프 오브 파이」입니다. 이 영화를 통해서 우리가 이야기와 신화를 어떻게 해석하고 이해할 것인가에 대해 생각해 보겠습니다.

**
**

영화는 파이라는 인도 사람이 자신이 겪은 이야기를 어떤 소설가에게 들려주면서 시작합니다.

어릴 적 파이의 부모님은 인도에서 동물원을 운영했는데, 국가의 지원이 끊기면서 파산하게 됩니다. 파이네 가족은 동물들을 싣고 캐나다로 이주하기 위해서 배에 오릅니다. 그런데 태평양 한가운데서 폭풍우에 배가 침몰하고 파이는 간신히 구명보트에 오릅니다. 우연히 하이에나, 오랑우탄, 다리를 다친 얼룩말도 그 구명보트에 함께 타게 되죠.

그런데 하이에나가 오랑우탄과 얼룩말을 죽이는 일이 벌어집니다. 게다

출처: Life of Pie(한국 번역서: 파이 이야기),
Yann Martel, Mariner Books, 2003년

영화 「라이프 오브 파이」에는 두 개의 이야기가 있습니다. 하나는 구명보트에 주인공 파이와 호랑이, 하이에나, 오랑우탄, 얼룩말이 타게 된 이야기입니다. 하이에나, 오랑우탄, 얼룩말이 죽고 파이는 호랑이와 함께 망망대해에서 사투를 벌입니다. 다른 하나는 구명보트에 파이와 파이의 어머니, 요리사, 선원이 타게 된 이야기입니다. 요리사가 선원과 파이의 어머니를 죽이고, 파이가 요리사를 죽여 버립니다. 그리고 파이는 식인을 하며 망망대해에서 227일을 버티다가 구조됩니다.

이 두 이야기 중에 어느 이야기가 진실일까요?

가 파이마저 위험에 처하게 되는데, 갑자기 배의 안쪽에 있던 호랑이가 나타나서 하이에나를 죽여 버립니다. 그 호랑이의 이름이 바로 리처드 파커입니다.

이제 구명보트에는 파이와 리처드 파커만 남았습니다. 파이는 처음에는 리처드 파커를 죽이려 했지만 뜻대로 될 리가 없죠. 그래서 리처드 파커와 공생하는 방법을 찾습니다. 리처드 파커를 피해 구명보트 옆에 작은 튜브를 띄워 놓고 몸을 피했죠.

그러다가 또다시 폭풍우를 만나 표류하다가 이상한 섬에 도착합니다. 먹을 것도 있고 마실 물도 있는 천국과도 같은 섬이었죠. 게다가 미어캣이 많아서 리처드 파커도 배불리 먹을 수 있었습니다. 그런데 밤이 되자 모든 것이 바뀝니다. 물이 산성화되어 모든 것이 녹아내립니다. 알고 보니 이 섬은 사람을 잡아먹는 식인섬이었습니다.

파이와 리처드 파커는 섬에서 빠져나옵니다. 한참 더 표류하다가 멕시코 해변에 닿았죠. 리처드 파커는 뒤도 안 돌아보고 밀림으로 들어가 버립니다. 파이는 사람들에게 구조됩니다.

**

구조된 파이는 병원에서 치료를 받습니다. 그때 선박의 침몰 원인을 조사하기 위해서 보험회사에서 두 사람이 찾아옵니다. 파이는 자신이 겪은 이야기를 들려줍니다. 구명보트에 자신과 호랑이, 하이에나, 오랑우탄, 얼룩말이 타게 되었고, 하이에나, 오랑우탄, 얼룩말이 죽고 호랑이와 함께 망망대해에서 겪은 이야기를 들려줍니다.

그런데 보험회사에서 나온 두 사람은 파이의 이야기를 믿지 않습니다. 호랑이와 구명보트에서 227일을 살다니요. 당연히 믿지 못할 이야기지요. 그러자 파이는 다른 이야기를 합니다.

배가 침몰하고 구명보트에는 네 사람이 있었습니다. 파이, 파이의 어머니, 요리사, 다리를 다친 선원. 선원의 다리가 썩어 들어가자, 요리사는 선원에게 다리를 자르지 않으면 결국 죽을 수 있다고 말합니다. 그러고는 선원의 다리를 잘라버리죠. 사실 요리사가 선원의 다리를 자른 이유는 다리의 살점을 미끼로 삼아 낚시를 하기 위해서였죠. 결국 선원은 죽습니다.

그러자 요리사가 선원의 시신을 먹는 일이 벌어집니다. 그 일로 시비가 붙어 요리사와 파이의 어머니가 다투다가 요리사가 파이의 어머니를 죽입니다. 이에 분개한 파이는 요리사를 죽여 버립니다. 파이는 요리사의 살점을 미끼로 삼아 낚시를 하고 요리사의 심장과 간을 먹죠. 파이는 이렇게 227일을 버티다가 구조됩니다.

*
**

지금까지 우리는 두 개의 이야기를 보았습니다. 첫 번째 이야기는 파이, 리처드 파커, 오랑우탄, 하이에나, 얼룩말에 관한 이야기이고, 두 번째 이야기는 파이, 파이의 어머니, 요리사, 선원에 관한 이야기입니다.

눈치챘겠지만, 사실 두 이야기는 서로 대응을 합니다. 리처드 파커는 바로 파이의 무의식이고, 오랑우탄은 파이의 어머니, 하이에나는 요리사, 얼룩말은 선원입니다. 그리고 파이와 리처드 파커가 머물렀던 식인섬은 파이가 식인을 했음을 암시하고 있습니다.

프로이트에 의하면 인간의 의식 아래에는 커다란 무의식이 있습니다. 이 무의식 속에는 성적 욕망과 폭력적 충동이 억압되어 있죠. 그래서 리처드 파커가 처음에 튀어나온 곳이 바로 구명보트의 천막 아래입니다. 이곳이 바로 파이의 무의식 공간이었던 것입니다. 리처드 파커가 없었다면 파이는 살아날 수 없었을 것입니다. 하이에나를 이길 수도 없었고 227일 동안의 극한 상황에서 버틸 수도 없었을 테죠. 파이는 살아남기 위해서 리처드 파커와 공존할 수밖에 없었던 것입니다.

이 두 이야기 중에 어느 쪽이 진실일까요? 첫 번째 이야기가 진실일까요, 아니면 두 번째 이야기가 진실일까요?

얼핏 보면 두 번째 이야기가 진실인 것처럼 보입니다. 파이가 요리사를 죽이고 식인 행위를 한 것이 진실이고, 첫 번째 이야기는 자신의 살인과 식인 행위에 면죄부를 주기 위해서 상상으로 만들어낸 이야기인 것처럼 보입니다. 그렇다면 정말로 두 번째 이야기가 진실이고, 첫 번째 이야기가 거짓일까요?

**

미학에서 중요한 문제 중의 하나는 아름다움이라는 것이 어디에 있는가 하는 것입니다. 두 가지 입장이 있는데요.

하나는 아름다움이란 작품 속에 들어 있는 속성이라는 입장입니다. 대표적으로 플라톤의 '미의 대이론', 즉 아름다움이란 작품이 가지고 있는 아름다운 비율, 즉 대상이 가지고 있는 객관적 속성이라는 입장입니다. 18세기 이전까지 대체로 받아들여졌던 입장이죠.

칸트의 입장은 반대입니다. 칸트는 아름다움이란 작품을 보고 가지게 되는 감상자의 마음속에 있다고 합니다. 이를테면 「밀로의 비너스」 조각은 그냥 돌멩이일 뿐인데, 감상자가 이 작품을 보면서 아름다움이라는 감정을 가지게 된다는 것이죠. 즉, 아름다움이란 감상자가 가지는 주관적 감정이라는 말입니다.

아름다움이란 객관적 속성일까요, 아니면 주관적 감정일까요? 미학에서 절대 표현주의를 받아들이면 둘 다 맞습니다. 아름다움은 객관적이기도 하고 주관적이기도 합니다.

음악으로 이것을 설명해 보죠. 비발디의 「사계」 중에서 「봄」을 들으면 우리는 화사함을 느낍니다. 비발디는 음악을 통해서 봄의 화사함을 객관적으로 표현했고, 감상자가 화사함을 주관적으로 느꼈기 때문입니다.

바로크 시대의 작곡가 바흐의 「샤콘느」를 들으면 우리는 슬픔을 느끼죠. 바흐는 음악을 통해서 아내의 죽음을 객관적으로 표현했고, 감상자가 슬픔을 주관적으로 느꼈기 때문입니다. 즉, 감정이란 작곡가가 객관적으로 표현한 것을 감상자가 주관적으로 느낀 것입니다.

어떤 감상자가 비발디의 「봄」을 듣고 공포를 느끼고, 바흐의 「샤콘느」를 듣고 희망을 느꼈다고 합시다. 그 감상자는 음악을 제대로 이해하지 못한 것입니다. 즉, 감상자가 음악을 제대로 이해한다는 것은 작곡가가 객관적으로 표현한 감정을 주관적으로 똑같이 느낀다는 것을 의미합니다.

*
**

18세기 독일의 신학자이자 철학자인 프리드리히 슐라이어마허는 텍스트를 이해하는 방법에 두 가지가 있다고 합니다. 하나는 텍스트를 말 그대로 분석하는 문법적 이해이고, 다른 하나는 저자의 시대적 상황과 정신적 상태 등 컨텍스트(context: 상황, 맥락, 문맥 상의 의미)를 분석하는 심리적 이해입니다. 문법적 이해는 텍스트로 드러나 있는 것을 분석하는 객관적 이해이고, 심리적 이해는 텍스트 이면에 숨겨진 컨텍스트를 분석하는 주관적 이해라고 할 수 있습니다.

텍스트에 대한 올바른 이해란 텍스트를 문법적으로만 이해하는 것도 아니고, 저자의 심리 상태 등의 컨텍스트를 심리적으로만 이해하는 것도 아닙니다. 문법적 이해와 심리적 이해, 주관적 이해와 객관적 이해를 함께 해야 올바른 이해라고 할 수 있습니다. 우리는 이 두 가지 이해의 상호작용을 통해서 텍스트를 올바르게 이해할 수 있습니다.

이것은 마치 작곡가가 음악을 통해서 객관적으로 표현한 감정을 감상자가 주관적으로 똑같이 느낄 때, 비로소 그 음악을 제대로 이해했다고 할 수 있는 것과 같습니다. 그리고 보면 음악을 이해하는 것이나 텍스트를 이해하는 것이나 똑같은 것입니다.

예수는 물로 포도주를 만들고, 앉은뱅이를 일으켰으며, 십자가에 못박혀 죽임을 당한 지 사흘 만에 부활했습니다. 부처는 어머니의 옆구리에서 태어났고, 태어나자마자 일곱 걸음을 걷고 "천상천하 유아독존"이라고 말했으며, 보리수 아래에서 깨달음을 얻었습니다. 무함마드는 15년 동안 명상 끝에 대오각성하고, 알라의 계시를 받았으며, 빛을 타고 하늘로 올라가 알라를 참배하고 돌아왔습니다.

어떤 사람들은 예수, 부처, 무함마드의 기적을 역사적 사실이라고 믿습니다. 또 어떤 사람들은 이러한 기적은 이들을 신격화하기 위해서 만들어낸 허구라고 생각합니다. 그렇다면 이러한 이야기들은 역사적 사실일까요, 허구일까요?

20세기 독일의 신학자인 루돌프 불트만은 이러한 이야기들이 역사적 사실인지, 허구인지 구별하는 것은 가능하지도 않고, 또 별로 중요하지도 않다고 합니다. 고대인들의 세계관과 현대인들의 세계관은 다르기 때문에, 이것이 사실이냐 아니냐를 생각하는 것은 의미가 없다는 것이죠. 중요한 것은 이러한 이야기들이 전하는 의미를 이해하는 것이라고 합니다.

앞서 말했듯이, 이야기에 대한 올바른 이해란 텍스트에 대한 문법적 이해와 컨텍스트에 대한 심리적 이해를 함께하는 것입니다.

예수가 광야에서 40일 동안 금식을 하고 있는데, 사탄이 나타나서 당신이 하느님의 아들이라면 돌을 빵으로 바꿔 보라고 유혹을 합니다. 부처가 깨달음을 얻기 위해 보리수 나무 아래 앉아 명상을 하고 있는데, 마구니가 나타나서 온갖 아양을 떨면서 유혹을 합니다. 그리고 무함마드가 살던 당시에는 귀신 들린 자들이 많았다고 합니다.

불트만의 입장을 받아들이면, 우리는 이러한 이야기를 21세기 현대인들에게 필요한 메시지로 이해해야 합니다. 예컨대 예수의 사탄은 명예욕으로, 부처의 마구니는 육체적 쾌락으로, 그리고 무함마드의 귀신 들린 자는 자본의 노예가 된 돈 귀신으로 이해해야 합니다.

예수가 행한 기적은 예수의 가르침이라는 컨텍스트에서 이해되어야 하고, 부처의 깨달음은 부처의 가르침 속에서 이해되어야 하며, 무함마드의 계시는 무함마드의 가르침 속에서 이해되어야 합니다. 이러한 맥락 속으로 들어가서 보면, 이들이 행한 기적은 이해의 대상이지 진실과 거짓의 판단 대상은 아니라고 할 수 있습니다.

＊
＊＊

영화 「라이프 오브 파이」에서 두 개의 이야기 중 어느 이야기가 진실일까요? 엄밀하게 따지면 이것은 잘못된 질문입니다. 이 두 이야기 모두 영화 속 이야기일 뿐이죠. 굳이 역사적 사실을 따진다면, 1884년 구명보트에서 선장과 항해사가 리처드 파커를 살인하고 식인한 사건이 사실이죠. 그러니 이 영화 속의 두 이야기는 모두 역사적 사실은 아니죠.

사실 이 두 이야기 중에서 어느 이야기가 진실인지는 중요하지 않습니다. 중요한 것은 파이가 겪은 사건을 우리가 어떻게 이해하느냐 하는 것입니다. 그리고 어떤 이해 방식이 더 마음에 드느냐는 것입니다.

영화의 마지막에서 파이와 소설가가 이런 대화를 나눕니다.

파이: 어떤 이야기가 더 맘에 드나요?

소설가: 호랑이가 나오는 이야기요. 더 흥미롭거든요.

파이: 고맙습니다. 신의 존재 또한 그런 거죠.

아인슈타인이 2,500년 만에 해결한 정신 나간 문제

(feat. 파르메니데스, 아인슈타인)

2000년 미국의 클레이 수학연구소에서 수학자들이 아직 해결하지 못한 일곱 개의 문제를 뽑았습니다. 이것을 '7대 밀레니엄 문제'라고 하는데요. 나비에-스토크스 방정식, 리만 가설, 호지 추측, 푸앵카레 추측 등입니다. 뭔 말인지는 모르겠지만 암튼 무지 어려워 보이죠. 그런데 이 중에서 딱 한 문제가 풀렸는데, 그것이 바로 푸앵카레 추측입니다.

1904년 프랑스의 수학자 앙리 푸앵카레가 이 문제를 내고, 2002년 러시아의 수학자 그리고리 페렐만이 이것을 증명했습니다. 이 문제가 풀리기까지 거의 100년이 걸린 것이죠.

철학에도 아주 오래된 문제가 있습니다. 100년 정도는 아무것도 아니에요. 무려 2,500년 만에 풀린 문제가 있습니다. 고대 그리스의 철학자가 낸 문제를 무려 2,500년이 지난 20세기에 아인슈타인이 풀어냈습니다. 그것이 도대체 무슨 문제였을까요? 그리고 아인슈타인은 그것을 어떻게 푼 것일까요?

**

기원전 5세기 고대 그리스에 파르메니데스라는 철학자가 있었습니다. 그는 "세상의 그 어떤 것도 변하지 않는다"고 주장했습니다. 세상의 모든 것이 변화하지 않는다니, 말도 안 되는 것 같죠? 하지만 파르메니데스는 세상이 변하는 것처럼 보이지만, 그것은 사실이 아니라고 주장합니다.

파르메니데스는 자신의 주장을 두 개의 전제로부터 증명을 합니다. 첫 번째 전제는 "있는 것은 있다"는 것이고, 두 번째 전제는 "없는 것은 없다"는 것입니다. 이때 "없는 것은 없다"는 말은 "남대문 시장에 가면 없는 게 없어"라고 말할 때처럼 뭐든지 다 있다는 의미가 아닙니다. 말 그대로 '없는 것은 없다'는 뜻입니다. 이것은 마치 "책상은 책상이다", "사과는 사과다"처럼 주어를 다시 반복한 것이므로, 틀릴 수 없는 참인 주장이죠.

여기에 커피가 한 잔 있다고 해 보죠. 이 커피는 한 시간 전에는 뜨거운 커피였는데, 지금은 미지근한 커피가 되었어요. 그리고 한 시간 후에는 차가운 커피가 될 것입니다.

다시 말해 아까는 뜨거운 커피가 있었는데, 지금은 뜨거운 커피는 없습니다. '있는 것은 있는 것'인데, 있는 것이 어떻게 없는 것이 되죠? 그것은 불가능하죠.

또한 아까 여기에 미지근한 커피는 없었는데, 지금은 미지근한 커피가 있어요. '없는 것은 없는 것'인데, 없는 것이 어떻게 있는 것이 되죠? 그것도 불가능하죠.

그래서 파르메니데스는 "변화는 불가능하다"고 합니다. 커피의 온도는 변할 수 없다는 것입니다. 뜨거운 커피가 미지근한 커피로 변했다는 생각은 착각이라는 것이죠. 그러면서 파르메니데스는 말합니다.

"너의 감각을 믿지 마라. 감각은 착각이다."

플라톤은 파르메니데스의 이러한 정신 나간 주장을 그대로 받아들였습니다. 플라톤은 파르메니데스와 똑같이 말합니다.

"너의 감각을 믿지 마라. 감각은 착각이다." 그렇다면 무엇을 믿으라는 말일까요?

플라톤은 관념의 세계를 믿으라고 합니다. 이때부터 서양 철학은 파르메니데스와 플라톤이 만들어 놓은 관념의 세계로 들어가게 됩니다.

관념의 세계에서 결정체가 바로 기하학입니다. 우리는 감각의 도움 없이도 기하학을 할 수 있죠. 눈을 감고 삼각형을 상상하고, 삼각형의 내각의 합이 180도라는 것을 증명할 수 있습니다. 그것이 가능한 이유는 기하학은 관념의 세계에 있기 때문입니다. 그래서 플라톤이 자신이 세운 아카데미아의 정문에 "기하학을 모르는 자 이곳에 들어오지 말라"라고 써놓았던 것입니다.

기하학의 세계는 곧바로 수학의 세계로 연결되어 있습니다. 그래서 데카르트는 기하 도형에 좌표계를 도입하여 기하학을 수학처럼 계산할 수 있게 만들 수 있었습니다.

파르메니데스의 후예들은 이제 수학의 세계를 통해서 과학의 세계로 들어가고, 과학의 발전은 기술의 발전으로 이어지면서 유럽에서 산업혁명이 일어납니다. 유럽의 국가들은 산업혁명을 통해서 제국으로 성장하고 동양은 서구의 식민 지배 아래에 들어가게 됩니다. 그러고 보면 우리에게 최대의 원흉은 바로 파르메니데스였던 것입니다.

*
**

파르메니데스가 죽고 2,500년의 시간이 흘러 이제 20세기가 됩니다. 아인슈타인은 파르메니데스와 플라톤이 구축한 관념의 세계로 들어갑니다. 그는 눈을 감고 이런 상상을 합니다. '빛의 속도로 날아가면서 거울로 내 얼굴을 비추어 보면 어떻게 보일까?'

빛의 속도는 초속 30만 킬로미터입니다. 1초에 30만 킬로미터를 날아간다는 말이죠. 빛의 속도로 날아가면서 거울을 본다는 것은 경험적으로는 불가능하죠. 상상 속에서나 가능한 일, 관념의 세계에서나 가능한 일입니다. 그러던 중 마이켈슨과 몰리라는 실험 물리학자가 빛의 속도는 일정하다는 것을 증명합니다. 빛은 어떤 경우에도 초속 30만 킬로미터라는 것입니다. 이것을 '광속불변의 원리'라고 합니다.

그런데 '광속불변의 원리'는 곰곰이 생각해 보면 말도 안 되는 것 같습니다. 왜 그런지 설명해 보죠.

철수가 자동차를 타고 시속 100킬로미터로 달리고 있고, 그 뒤에 영희가 자동차를 타고 시속 70킬로미터로 쫓아가고 있다고 합시다. 그러면 영희의 관점에서는 철수의 속도가 시속 30킬로미터로 보일 것입니다(100km/h-70km/h=30km/h).

이제 속도를 올려봅시다. 빛은 1초에 30만 킬로미터를 날아간다고 했죠? 이번에는 영희가 우주선을 타고 초속 20만 킬로미터의 속도로 그 빛을 쫓아간다고 해 보죠. 그러면 영희한테는 빛의 속도가 초속 10만 킬로미터로 보여야 할 것입니다(30만 km/s-20만 km/s=10만 km/s). 이것은 아까 영희가 자동차로 철수를 쫓아갈 때랑 똑같은 상황이니까요.

그런데 문제는 그렇지 않다는 것입니다. 광속불변의 원리에 따르면, 지구에서 가만히 서 있는 나한테도 빛의 속도는 초속 30만 킬로미터이고, 초속 20만 킬로미터로 빛을 쫓아가는 영희한테도 초속 30만 킬로미터입니다. 이처럼 빛의 속도는 누구에게나 똑같습니다. 이상하지만 어쩔 수 없어요. 그냥 그래요. 이것을 마이켈슨과 몰리가 실험으로 증명했어요.

하지만 아무리 생각해도 빛의 속도가 가만히 서 있는 나에게도, 빛을 쫓아가는 영희에게도 초속 30만 킬로미터로 같다는 것은 말이 안 되죠?

아인슈타인도 광속불변의 원리가 이해가 안 되었어요. 그런데 번뜩이는 아이디어가 하나 떠오릅니다. 나의 시간의 속도보다 영희의 시간의 속도가 느리게 흐른다면 빛의 속도가 불변할 수 있다는 것입니다. 속도는 이동한 거리를 시간으로 나눈 것이므로, 이동한 거리가 줄었다면 시간을 같이 줄이면 속도는 똑같아지기 때문입니다.

아인슈타인은 이런 결론을 내립니다. 지구에서 나의 시간보다 우주선에서 영희의 시간이 느리게 흐른다. 즉 서로가 서로에 대해서 운동을 하고 있다면 우리 모두는 각자의 시간의 속도를 갖는다는 것입니다. "시간의 속도는 상대적이다." 이것이 바로 상대성 이론입니다.

상대성 이론에 따르면, 움직이는 대상의 시간은 느려지고, 중력이 강한 대상의 시간도 느려집니다. 그래서 영화 「인터스텔라」에서 주인공 쿠퍼가 우주여행을 마치고 지구로 돌아왔을 때, 딸이 폭삭 늙어버린 할머니가 되어 있었던 것입니다. 움직이는 대상의 시간은 느려진다고 했죠? 쿠퍼는 우주여행을 하면서 운동의 변화를 겪었기 때문에 시간이 느려졌고, 상대적으로 지구에 있던 딸은 시간이 훨씬 빠르게 흘러 늙어 할머니가 되었던 것입니다.

**

20세기 미국의 철학자 힐러리 퍼트넘이 쿠퍼와 할머니가 된 딸이 만나는 상황을 생각해 본다고 해 보죠. 쿠퍼의 관점에서 딸은 미래에 존재하고, 딸의 관점에서 쿠퍼는 과거에 존재한다고 할 수 있습니다. 쿠퍼의 입장에서 딸은 미래에 되었을 할머니인 것이고, 딸의 입장에서 아버지는 추억 속 젊은 나이인 것이죠. 다시 말해 상대성 이론을 받아들이면 나의 현재는 너의 미래이고, 너의 미래는 바이든의 과거이며, 바이든의 과거는 푸틴의 미래이고, 푸틴의 미래는 젤렌스키의 과거이며, 젤렌스키의 과거는 안드로메다 공주의 미래이고, 안드로메다 공주의 미래는 나의 과거이고…, 그러고 보니 과거, 현재, 미래가 모두 뒤엉켜 버린 것입니다.

과거, 현재, 미래가 뒤엉켜 있다는 것이 무슨 의미일까요? 그것은 시간

2,500년 전 고대 그리스의 파르메니데스는 이렇게 말합니다. "세상은 변하지 않는다. 세상이 변하는 것 같지만 그것은 착각이다." 파르메니데스의 이런 정신 나간 주장은 오랜 시간 잊혀진 것 같았습니다.

하지만 파르메니데스의 후예들은 수학의 세계와 과학의 세계로 들어가 살아남았습니다. 그리고 20세기가 되자, 아인슈타인이 나타나서 이렇게 말합니다. "시간은 흐르지 않는다. 시간은 흐르는 것 같지만 그것은 착각이다." 아인슈타인이 파르메니데스의 사상을 부활시킨 것입니다.

이 흐르지 않는다는 것입니다.

"시간이 흐른다"는 말은 과거는 이미 지나갔고, 미래는 아직 오지 않았으며, 오직 현재만이 존재한다는 의미인데, 과거, 현재, 미래가 모두 존재한다면 시간은 흐르지 않는다고 보아야겠죠.

아인슈타인도 어렴풋이나마 이런 세계관을 가지고 있었던 것 같습니다. 친구인 수학자 미셸 베소가 죽자, 그의 가족들을 위로하면서 이런 편지를 보냅니다.

"그가 나보다 먼저 이 세상을 떠났지만, 그것은 별로 중요하지 않습니다. 우리 물리학자들은 과거, 현재, 미래의 구분이 착각일 뿐이라고 믿기 때문입니다."

잠깐, 우리는 이 말을 오래전에 들은 적이 있습니다. 2,500년 전 파르메니데스의 말, "너의 감각을 믿지 마라. 감각은 착각이다"가 바로 그것이죠. 우리는 과거는 이미 지나갔고, 미래는 아직 오지 않았으며, 오직 현재만을 감각적으로 생생하게 경험합니다. 하지만 그것은 착각이라는 것입니다.

＊
＊＊

2,500년 전 파르메니데스는 변화가 불가능하다고 주장했습니다. 커피가 식는 것처럼 보이는 것은 착각이라는 것이죠. 있는 것은 있고, 없는 것은 없다는 주장을 받아들이면, 커피는 식을 수 없다는 것입니다.

우리는 파르메니데스의 이런 주장을 정신 나간 주장이라고 생각했습니다. 그런데 아인슈타인은 파르메니데스가 옳았다고 합니다. 과거의 뜨거운 커피가 없어진 것이 아니고, 그 뜨거운 커피는 한 시간 전 거기에 존재한다는 것입니다. 그리고 한 시간 후의 차가운 커피도 한 시간 후 거기에 있다는 것입니다. 과거, 현재, 미래의 구분이 없는 세계에서는 과거의 뜨거운 커피, 현재의 미지근한 커피, 미래의 차가운 커피가 모두 존재한다는 것입니다.

앞에서 우리는 파르메니데스가 이상한 말장난을 했다고 생각했는데, 알고 보니 그의 말이 맞았던 것입니다. 있는 것은 있고, 없는 것은 없는 것입니다. 한 시간 전의 뜨거운 커피는 거기에 있고, 미래의 차가운 커피도 거기에 있는 것입니다.

이렇게 보면 이 커피는 변한 것이 아닙니다. 커피가 변했다는 것은 뜨거운 커피가 사라지고, 차가운 커피가 생겨났다는 것인데, 뜨거운 커피도 거기에 있고, 차가운 커피도 거기에 있다면, 커피는 변한 것이 아니죠. 그러고 보면 아인슈타인이 "과거, 현재, 미래의 구별이 착각"이라고 한 것이나, 파르메니데스가 "변화는 착각"이라고 한 것은 똑같은 주장입니다. 결국 파르메니데스의 정신 나간 주장을 2,500년 만에 아인슈타인이 풀어낸 것이죠. 그래서 오스트리아의 과학철학자인 칼 포퍼는 아인슈타인을 가리켜 '파르메니데스주의자'라고 합니다.

*
**

과거, 현재, 미래의 구분이 착각이라는 말의 의미를 이해하기 힘들어하는 독자들을 위해서 비유를 하나 들어보겠습니다.

프랑스에는 에펠탑이 존재하고, 한국에는 남대문이 존재하며, 미국에는 자유의 여신상이 존재합니다. 한국에 사는 우리는 남대문은 볼 수 있지만, 에펠탑이나 자유의 여신상은 볼 수 없습니다. 하지만 만약에 신이 있다면, 신은 에펠탑, 남대문, 자유의 여신상을 동시에 볼 수 있을 것입니다. 왜냐하면 신은 '어디에나' 존재하기 때문이죠.

마찬가지입니다. 과거에는 뜨거운 커피가 존재하고, 현재에는 미지근한 커피가 존재하며, 미래에는 차가운 커피가 존재합니다. 현재를 사는 우리는 미지근한 커피는 볼 수 있지만, 뜨거운 커피나 차가운 커피는 볼 수 없습니다. 하지만 만약에 신이 존재한다면, 신은 뜨거운 커피, 미지근한 커피, 차가운 커피를 동시에 볼 수 있을 것입니다. 신은 '언제나' 존재하기 때문이죠. 따라서 신에게 과거, 현재, 미래의 구분은 의미가 없습니다.

신은 과거를 회상하면서 후회하지 않습니다.

"그때 에덴동산에서 아담과 이브가 사과를 따 먹을 때 말릴 걸 그랬나?"

또한 신은 미래를 계획하지 않습니다.

"2026년 월드컵 때 브라질을 우승시켜 줘야 하나?"

과거를 후회하고 미래를 계획하는 것은 인간이나 하는 짓이지, 신은 그렇지 않습니다. 신에게 과거, 현재, 미래는 똑같기 때문입니다.

과거, 현재, 미래는 똑같이 존재합니다. 현재만이 존재한다고 생각하는 것은 인간의 착각입니다. 그래서 신이 있다면, 신은 인간에게 이렇게 말할 것입니다. "네 감각을 믿지 마라. 감각은 착각이다."

묻히고 사라질 것 같은 비범한 순간들의 이야기

삶은 가까이 보면 비극이지만, 멀리서 보면 희극이라는 말이 있습니다. 삶은 순간순간에는 비극적 사건으로 채워져 있지만, 전체를 놓고 보면 결국 하나의 희극에 불과하다는 말입니다. 이처럼 얼마나 멀리 떨어져서 보느냐에 따라서 삶은 비극이 되기도 하고 희극이 되기도 합니다.

마찬가지입니다. 우리의 삶은 평범하기도 하고 비범하기도 합니다. 전체로 놓고 보면 우리의 삶은 너무나 평범합니다. 우리 모두는 태어나서 늙고 병들고 죽습니다. 알고 보면 그게 다입니다. 하지만 그러한 평범한 삶의 여정 속에는 반짝반짝 빛나는 비범한 순간들이 있습니다. 그 반짝반짝 빛나는 비범한 순간은 아름다운 순간일 수도 있고, 깨달음의 순간일 수도 있고,

고통스러운 순간일 수도 있습니다. 하지만 비범한 순간들은 결국은 평범 속에 묻혀 버립니다.

『평범하게 비범한 철학 에세이』는 묻히고 사라질 것 같은 비범한 순간들의 이야기입니다. 영화를 보다가, 소설을 읽다가, 여행을 하다가 떠오른 순간순간의 비범한 생각과 느낌을 담았습니다. 그러한 생각과 느낌은 독자 여러분의 그것과 다르지 않을 것입니다.

우리 삶에서 비범한 순간들은 묻혀 버리지만, 결코 사라지는 것은 아닙니다. 과거는 지나가 없어져 버리는 것이 아니라 그 순간 그 자리에 박제가 되어 영원히 반복되기 때문입니다. 비범한 순간이 영원한 순간이 된다는 말입니다. 이 책을 읽는 여러분의 시간이 비범한 영원한 순간이 되기를 기원하면서 글을 마칩니다.

김필영 드림

유튜브에서 『5분뚝딱철학』 180개 영상을 만나보세요

우리는 이제 철학이라는 숲의 가장 깊은 곳에 위치한 '철학 마을'로 갑니다.

그곳까지 가는 길에 우리는 존재론, 인식론,

윤리학, 심리학이라는 오솔길을 거치게 되죠.

오솔길들은 복잡하게 교차하고 얽혀 있는 미로 같은 길이지만,

철학사 지도가 있으면 길을 잃지 않고 갈 수 있어요.

그리고 아름다운 나무들이 있어서 행복하게 여행을 할 수 있어요.

거기에는 소크라테스, 플라톤, 아리스토텔레스와 같은 고목도 있고,

칸트, 헤겔과 같은 중간 크기의 나무도 있고,

100년도 안 된 작은 나무지만 수형이

정말로 멋있는 라캉, 푸코와 같은 나무도 있습니다.

'철학 마을'로 가는 길에 마음에 드는 나무들 가까이 가서 만져도 보고,

그늘 아래서 시간을 보내 보세요.

그러면 처음에 스쳐 지나가느라고 보지 못했던

나무의 가지와 잎사귀들이 보일 거예요.

모두들 즐거운 여행이 되길 바랍니다.

철학을 공부하는 꿀팁